4차 산업혁명을 이끌 IT과학 이야기

인공지능 · 로봇공학 · 스마트카 · 소프트웨어

이재영 **지음**

로드북
RoadBook

4차 산업혁명을 이끌 **IT 과학이야기** 인공지능 · 로봇공학 · 스마트카 · 소프트웨어

지은이 이재영 **1판 1쇄 발행일** 2017년 7월 20일 **1판 6쇄 발행일** 2022년 11월 16일
펴낸이 임성춘 **펴낸곳** 로드북 **편집** 조서희 **디자인** 이호용(표지), 심용희(본문)
주소 서울시 동작구 동작대로 11길 96-5 401호
출판 등록 제 25100-2017-000015호(2011년 3월 22일) **전화** 02)874-7883 **팩스** 02)6280-6901
정가 17,000원 **ISBN** 978-89-97924-35-6 93000

이메일 chief@roadbook.co.kr **블로그** www.roadbook.co.kr

한때 대한민국은 'IT강국 코리아'라는 말로 불리곤 했습니다. 통신 인프라가 잘 갖춰져 있고 새로운 IT 기기에 대한 수요와 반응이 즉각적이었죠. 그래서 최신 IT 기기가 퍼지는 속도가 무척 빨랐습니다.

그런데 'IT강국 코리아'는 새로운 IT 기기를 개발해서 얻은 것이 아니라, 통신 인프라 구축과 새로운 IT 기기에 대한 수요가 좋아서 생긴 표현이었습니다. 진정한 IT 강국이라면 사용을 잘하는 것이 아니라, 새로운 아이디어로 IT 기기를 만들어 내는 일도 중요한데 말이죠. 그래서 〈미래를 바꿀 IT 과학이야기〉의 1편에 이어서 2편을 준비하게 되었습니다.

모든 기술은 '원리'가 중요합니다. 원리를 이해하면 한계와 가능성을 모두 알 수 있고, 새로운 아이디어에 접목시키기가 좋습니다. 그러다 보면, 모두에게 이로운 IT 기기를 만들어 낼 수도 있습니다. 그렇지만, 실제로 IT 기기를 만들기 위해서는 알아야 할 지식과 자금이 필요하죠.

그런데 소프트웨어는 조금 다릅니다. 소프트웨어는 PC만 있으면 당장에도 가능하고 IT 기기를 만드는 데 필요한 지식보다는 배워야 할 것들이 적습니다. 그렇기 때문에 누구나 관심만 있다면,

소프트웨어를 이해하는 일이 어렵지가 않습니다. 게다가, 날이 갈수록 소프트웨어의 중요성은 더해지고 있는데요. 인공지능, 로봇, 자율 주행 자동차와 같이 최근에 이슈가 되고 있는 것들이 모두 소프트웨어의 힘으로 동작하는 것들입니다.

우리나라는 자원이 부족한 나라입니다. 다른 나라에 팔 수 있는 석유나 광석과 같은 자원이 없죠. 그렇지만 소프트웨어는 관심만 있으면 충분히 자원이 될 만한 가치가 있습니다. 그래서 그런 관심을 불러 일으킬 수 있을 만한 '4차 산업혁명'을 주제로 이번 책을 쓰게 되었습니다.

'4차 산업혁명'은 어떤 것에서 시작될지 누구도 알 수 없지만 한 가지는 확실한데요. 바로, '소프트웨어'의 힘에서 시작된다는 것입니다. 그러기 위해서 어디서 소프트웨어의 힘이 사용되는지, 그리고 어떻게 이용되는지 알 필요가 있고요. 그런 뒤에 소프트웨어가 무엇인지 알아야 할 것입니다.

자, 그럼 본격적으로 이야기를 시작해볼까요?

인공지능은 무엇이고, 어디로 가고 있는가

세계적 바둑기사 이세돌과 구글의 딥마인드가 개발한 인공지능 바둑 프로그램인 알파고의 대결 이후에 인공지능에 대한 관심이 상당히 높아졌습니다. '인공지능'이란 기술이 오랜 역사를 가지고 있고 영화에서도 많이 다루어졌지만 이러한 관심은 이세돌 바둑기사가 자랑스러운 한국 사람이기 때문만은 아닐 것이라 생각합니다. 현재 구글(Google)이나 페이스북(Facebook)과 같은 대기업들이 인공지능을 활용하여 많은 서비스를 제공하고 있어 알게 모르게 인공지능에 대해 뉴스에서 많이 접하게 되었습니다. 하지만 막상 "인공지능이 뭐예요?"라고 물어 본다면 선뜻 명확한 대답을 잘 못하는 분들이 많으리라고 봅니다.

인공지능 관련 기술들은 가까운 미래에 우리 생활과 밀접해질 수밖에 없는 기술입니다. 그렇기 때문에 우리가 '알고 있으면 좋은 내용들'이 있는데요. 그 내용을 이번 이야기에서 다루어 볼까 합니다.

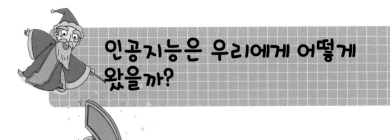

인공지능은 우리에게 어떻게 왔을까?

컴퓨터들의 세상

"스마트폰 사용자 4천만 명 시대."

전국민의 80% 이상이 스마트폰을 사용하고 있습니다. 스마트폰은 기본적인 전화 기능 외에도 게임, 음악감상, 인터넷 서핑 그리고 메신저 등의 많은 서비스를 제공하고 있습니다. 사람들은 스마트폰만으로 종일 다양한 콘텐츠를 즐길 수 있어 지루함을 느낄 새가 없죠.

스마트폰은 재미만을 제공하는 것도 아닙니다. 우리가 거의 매일 이용하는 교통카드는 RFID[01] 기술이 적용된 교통카드 기능을 탑

---

01 RFID: 무선통신기술(RF, Radio Frequency)로 물건이나 사람 등과 같은 대상을 식별 (IDendification)할 수 있도록 해주는 기술입니다. 교통카드나 주차장 및 물류산업에 많이 사용되고 있는데요. RFID가 적용된 카드나 기기가 있으면 무선으로 데이터를 주고 받을 수 있기 때문에 카드의 잔액이 얼마인지 또는 주차장에 출입이 가능한 카드인지를 식별할 수 있는 것입니다.

재하고 있을 뿐만 아니라, 신용카드처럼 비용을 결제할 수 있는 기능도 제공하고 있습니다. 뿐만 아니라 스마트폰의 특징인 '앱'들을 설치하면 새로운 기능들을 사용할 수 있는데요. 가령, 외출 후에 집 근처에 도착하면 자동으로 집안의 온도를 조정하거나 전등을 켜 둘 수 있습니다. 그리고 나의 건강을 체크해 주기도 하구요. 이러한 서비스들은 시간이 지나갈수록 더욱 늘어날 것이며 사람들은 자신에게 필요한 서비스를 선택하여 이용하면 됩니다. 심지어는 물건 사는 일도 마트에 가기보다 스마트폰으로 주문하는 일이 많아졌습니다. 현재는 예전에 비해 PCPersonal Computer, 개인용 컴퓨터의 사용량이 많이 줄어들었습니다. 스마트폰과 태블릿 등 모바일 기기가 PC의 자리를 대체하고 있기 때문입니다.

▲ 캐나다의 리서치인모션(RIM)에서 만든 블랙베리

리서치인모션이라는 회사에서 '블랙베리'라는 제품을 선보였습니다. '블랙베리'라는 폰을 사용하여 이메일을 회사 외부에서 읽는 것이 가능해지면서, 본격적인 스마트폰 시대가 열렸습니다. 점차 스마트폰 개발 기술이 발전하면서 PC로만 할 수 있던 일들이 스마트폰으로 대체가 가능해졌습니다. 성능을 비교하자면 요즘 출시되는 스마트폰들은 5년 전에 나온 PC와 그 기능이 맞먹을 정도로 발전했습니다. 스마트폰과 PC뿐만이 아닙니다. 요즘 출시되는 IT기기들은 크기가 작아지면서도 성능이 갈수록 좋아지고 있고 가격도 저렴해지고 있습니다.

그러다 보니 웬만한 IT 제품들은 한 가지 기능만 사용되기보다는 많은 기능이 더해지고 다양한 프로그램이 작동되어 사람들을 편하게 해주고 있습니다. 심지어는 집에 들어서기만 해도 자동으로 불이 켜지는 것처럼, 사물과 사물이 인터넷으로 제품들끼리 연결되어 자동으로 일을 무언가를 처리해 주기도 합니다. 가령, 집에 들어가기도 전에 더운 날씨에는 에어컨을, 추운 날씨에는 히터를 미리 가동시켜주기도 하죠. 이런 기술이 요즘 말하는 사물인터넷 IOT:Internet of Things 인데요. 사물인터넷이 가능해진 이유로, 향상된 성능의 하드웨어와 똑똑한 소프트웨어를 꼽을 수 있습니다.

IT 제품들은 CPU로 프로그램을 실행시킨다!!

컴퓨터의 구조 중에 짚고 넘어가야 할 중요한 부분이 있습니다. 바로, 본체에 있는 CPU에 관한 것입니다. CPU는 중앙처리장치(Central Processing Unit)라고 부르는 칩(Chip)입니다. 이 CPU가 컴퓨터 안에서 인간의 요구를 처리하는 가장 핵심적인 부분인데요. CPU의 속도가 빠를수록 처리하는 속도가 빨라 프로그램을 실행하는 속도 또한 빨라집니다. 또한, CPU의 능력에 따라 마우스와 키보드 및 USB 포트 등의 다양한 기기를 연결할 수도 있습니다.

CPU의 능력 중에 모니터에 그림을 그릴 수 있는 능력이 있고 키보드와 마우스를 연결할 수 있는 능력이 있다면 현재의 PC와 같은 모습이 되겠죠. 그런데 만약에 키보드와 마우스 및 모니터가 필요 없고 전화 기능과 터치 입력이 필요하다면 어떨까요? 이런 기능이 가능하다면 우리가 사용 중인 스마트폰과 같은 모습이 될 것입니다. 또 다른 모습이 있습니다. 교통카드를 인식할 수 있고 LCD와 같은 화면이 있다면 어떨까요? 버스와 지하철역에서 흔히 볼 수 있는 단말기 및 개찰구가 됩니다. 이렇듯 형태만 다를 뿐이지 CPU가 사용되는 곳은 다양한데요. 컴퓨터가 CPU를 사용하여 계산을 빠르게 도와주고 프로그램을 실행할 수 있듯이 CPU가 사용되는 기기들은 모두 컴퓨터라 할 수 있습니다.

인공지능의 촉진제, 빅데이터의 등장

컴퓨터들은 갈수록 작아지고 우리의 생활 가까이에 있으려 합니다. 아무래도 사람들을 편하게 해주고 많은 혜택을 누릴 수 있도록 만들기 때문이겠죠. 통신 인프라가 잘 갖춰져 있지 않았을 때의 PC들은 학교나 단체 및 공공기관에서만 이용되는 경우가 많았습니다. 그 당시에는 자료의 교환보다는 단순히 계산하고 일을 처리하기 위한 목적으로 사용되었습니다.

시간이 지날수록 컴퓨터들은 점점 더 작아지고, 그 수 또한 폭발적으로 많아졌습니다. 또한, 예전엔 통신의 발달이 미약해서 하지 못했던 **네트워킹**[02]이 인터넷의 발달과 통신 인프라가 잘 구축되면서 컴퓨터들이 서로 연결되기도 합니다. 이렇게 연결되다 보니 자료를 찾거나 교환하고 저장하는 일이 잦아졌습니다.

▲ 인터넷이라는 네트워크에 연결되면서 많은 데이터가 생겨났습니다.

자료들은 모두 컴퓨터의 발달과 통신 환경이 좋아져서 서로 연결되어 얻게 된 것들 입니다. 컴퓨터가 발달하고 통신 환경이 발달

---

02 네트워킹(networking): 기기들 간에 서로 자료를 주고 받을 수 있도록 연결되는 환경

하다 보니 자료들이 더욱 늘어나게 되었습니다. 처리가 곤란할 정도로 말이죠. 이런 자료들은 나중에 대용량의 저장소에 저장되고 공유되어 '빅데이터'라고 불리며 활용되고 있습니다.

빅데이터Big Data란 디지털 환경에서 생성되는 데이터들을 뜻합니다. 쓸모가 없다고 생각되던 데이터에서도 의미를 찾아내고 사용되면서 거의 모든 데이터를 축적하려는 추세인데요. 그 규모가 방대하고, 생성되는 주기도 짧으며 수치 데이터뿐 아니라 문자와 영상 형태의 데이터를 포함하는 대규모의 데이터를 말합니다. 간단히 정리하면, '빅데이터 시대'는 데이터가 엄청나게 많아졌다는 뜻입니다.

'빅데이터 시대'가 되면서 이용할 수 있는 데이터들이 너무 많아져 자동으로 분류하거나 처리할 필요성이 생겼습니다. 그래야만 많은 데이터에서 중요한 정보를 찾아 낼 수 있을 것으로 기대하였는데요. 그래서 등장한 것 중 하나가 '인공지능'입니다.

인공지능의 역사는 사실 오래되었습니다. 단지, 예전에는 '이론적으로 인공지능이 만들어질 수 있겠다'면 현재는 인공지능을 '만들고' 있는 수준이랄까요? 이 인공지능이 발달할 수 있었던 이유 중에 빅데이터도 한 몫을 하고 있습니다. 인공지능을 간단히 표현하면, 많은 데이터를 처리하여 그 속에서 의미를 찾아내고 인간에게 도움을 주기 위한 것이기 때문입니다.

이런 '인공지능'은 이제는 거스를 수 없는 시대의 흐름이 되었습니다. 인공지능을 가리켜 '제4차 산업혁명'이라고 부르는 이유도 그만큼 우리에게 큰 영향을 주기 때문입니다. 스마트폰이 우리의 생활 패턴을 바꿨듯이, 인공지능이 어떤 방식으로 어떻게 영향을 줄지 알아 둘 필요가 있습니다. 과연 인공지능은 어떤 원리로 작동하며, 우리 삶에 끼칠 영향에 대해서 천천히 알아보겠습니다.

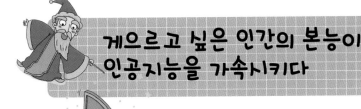

게으르고 싶은 인간의 본능이 인공지능을 가속시키다

나 대신 부탁해!

인간과 동물의 가장 큰 차이점은 지능이라고 합니다. 지능知能은 한자어로 '생각하는 능력'이라는 뜻이죠. 동물과 인간의 많은 차이점 중에서도 지능이 중요한 이유가 있는데요. 지능이 높으면 본능에 의한 행동보다는 생각을 통해 자신의 행동을 조절하고 주변 환경을 이용할 수 있기 때문입니다. 그래서 동물들이 하지 못하는 일들을 인간이 하기도 하죠.

곰과 인간이 '힘'으로만 겨룬다면 어떻게 될까요? 곰의 엄청난 힘을 감당할 리가 만무한 이 승부의 승리자는 처음부터 정해져 있습니다. 인간은 곰에게 힘만으로는 당해낼 수 없다는 것을 다른 사람의 경험과 이야기를 들어 잘 알고 있습니다. 그래서 곰을 직접 상대하지 않고도 그를 위협하며, 다스릴 만한 무기를 만드는 동시에, 곰에게 공격 당하지 않도록 여러 장치를 마련하여, 현실은 인간이 곰을 지배하고 있습니다. 이러한 꼼수, 방법들 모두가 인간만의 '지능'을 통한 것입니다.

인간이 만든 창조물들은 대부분이 편리함을 제공하거나 자신을 지키기 위해 만들어졌습니다. 이러한 편리함의 추구나 인류를 지키기 위한 노력은 몇 천 년 동안 계속되었고 앞으로도 그러할 텐데요. 그 중에서도 편리함에 대한 추구는 우리의 생활과 밀접한 관련이 있는 것이어서 가장 많이 찾게 되는 것일 겁니다. 그래서 생활용품들, 더 맛있는 요리를 위한 조리 도구들, 일을 잘 하기 위한 도구들과 같이 많은 것을 만들어 내죠. 그 중에는 앞서 이야기했던 컴퓨터도 있으며 먼 거리도 편하게 갈 수 있게 도와주는 자동차, 하늘을 날아 이동할 수 있는 비행기 등도 있습니다.

▲ 누가 좀 해줬으면, 하는 마음이 기술의 발전을 이끄는 원동력이 됩니다.

사람들은 왜 편리함을 찾게 되는 걸까요? 여러 가지 이유가 있을 수 있지만 가장 큰 이유는 게으르기 때문일 것입니다. "이거 하기 귀찮은데 누가 해주면 안 되나?", "누가 매일 밥을 챙겨줬으면 좋겠다" 또는 "그냥 알아서 해주면 얼마나 좋을까?" 등이 있죠.

게으른 것이 꼭 나쁘지만은 않습니다. 게으름을 피우며 힘을 아껴 두었다가 중요한 일을 할 때는 아껴 두었던 힘을 쓰며 일을 할 수 있기 때문이죠. 인간은 육체적으로 아주 강한 동물은 아니어서, 가지고 있는 힘에 한계가 있어 쉽게 지칩니다.

그렇기 때문에 중요한 일과 그렇지 않은 일을 구별하여 게으름을 피울 필요도 있습니다. 사람들이 "무식하게 힘만 좋다"보다는 "요령은 피우지만 일을 잘하네"라는 말을 좋아하는 이유이기도 하죠. 사람들은 게으름을 가지고 있기 때문에 누군가가 알아서 일을 해준다면 아주 좋아합니다. '집에 들어갔더니 누군가가 밥을 차려 뒀다' 또는 '내가 해야 할 일을 누군가 해줬다', 이런 일들이 생긴다면 싫어할 사람들은 몇 되지 않을 것입니다.

인간에게 제공될 수 있는 편리함의 최종 모습은 '알아서 해주는 것'입니다. 이러한 모습이 기술의 발전을 이끌게 되었죠. 잘 만들어진 프로그램이 있으면 많은 사람들이 이용하면서 편리함을 누리는 뒤에는, 나의 일상이 개발자들이 만든 것에 '따르도록' 흘러가고 있습니다.

인공지능? 정확하게 뭐지?

이 편리함은 '인공지능'이라는 형태로 언급되기 시작했습니다. 프로그래머에 의해 정해진 결론을 내는 것이 아니라, '기계가 스스로 지능을 가지고 결정을 하겠다'는 것입니다. 인공지능은 사전적으로 해석하면, 영어로는 'Artificial Intelligence' 줄여서 'A.I.'입니다. 인간이 만든 지능이라고 표현할 수 있으며, 인간의 지능으로 할 수 있는 사고思考, 학습, 자기계발 등을 컴퓨터로 할 수 있는 방법을 연구하는 정보 기술입니다. 즉, 컴퓨터가 인간의 지능적인 행동을 모방할 수 있도록 하는 것이죠.

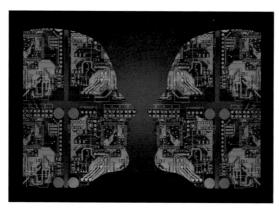

▲ 기계가 사람의 지능을 따라갑니다.

인공지능 기술이 사용되는 것으로 지능적인 행동을 따라 하는 '로봇'을 가장 먼저 떠올릴 수 있겠지만, 사실은 매일 쉽게 경험할 수 있는 것으로 포털 사이트에서의 자동 검색 서비스가 있습니다.

네이버NAVER에서는 '자동 완성 서비스', 다음Daum에서는 '서제스트'라는 이름으로 자동 검색 서비스를 제공하고 있는데요, 우리가 찾으려는 내용의 검색어를 최대한 잘 표현할 수 있도록 도와주는 역할을 합니다. 사용자가 의도한 검색어의 일부만 입력해도 입력한 문자가 포함된 검색어를 보여줍니다. 특히 사용자가 직접 기억하고 검색하기 어려운 검색어도 있습니다. 한글뿐 아니라 영어, 일본어, 한자와 같은 경우도 이 서비스를 통해 편리하게 외국어를 검색할 수 있습니다.

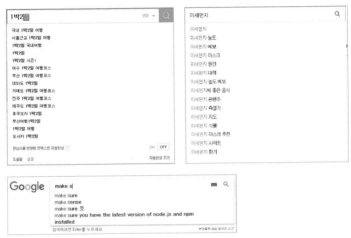

▲ 네이버(왼쪽), 다음(오른쪽), 구글(아래쪽)의 자동 완성 서비스

자동으로 완성되는 검색어들은 내가 찾고 싶은 내용을 포함하는 경우가 많습니다. 여기서 자동으로 완성해주는 기능이 인공지능과 관련된 부분입니다. 구글이나 네이버와 같은 검색 서비스 업체들이 내가 찾고 싶은 검색어를 자동으로 완성해 주려면 내가 무엇을 찾으려 하는지 잘 알고 있어야 합니다. 그렇지 않으면 엉뚱한 내용만 잔뜩 보여주는 기능이 될 수 있으므로 우리에게 전혀 도움이 되지 않고 오히려 귀찮은 기능이 될 것입니다.

자동화 서비스를 넘어, 강한 인공지능의 세계로

　인공지능이라고 하면 '지능'이라는 단어가 포함되어서인지 마치 IT 기기들이 사람처럼 생각할 것이라는 오해를 불러 일으키는 것 같습니다. 단지, 특정한 분야에서 사람보다 더 정확히 판단을 할 수 있을 뿐인데 말이죠. 인공지능을 분류할 때, '강한 인공지능'과 '약한 인공지능'이라는 표현을 쓰기도 합니다. '약함'과 '강함'의 기준은 스스로 지능을 향상시킬 수 있느냐의 차이인데요. 책이나 매뉴얼에 적혀있는 내용대로 행동한다면 '약한 인공지능', 책과 메뉴얼의 내용을 때로는 스스로 변경해 가면서 행동한다면 '강한 인공지능'으로 볼 수 있습니다. 여기서 말하는 책과 매뉴얼은 개발자에 의해서 만들어진 프로그램이나 데이터들을 뜻합니다.

　예를 들어, 아파트에 살고 있는 주민이 자신의 자동차를 끌고 입구에 도착하면 자동으로 출입구를 개방합니다. 그리고 전기밥솥은 쌀의 종류에 따라 가장 밥을 맛있게 하는 방법을 알고 있습니다. 이런 서비스들은 나름대로 판단하여 결론을 내립니다. "지금 들어오는 차는 우리 아파트 입주민이다. 그러니까 문을 열어주자" 내지는 "지금 백미밥이니까 30분 동안 뜨겁게 가열하고 10분 간은 열을 천천히 식히면 가장 맛있는 밥이 된다"와 같은 것이죠. 나름대로 상황에 맞게 판단하는 일을 하고 있으므로 지능을 가졌다고 할 수 있습니다. 그런데 보통은 이 정도의 서비스는 '자동화 서비스'라고 부르죠. '아파트 입주민이면 문을 열어줘라' 내지는 '백미밥은 30분 동안 가열하고 10분 간 식혀라'라는 식으로 미리 프로그램된 대로 결정을 하는 것입니다. 이렇게 미리 정해진대로 결정을 하는 것이므로 '약한 인공지능'으로 분류되는 것입니다.

약한 인공지능은 손을 뻗을 수 있는 공간 내에서만 지능적이다.
강한 인공지능은 범위를 확장 시킬 수 있다.

▲ 약한 인공지능과 강한 인공지능

'약한 인공지능'의 역사는 오래 되었습니다. 이미 많은 곳에서 이용되고 있죠. 그래서 새롭다는 생각도 없습니다. 그렇다면 요즘 인공지능이라고 부르는 것은 왜 새롭게 느껴지고 알아야 하는 걸까요?

그 이유는, '약한 인공지능'이 아니라 이제는 '강한 인공지능'을 만들고 있기 때문입니다. 강한 인공지능은 약한 인공지능과 같이 우리에게 편리한 서비스를 제공하려는 측면에서는 같은 역할을 합니다. 단지, 차이점은 인간이 공부를 통해 발전하듯이 컴퓨터가 스스로 공부를 해 가면서 발전하는 것이죠.

강한 인공지능은 인간과 같이 스스로 창조까지 가능한 인공지능입니다. 약한 인공지능이든 강한 인공지능이든 최종 목적은 인간에게 더 도움을 주고 편리함을 제공하기 위한 것이지만, 정말로 인공지능이 우리에게 필요한 기술이 되어 줄까요? 아직까지는 누구도 답을 내릴 수가 없습니다. 많은 부분에서 도움이 될 것은 확실하지만, 어디가 한계인지는 모르는 것이거든요.

많은 기업들이 인공지능에 투자를 하고 있고 활용하고 있습니다. 그 중에서 구글로부터 많은 소식이 들려옵니다. 그 중에서 '알파고'와 같은 인공지능 기술이 있었고 이제는 인공지능을 훈련시키는 인공지능을 만들고 있다는 소식까지 등장합니다.

새로운 기술이 등장할 때마다 생활이 바뀌는 경우가 많았습니다. 자동차가 그랬고 컴퓨터가 그랬으며 스마트폰이 그랬던 것처럼 말이죠. 이제는 인공지능이 그 자리를 대신하려는 시대에 와 있습니다.

인공지능은 어떻게 동작할까?

앞서 인공지능 기술이 이미 우리의 생활 속에서 함께하고 있으며 계속 확장되어 갈 것임을 이야기했습니다. 여기서는 인공지능의 기술을 이해하기 위한 기초적인 개념과 그에 사용되는 기술은 무엇이 있는지 간단히 살펴보겠습니다.

인공지능은 컴퓨터에 '지능'을 불어 넣기 위한 연구인 만큼, 먼저 인간이 사물을 인지하고 학습하여 사물을 구분하는 과정을 알아 보겠습니다.

'학습'으로 '판단'에 필요한 정보가 누적되는 '인간'

인공지능의 '학습'을 이야기할 때 가장 많이 거론되는 사례는 인간이 고양이 사진을 찾는 과정입니다.

인간이 고양이 사진을 찾을 때는 '그 사람이 고양이를 얼마나 잘 알고 있나'에 따라 찾는 속도가 달라집니다. 그 사람은 고양이의 모습을 알고 있을 수도 있고 모를 수도 있습니다. 만약에 그 사람이 고양이를 키운 적이 있거나 평소에 관심이 많았다면 고양이의 모습을 알고 있을 것이고 그렇지 못하다면 고양이를 그려보라고 했을 때 정확한 묘사가 힘들 것입니다.

그래서 고양이 사진을 정확히 찾기 위해서는 고양이가 어떻게 생겼는지 알고 있어야 합니다. 즉, '학습하는 과정Training'이 필요합니다. 인간이 고양이라는 동물을 인식하기 위한 학습 과정은 단순하다고 생각할 수 있죠. 그냥 고양이를 실제로 만져보고 느껴보거나 많은 사진을 보면 되는 것입니다.

▲ 인간이 고양이를 인식하는 방법 : 직접 보거나 만져보며 생김새를 학습합니다.

우리가 잘 못 느낄 뿐이지 사실 이 과정에는 복잡한 단계들이 숨어 있습니다. 고양이를 키우면서 만져보거나 살피다보면, 어떤 울음소리를 내는지 그리고 어떻게 걸어 다니며, 만졌을 때 어떤 반응을 하는지 알게 되죠. 설령 직접 키운 적이 없다 하더라도 사진을 보면서 고양이의 눈은 어떻게 생겼는지 털은 어떻게 생겼는지 고양이의 혀는 어떻게 생겼는지 등을 알 수 있습니다.

단순히 고양이를 만지고, 느끼고, 생김새를 보는 것 같지만, 실제로는 고양이의 많은 특징들을 머리에 새기면서 '이 동물이 고양이구나'하고 파악하게 됩니다.

이렇게 알아가는 과정도 한두 번 고양이를 만져보거나 사진을 본다고 해서 이 동물이 '고양이'라는 확신을 갖기는 쉽지 않습니다. 고양이 사진을 몇 번만 보고서는 표범과 같은 고양이과의 동물들 사이에서 고양이를 구별해내지 못 할 수도 있습니다. 그래서 학습을 많이 하면 할수록 더욱 정확히 고양이를 판별하기가 쉽습니다.

학습하는 과정에서 사물에 대한 '정확한 정보'를 가지고 학습하는 일도 중요합니다.

가령, 도라지는 인삼과 닮았지만 분명히 서로 다른 식물입니다. 도라지와 인삼이 뒤섞여 있을 때 도라지를 찾으려면 학습이 없는 상태에서는 힘들 수 있습니다. 그래서 도라지를 정확히 구별해내려면 도라지에 대한 '학습'을 하고서 다시 찾아야 할 것입니다.

만약에 학습이 잘못된다면 또 어떨까요? 도라지를 인삼이라고 배우고 인삼을 도라지라고 배웠다면 당연히 잘못된 결과를 선택하게 됩니다. 그래서 지금까지의 이야기를 종합해보면

인간이 사물을 구분하기 위해서는 학습이라는 과정이 필요하며 학습을 통해 사물의 특징들을 알아낼 수 있으며, 그러한 학습들은 머릿 속에 남아 있다가 인간이 판단을 필요로 할 때에 사용된다고 결론을 내릴 수 있습니다.

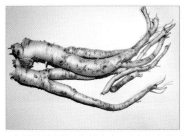

▲ '정확한 학습'을 반복한다면 도라지와 인삼을 쉽게 구별할 수 있습니다.

정확한 '정보'로 특징을 잡아낸다

인공지능이라는 기술이 인간을 흉내 낸 기술이라, 인공지능의 판단 과정 또한 인간이 지능을 가지게 되는 단계들과 비슷한 과정들을 거치게 됩니다. 인간은 어떤 상황과 판단이 필요한 단계에서 정확한 결론을 위해서 학습이라는 과정이 필요했죠.

이때, '정확한 결과를 만들어 내기 위해 정확한 학습을 시키는 일'도 중요하다고 설명했습니다. 인공지능 기술도 정확한 판단을 위해 학습이라는 과정이 필요하며 그 학습을 정확한 방법으로 많이 반복할 수록 정확한 결론을 낼 수 있습니다.

예를 들어, 2012년에 구글은 여러 사진들 중에서 고양이 사진만을 구분해내는 인공지능 기술을 발표했습니다. 이때, 구글은 인공지능에 많은 수의 고양이 사진만을 보여주었을 뿐이라고 했죠. 그리고 실제로 여러 사진들 중에서 고양이 사진을 잘 구분해 내는 결과도 보여줬습니다.

▲ 고양이 사진만 구분해내는 데 성공한 구글

　그렇다면, 인공지능은 학습만 잘 시키면 되는 걸까요? 결론부터 말하면 맞기도 하고 틀리기도 합니다. 인공지능이 시간이 지날수록 똑똑해진다고 말하는데 그 이유가 학습이라는 과정이 있기 때문인데요. 무조건적으로 학습을 많이 시키는 것이 중요한 것이 아니라 인공지능이 어떻게 학습을 잘 할 수 있는지 만들어 줘야 합니다.

　구글이 고양이를 구분해냈던 인공지능 기술도 인간과 마찬가지로 처음에 학습해야 할 내용은 고양이 사진을 보는 것이었습니다. 유투브Youtube를 활용하여 수많은 고양이 사진을 보면서 학습을 하였습니다. 그렇다면, 여기서 잠깐! 그런데 어떻게 컴퓨터가 그 영상 속에서 '고양이'를 알아낸 것일까요? 그 이유는 고양이의 특징을 잘 찾아 낼 수 있는 **알고리즘**[03]algorithm을 구글에서 개발하여 적용했기 때문입니다.

---

03 알고리즘(algorithm):어떠한 주어진 문제를 풀기 위한 절차나 방법으로. 본문의 내용에서는 구글이 고양이의 특징을 찾아내는 절차나 방법을 프로그램으로 만든 것입니다.

정확성을 높여가는 '학습 방법'

인공지능은 학습을 통해 배운 자료를 참고하여 우리가 묻는 질문에 대답합니다. 인공지능의 '학습'에서 중요한 것은 바로 학습을 잘 할 수 있도록 만들어 주어야 결과의 정확성이 높습니다. 이때, 정확하지 않은 학습을 한 상태라면 '이 사진은 고양이야?'라고 물었을 때 잘못된 대답을 할 확률이 높아지는 것입니다.

앞서 구글이 유투브를 통해 고양이의 특징을 잡아 내는 알고리즘을 구현할 때, 인공지능도 인간이 학습하는 방식과 같은 방식으로 "이건 고양이 사진이야"라고 알려주면서 학습을 진행했습니다. 이처럼 결과에 맞게 미리 분류된 데이터들을 통해 학습하는 방법을 '지도 학습 방법Supervised'이라고 부릅니다. 데이터들은 미리 분류가 되어 있기 때문에 결과는 정해져 있죠. 그렇기 때문에 알고리즘이 하는 일은 고양이의 코가 어떻게 생겼는지 눈이 어떻게 생겼는지 그 특징들을 배우는 것입니다.

반면에 고양이 사진, 개 사진, 돌고래 사진 등을 여러 장을 입력하고 학습하라고 한다면 이는 비지도식 학습Unsupervised이 되는 것입니다. 스스로 각 사진들의 특징들을 파악하고 비슷한 사진들끼리 묶는 것입니다.

그래서 학습이 잘된 상태라면 개, 고양이 그리고 돌고래 사진들을 구분할 수 있습니다. 단지, 이때는 개와 고양이 그리고 돌고래를 구분하여 사진을 분류해 놓았지만 이들이 개인지 고양이인지 돌고래인지 모르는 상태일 것입니다.

이런 상태에서 이름만 붙여준다면 개, 고양이 그리고 돌고래를 구분해 낼 것입니다. 이름을 굳이 붙여줄 필요가 없을 수도 있습니다. 인터넷에 어마어마한 사진들과 내용이 있으니까요. 그러면 인공지능은 고양이 사진을 인터넷에서 찾아보고 "사람들이 대부분 '고양이'라고 부르는구나"하며 알 수도 있습니다.

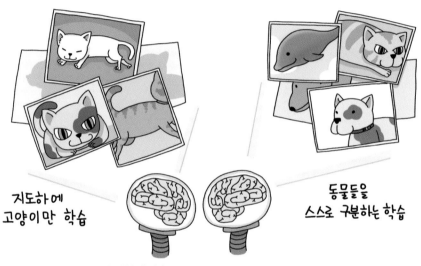

지도하에
고양이만 학습

동물들을
스스로 구분하는 학습

▲ 지도 학습과 비지도 학습의 차이

학습하는 방법에 있어서 지도 학습 방식에 비해 비지도 학습 방식이 훨씬 어렵습니다. 그 이유는 지도 학습의 경우에는 변수가 많지 않고 고양이 사진만 입력하므로 그 특징들을 알아내기 쉽습니다. '이건 고양이 사진이야'라고 알려주면서 특징을 분석하도록 하고 '이건 개 사진이야'라고 알려주면서 특징을 기억하도록 하는 것입니다.

반면에 비지도 학습의 경우에는 반복적으로 사진을 보고 비교해가며 특징들을 찾아내야 하기 때문에 이전에 봤던 사진을 다시 보고 특징을 찾아가는 과정이 계속 반복되죠. 그러면서 정확성을 높여 갑니다. 그렇다면 사진을 가지고 동물을 구분해 내는 능력은 특징을 잘 찾아내는 것에 달렸다고 해도 과언이 아닌 것 같죠?

　　모든 인공지능 분야에서 그것이 통한다고 말씀드릴 수는 없지만, 사물을 인식하는 일이나 음성을 분석하는 일에서는 특징을 잘 찾아내는 기술이 좋은 인공지능을 만드는 기술입니다.

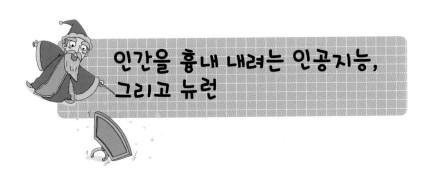

인간을 흉내 내려는 인공지능, 그리고 뉴런

　인공지능 기술은 기본적으로는 인간을 흉내 내려는 기술입니다. 그래서 인공지능의 구조는 인간의 뇌를 흉내 내려고 한 일부터 시작되었죠. 그래서 인간의 뇌 구조에 관해 잠시 알아볼 필요가 있는데요. 인간의 뇌는 뉴런neuron이라는 신경 세포들로 이루어져 있습니다.

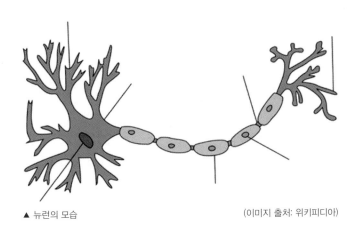

▲ 뉴런의 모습　　　　　　　　　　(이미지 출처: 위키피디아)

위키피디아에서는 뉴런을 이렇게 설명하고 있네요.

모든 신경 세포는 전기적인 흥분성을 띤다. 신경 세포는 이온 통로, 이온 펌프 등을 이용하여 나트륨, 칼륨, 칼슘, 염소 이온들을 세포막 안과 밖의 농도차를 만들어 막전위를 형성한다. 신호가 오기 전 일상적인 상태의 막전위를 휴지 전위라고 하며, 신경 세포에 역치 이상의 자극이 가해질 경우 활동 전위에 도달하여 탈분극이 이루어진다. 탈분극이 일어난 후 통로의 개폐로 재분극 상태가 되어 다시 휴지 전위로 돌아가게 된다.

우리는 생물학적인 접근보다 공학적으로 이야기하고 있으므로 공학적으로 설명을 하자면 이렇습니다.

뉴런은 입력을 받아서 출력을 내는 단순한 구조입니다. 출력되는 값은 바뀔 수가 있는데요. 입력되는 값이 특정한 값 이상일 때와 그 이하일 때로 구분할 수 있습니다.

예를 들면, 바늘로 자신의 팔을 찔러보면 약하게 찔렀을 때는 아프지가 않을 것입니다. 그런데 찌르는 강도가 강해질수록 아픔이 느껴지기 시작하죠. 즉, 어느 이상의 세기로 찔러야만 아픔을 느낀다고 할 수 있습니다. 그래서 "일정 수준 이상의 입력이 들어오면 출력 값이 바뀐다"라고 정리할 수 있습니다.

또한, 이런 뉴런들은 한두 개만 존재하는 것이 아닙니다. 엄청나게 많은 뉴런이 있으며 다른 뉴런들과 서로 연결되어 다른 의미를 만들어 내거나 각 뉴런들이 받은 자극을 공유하여 다른 느낌을 만들어 뇌로 전달하기도 하죠. 이렇듯 뉴런들은 서로 연결되어 공유하기 때문에 네트워크Network라고 부르며 신경들의 네트워크를 신경망(뉴럴 네트워크Neural Networks)이라고 부릅니다.

인공지능이 최종 값에 이르는 방식

'신경망'을 이루는 뉴런들은 서로 연결되어 있다고 했습니다. 이런 연결이 어떻게 서로 공유하여 하나의 지능처럼 동작할 수 있을까요?

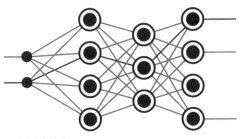

▲ 신경망의 연결도

각 뉴런들은 자신의 출력이 다른 뉴런의 입력으로 연결될 수 있습니다. 그래서 최초에 입력 받은 뉴런의 출력은 그 다음 뉴런의 입력으로 들어가는데요. 위의 그림과 같이 각 뉴런이 연결됩니다. 이런 연결들은 결과를 낼 수 있는 마지막 데이터를 만들어 내는데요. 보통은 확률 데이터를 의미합니다.

그래서 최종적으로 결론을 내는 방법은 마지막에 만들어진 확률 데이터들 중에서 가장 값이 높은 데이터를 선택하는 것인데요. 가장 확률이 높다는 뜻은 '이것이 답일 확률이 가장 크다'라고 생각할 수 있기 때문입니다.

뉴런도 나오고 네트워크도 나오고 해서 조금 복잡할 수 있는 내용을 정리하면 이렇습니다. "인공지능은 뉴런들로 구성된 네트워크를 거쳐 여러 가지의 가능성 중에서 확률이 가장 높은 결과를 선택하는 기술이다."

신경망은 인공지능을 구성하는 가장 중요한 부분입니다. 다음 그림을 살펴보며 예로 인공지능의 선택 방식을 알아볼까요?

자, 어느 지점(X_0)에서 출발하여 가운데 지점으로 가려고 할 때 가장 빨리 가는 방법을 찾는다면 인공지능은 어떻게 할까요?

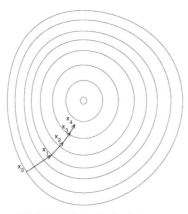

▲ 목적지까지 가장 빠르게 가는 방법

신경망은 여러 뉴런들이 모여 하나의 네트워크를 이룬다고 설명했습니다. 그림에서는 각 경계선을 각각의 뉴런으로 볼 수 있습니다. 그래서 '$X_0 \rightarrow X_1 \rightarrow X_2$'와 같이 위치를 옮긴다는 것은 어떤 뉴런의 출력이 그 다음 뉴런의 입력으로 옮겨 가는 것이라고 볼 수 있습니다. 이전 뉴런의 출력이자 이후 뉴런의 입력이죠.

앞서, 뉴런은 일정한 이상의 값(기준 값)을 갖게 되면 출력 값이 변한다고 하였습니다. 그 뜻은 이렇게 해석할 수도 있는데요. '입력 값이 같아도 기준 값을 변경시키면 출력 값도 바뀐다' 즉, X_0에서 X_1으로 가는 화살표가 기준 값이 바뀌면 진행 방향이 바뀌는 것입니다.

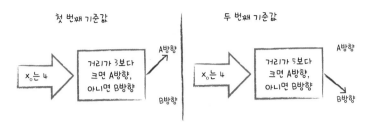

▲ 기준 값에 따라서 진행 방향이 바뀝니다.

즉, X_0지점에서 X_1지점까지 가장 단시간에 가는 방향을 X_0의 기준 값을 변경해가며 찾을 수 있습니다. 여기서 필요한 것이 바로 '학습'입니다. 기준 값을 바꿔가며 X_0지점에서 X_1지점까지 가는 길을 반복해서 찾다 보면 가장 적절한 기준 값을 찾을 수 있죠. 이 과정을 $X_0 \rightarrow X_1 \rightarrow X_2 \rightarrow X_3$와 같이 반복하는 것입니다. 이러한 방법이 바로 '인공지능을 학습시켜서 가장 빠른 길을 찾는 방법'입니다.

이번엔 우리의 실제 생활에 적용되는 이야기를 해보겠습니다. 친구가 정말 착하고 좋은 사람이 있다며 미팅을 주선해 주기로 합니다. 그리고 핸드폰 번호를 쪽지에 적어 주었죠. 그 쪽지를 받을 당시에는 생각을 못하다가 집에 와서야 그 핸드폰 번호를 보게 됩니다.

그런데 핸드폰 번호를 보고는 약간 난감해집니다. 그 번호를 적어준 친구가 악필이었기 때문이죠. 다른 숫자들은 문제가 없었는데 제일 끝의 숫자가 문제가 있네요. 이 숫자는 이랬습니다. 이 숫자가 '5'야? '6'이야? '0'이야?

▲ 0일까? 5일까? 6일까?

　그림과 같은 숫자는 눈을 통해 왜곡없이 그대로 뇌로 전달됩니다. 자, 이제 판단 과정을 따라가 볼까요?

　눈으로부터 전달된 이미지는 뇌에서 생각을 하게 됩니다. 먼저, '5'라는 숫자와 이 이미지를 비교합니다. 아래쪽 둥근 모양이 '6'과 비슷하구나. 그런데 위쪽이 직각으로 꺾여야 될 것 같은데 꺾이지는 않았네? 동시에 '6'이라는 숫자와도 이미지를 비교할 것입니다. 아래쪽이 둥근 것이 '6'이라는 숫자와 맞아 떨어지는구나. 그런데 위쪽이 연결되지 않았네? 그리고 '0'이라는 숫자와도 비교를 시작합니다. 동그란 모양을 가지고 있으므로 '0'같아 보이네? 그런데 왜 하나의 선으로 만든 원이 아니라 위쪽이 두 개로 분리되었지?' 이렇게 머릿속에서는 눈으로 본 하나의 이미지를 여러 가지 가능성을 가지고 비교해 볼 것입니다. 그리고 결국엔 '숫자 6일 가능성이 제일 높아'라며 결론을 내게 되죠. 그래서 결론적으로 '111-1234-9876'이라는 전화번호로 전화를 걸게 될 것입니다.

　아뿔싸, 그런데 그 전화번호가 상대방의 전화번호가 아니었네요. 그래서 그 다음으로 가능성이 높았던 '0'으로 생각하고 전화를 걸어봅니다. '111-1234-9870' 이 전화번호가 바로 상대방의 전화번호였던 것입니다. 그러면 주인공은 '친구가 숫자를 쓸 때 '0'이라는 숫자는 이렇게 쓰는구나'하고 알게 되었고 앞으로는 이런 숫자를 보면 '0'이라고 생각하게 될 확률이 높아집니다.

위 이야기는 인공지능을 설명하기 위해 가정해 본 예일 뿐, 아직은 생물학적으로 뇌가 어떻게 인지하여 결론을 내는지는 완벽히 밝혀지지 않았습니다. 위 예를 토대로, 인공지능이 숫자를 인지하는 과정은 다음과 같이 정리할 수 있습니다.

1. 이미지를 받아 들인다

2. 여러 가지 가능성을 가지고 비교해본다

3. 그 중에서 가능성이 제일 높은 결과를 선택한다

4. 만약에 잘못된 결과라면 그 다음으로 가능성이 높은 결과를 선택한다

5. 결과가 맞았다면 다음부터는 비슷한 이미지를 보게 되면 '4'번에서 맞았던 결과가 선택될 수 있도록 비중을 높인다

여기서 설명하는 내용은 인공지능은 입력에 대해서 여러 가능성을 열어 두고 학습을 통해 확률을 계산한다는 것입니다. 그 확률을 가지고 최종적으로 결론을 내는 것인데요. 인간도 그렇지만 자신의 결정이 언제나 옳을 수만은 없습니다. 때로는 잘못된 학습으로 잘못된 결과를 선택하는 경우도 있죠. 인공지능도 학습을 통해 확률을 찾아내는 것이어서 결과의 선택이 틀릴 수도 있다는 점을 염두에 두어야 합니다.

인공지능이 숫자를 학습하는 방법

　음성 인식, 사물 인식, 생산성 증가 등 인공지능 기술이 적용될 수 있는 분야는 무수히 많습니다. 또한 인공지능을 적용하는 방법과 절차도 여러 가지라 모두를 설명하기는 어렵습니다. 또한 수학적인 지식을 기반으로 인공지능의 이론적인 부분을 공부하는 방법도 중요한데요. 그런 이론들을 모두 말씀드리는 것보다는 수학적인 배경은 모두 빼고 인공지능이 동작하는 과정을 중심으로 이야기하려고 합니다.

　여기서는 인공지능은 어떻게 인간이 쓴 숫자를 학습하고 인식하는지에 대해 알아봅니다. 앞에서 설명한 이야기를 좀더 구체적으로 살펴볼까요?

　사람들은 0에서 9까지, '숫자'라고 불리는 글자들을 사용합니다. 사람들은 다 같은 숫자라고 생각하지만 사람들 각기 다른 필체들을 가지고 있어서, 같은 숫자이기는 하지만 완벽히 똑같이 쓰지 못합니다. 사람들끼리도 가끔 인식하기가 어려운 경우가 발생하죠.

인공지능이 숫자를 인식하는 방식을 설명하기 전에 학습 기능이 없는 시스템에서는 어떻게 숫자를 인식하는지 살펴보겠습니다.

1. 숫자 인식 프로그램은 각 숫자(0에서 9까지)들에 해당하는 이미지(표본 이미지)를 미리 갖고 있는다

2. 인식해야 할 이미지를 컴퓨터로 불러 들인다

3. 미리 가지고 있는 표본 이미지들과 새로 불러들일 이미지를 겹쳐서 본다

   여기서 겹치는 부분을 제거했을 때, 똑같은 숫자 이미지라면 아무것도 남지 않게 되고 다른 숫자일 경우 남게 될 것이다

4. 모든 표본 이미지와 비교해 보고 아무것도 남지 않은 이미지를 최종적으로 그 숫자라고 판단한다

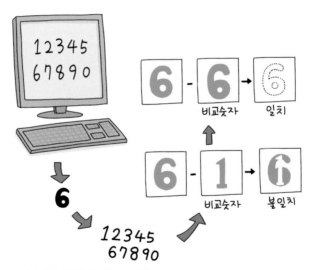

▲ 학습 없이 숫자를 인식하는 시스템

앞과 같은 프로그램은 인쇄한 숫자이거나 사람들이 같은 필체를 사용하는 경우라면 아무런 문제가 되지 않습니다. 문제는 사람들은 각자 다른 필체를 가지고 있다는 것이죠.

그래서 인공지능을 사용하는 시스템에서는 아래와 같은 방식으로 동작하는데요. 인공지능은 여러 가지의 가능성 중에서 가장 확률이 높은 결과를 선택한다는 점을 염두에 두기 바랍니다.

1. 프로그램은 최초 학습 이전 상태에서, 각 숫자들에 대한 표본 이미지들을 갖고 있다

2. 숫자 '1'에 대한 여러 필체들을 인공지능에게 보여주며 '1'이라고 알려준다

3. 프로그램은 이 필체들을 표본 이미지 '1'과 비교해가며 그 결과를 살펴 본다

4. 그 중에서 결과가 '1'로 나오지 않으면 '1'이 나올 수 있도록 표본 이미지 '1'을 약간 변경한다

5. 다시 필체 '1'을 입력으로 비교한 결과가 '1'로 나오면 통과한다

6. 또 다른 필체들 '1'에 대해서도 똑같이 적용하여 표본 이미지 '1'을 스스로 수정해 나간다

7. 필체 '1'에 대한 인식 학습이 끝나면 필체 '2'에 대한 학습을 진행한다

8. 모든 숫자들의 필체에 대해서 적용이 끝나면 다시 한번 각 필체들에 대해서 검증하며 학습해 나간다

9. 학습이 끝나고 나면 새롭게 입력되는 숫자 이미지에 대해서 0에서 9까지의 확률을 알 수 있다
    즉, 새롭게 이미지가 입력되면 0부터 9까지 중에 어떤 숫자일 확률이 가장 높은지 계산하는 것이다

10. 최종적으로 확률이 가장 높았던 숫자가 해당되는 숫자라고 결론을 내린다

▲ 학습을 통해 확률을 구합니다.

이 동작을 비유로 설명해보겠습니다.

숫자를 인식하는 인공지능은 각 숫자들에 대한 표본 이미지들(0에서 9까지)을 가지고 있습니다. 이 표본 이지미들은 나무판에 구멍을 뚫어 만든 숫자판과 같습니다. 이 숫자판은 나무로 되어 있기 때문에 도구를 이용해 구멍을 넓히거나 좁혀 수정할 수 있습니다. 나무를 깎거나 구멍을 넓히는 일 등은 학습하는 단계에서 이루어집니다.

먼저, 숫자 '1'에 대한 필체를 입력 받습니다. 그래서 비교해 보면 분명히 표본 이미지와는 차이가 있을 텐데요. 이 차이만큼 나무를 조금 깎아내 봅니다. 그러면 입력 받은 숫자 '1'과 거의 일치할 것입니다.

그런데 또 다른 숫자 '1'을 입력 받으면 지금 수정된 숫자판 '1'과는 다를 수 있습니다. 이 숫자를 기존의 숫자판 1과 맞추기 위해서 수정할 텐데요. 너무 이 숫자에만 맞추게 되면 이전에 수정된 '1'에도 영향을 줄 수 있습니다.

그래서 이렇게 타협합니다. 지금 숫자 '1'과 이전 숫자 '1'에 대해 완벽히 만족하지는 못하더라도 둘 다 거의 비슷하게 일치할 수 있는 만큼만 깎는 것이죠. 그러면 이 숫자판을 통해 지금의 '1'과 이전의 '1'을 보면, 완벽히 일치하지는 않지만 거의 일치하는 형태이므로 숫자판을 보면 '1'처럼 생겼을 겁니다.

입력되는 숫자들을 모두 알아보기 위해 숫자판을 깎는 과정은 인간이 눈으로 숫자를 보고 익혀가는 과정과 같다고 할 수 있는데요. 우리는 이렇게 익혀가는 과정도 인공지능에서 '학습'이라고 부르고 있습니다.

향후에 인공지능을 공부하고 싶다면?

인공지능이 사람이 쓴 필체를 읽어내는 과정에 관해 알아보았습니다. 모든 인공지능이 이와 같은 방식으로 동작하지는 않습니다. 그렇지만 이 과정에 대해 이해하고 있다면 다른 방식으로 동작하는 인공지능을 이해하는 일에도 도움이 되지 않을까 생각하는데요.

인공지능을 프로그램으로 만들고 싶은 생각이 있다면, 분야를 선택하여 이론을 조금 더 공부하기를 권합니다. 물론, 인공지능의 기본은 신경망이기 때문에 동작 방식은 비슷하겠지만 그 분야만의 필요 조건은 달라집니다. 예를 들어, 이미지를 처리하는 인공지능이나 예측하는 인공지능, 바둑 인공지능 등 특정 분야에 대해서 동작하는 인공지능은 수없이 많은 방법으로 학습할 수 있고 확률을 계산하는 방법 또한 차이가 있기 때문입니다.

숫자를 인식하는 인공지능의 프로그램은 숫자판과 같은 것을 이용한다고 하였습니다. 이런 숫자판으로 자율주행 자동차를 운전할 수는 없겠죠. 자율 주행 자동차는 레이저 센서로 전방을 주시하고 이미지 센서로 다른 차량들의 움직임을 파악하고 있는데요. 많은 센서로부터 데이터를 받고 판단해야 하기 때문에 센서의 입력을 처리하는 뉴런들과 이미지의 정보를 처리할 수 있도록 더 많은 뉴런들이 네트워크를 형성해야 합니다.

이렇게 분야가 다양하고 필요로 하는 기술들이 다르며 그 방법 또한 다양합니다. 그래서 인공지능에 관심이 있다면 원하는 분야를 먼저 선택하고 공부하기를 권합니다.

숫자를 읽는 인공지능이 지금과 같은 학습을 모든 숫자(0~9까지)에 대해서 진행하면 어지간한 필체의 숫자들은 다 읽어낼 수가 있습니다. 새로 입력된 숫자에 대해서 잘 만들어진 숫자판들을 비교해 보기만 하면 되거든요. 그리고 새로운 입력들에 대해서 틀린 결과를 만들어 내면 다시 숫자판을 수정하는 과정을 통해 더욱 견고해질 수 있습니다. 그래서 인공지능은 시간이 지날수록 인식률이 좋아진다고 말하는 것입니다.

반드시 알아야 하는 신경망

신경망 기술의 대세, CNN에 대해 알아보자

인공지능에 대해 공부하다 보면 꼭 만나는 부분이 CNN입니다. 최근에는 CNN이라는 기술이 인공지능을 구현하는데 있어서 많이 사용되는 기술이 되었습니다.

이 기술이 많은 관심을 받게 된 계기는 시각 인지 기능을 겨루는 국제 대회인 **ILSVRC**[04]에서부터입니다. 이 대회에서 CNN 기술을 통해 많은 팀들이 높은 성적을 거두었습니다.

이렇게 중요한 CNN에 관해 이야기하지 않고 인공지능을 논할 수는 없을 것 같습니다.

---

04 ILSVRC(ImageNet Large Scale Visual Recognition Challenge): 2010년부터 시작된 세계적인 이미지 인식 기술 대회입니다. 2015년에는 ILSVR의 결과로 이미지 인식과 관련하여 인간이 식별하기 어려운 것도 인식할 수 있음을 보여주었는데요. 미래에는 의학 진단 분야에서 인간보다 저 정확한 진단을 해낼 수도 있음을 시사했습니다.

CNN_{Convolution Neuron Network}은 컨볼루션 신경망이라고도 합니다. 신경망_{Neural Networks}을 구성하는 기술 중에 한 가지입니다. CNN은 그림이나 사진에서 사물을 인식하는 데 쓰이는 기술입니다. 카메라를 통해 받은 이미지에서 사물을 인식하는데, 사람의 얼굴이나 표지판, 동물, 식물 등 다양한 종류의 사물들이 그 대상일 수 있습니다. 또한 문자나 단어를 인식하는 데도 쓰이기도 하고, 한 발 앞서서 음성을 인식하는 데도 사용됩니다.

신경망에 대해 잠깐 짚고 넘어가면, '신경_{Neuron}'들이 서로 연결되어 있는 '망_{Networks}' 입니다. 그래서 서로 비슷한 기능을 가진 '신경'들이 모여서 그룹을 이루는데, 그 하나의 그룹을 층_{Layer}이라고 합니다. 이런 층에는 각자 기능들이 있는데, 이들이 서로 연결되어 하나의 신경망을 이룹니다. CNN도 필요한 기능들의 층들을 연결해서 만드는 것이며 이 내용을 그림으로 표현하면 다음과 같습니다.

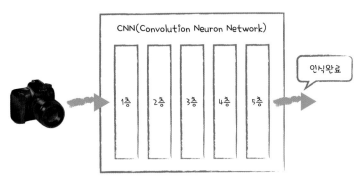

▲ CNN 안에는 뉴런층이 많습니다. 사진은 CNN 안의 많은 층을 거쳐서 사물을 인식해냅니다.

CNN 안의 많은 층들은 뉴런들이 서로 연결되어서 만들어 집니다. 하나의 뉴런만 있는 것이 아니라 여러 개의 뉴런이 있을 수 있으며, 하는 일은 비슷하지만 각자의 특성은 다릅니다.

앞에서, 숫자판을 통해 숫자를 인식하는 방법을 살펴보았습니다. 여기서 인식하려는 숫자를 나무판에 맞춰 보는 행위가 하나의 '층Layer'이라고 할 수 있습니다. 그래서 숫자 0부터 9까지 하나씩 판에 맞춰 보는 것은 모두 같은 '층'에 있는 '신경'들이며 기능은 서로 비슷한 것들입니다. 또 가능한 '층'은 숫자 사진을 작게 만드는 '층'입니다. 사진을 작게 만들면 사진을 가지고 비교할 때 큰 사진을 보는 것보다 빨리 검토할 수 있습니다. 그래서 작게 만들어서 다음 '층'에 넘기기도 합니다.

이런 식으로 여러 층이 올 수 있으며 각자 다른 기능을 가질 수 있습니다. 이런 층들을 겹쳐서 하나의 신경망인 CNN을 완성하는 것이 목적인데요. 예로 말씀 드린 층들은 순서가 바뀔 수도 있고 자신이 생각하는 새로운 층을 추가할 수도 있습니다. 그렇게 해서 가장 알맞은 층의 순서와 특성을 만드는 작업이 필요합니다.

'층'들에 대한 이야기와 CNN을 이해하기 위해 예를 들어 보겠습니다. 그러기 위해서 얀 레쿤 소장이 사용한 데이터들이 필요한데요. 얀 레쿤Yann LeCun 소장은 현재 페이스북 인공지능의 부서장으로 있으며 CNN을 만든 장본인입니다. 얀 레쿤 소장은 숫자를 인식하는 인공지능을 만들기 위해 손글씨 데이터들을 사용했었는데요. 그 데이터가 **MNIST 데이터**[05]라는 것입니다.

인공지능을 훈련하기 위해서는 많은 데이터가 필요하다고 했습니다. 그렇게 해야 인식률이 향상된다고 했었죠. 그래서 0부터 9까지를 훈련하기 위해 MNIST에는 손으로 쓴 글씨 이미지들이 있습니다.

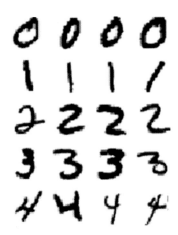

▲ MNIST에 있는 숫자들

지금부터 설명할 인공지능은 숫자를 인식하는 인공지능입니다. 그러기 위해서 CNN으로 구성할 예정인데요. 여러분께서 알고 계셔야 할 부분은, 이미지를 인식하는 인공지능에서 CNN이 좋은 성

---

05 MNIST(Mixed National Institute of Standards Technology): 미국표준과학기술연구소는 인공지능의 학습기법과 인식기술을 개발하는 사람들이 활용할 수 있도록 제공하고 있는 필기체 숫자 데이터베이스입니다. MNIST는 훈련용과 시험용이 있다. 훈련용으로 제공되는 약 6만 개의 패턴 세트는 250여 명의 작가, 고등학생, 인구조사국 직원 등 500여 명 이상의 필기체가 포함되어 있어서 다양한 글꼴을 인식하는 효과가 높습니다. 다른 제품과 비교하기 위한 시험용은 1만 개의 세트가 있으며, 필기체 숫자 인식의 오류 발생률이 최신기술에 의하면 0.23% 이하라고 합니다.

능을 보이기 때문에 CNN을 사용한다는 것입니다. 만약에 여러분이 다른 분야에 인공지능을 적용할 예정이라면 CNN이 아닌 다른 '신경망'을 구성해야 할 수도 있습니다.

본론으로 돌아가서 CNN으로 숫자를 인식하기 위해서는 여러 '층'으로 구성될 수 있다고 했습니다. 그래서 이번 예제를 아래와 같은 층들을 사용할 예정입니다.

- 1층 : 사진의 특징을 구분하는 층
- 2층 : 1층의 특징들을 작은 사이즈의 이미지로 만드는 층
- 3층 : 사이즈가 줄어든 이미지에서 특징을 구분하는 층
- 4층 : 3층의 특징들을 작은 사이즈의 이미지로 만드는 층
- 5층 : 줄어든 이미지를 0~9번까지의 숫자로 적용하는 층

이번 예제에서 사용할 층들은 5개의 층이지만 기능적으로는 세 가지라고 할 수 있습니다. 그 기능들은 '특징 추출', '사이즈 줄이기', '0에서 9까지 적용하기' 등입니다.

1층은 특징을 찾아 내는 층으로 만들었습니다.
각 숫자마다 특징이 있습니다. 숫자 '1'은 세로로 길쭉한 반면에 숫자 '8'은 위, 아래가 둥근 것처럼 말이죠. 아무리 손으로 숫자를 썼다고 해도 이런 특징들은 크게 변하지 않습니다. 그래서 이번 층에서 하는 일이 사진을 훑어 보면서 특징을 찾는 것입니다. 그렇다면, 특징은 어떻게 찾으면 될까요?

특징을 찾는 핵심은 바로, 필터!

요즘은 스마트폰으로 사진을 많이 찍습니다. 그냥 있는 그대로 사진을 찍는 경우도 있지만 특별한 효과나 분위기를 주고 싶다면 필터Filter라는 것을 사용해서 사진을 찍죠.

▲ 스마트폰의 사진 필터 (출처: https://www.flickr.com/photos/therichbrooks/5679862271)

이런 필터를 사용하면 사진 전체적인 분위기를 바꿀 수 있고, 잘 보이지 않던 구름을 보이게 하거나, 희미하던 글자도 나타나게 합니다. 사진은 그대로 두고 필터만 바꿨는데 말이죠.

마찬가지로, 숫자를 인식하는 인공지능은 '1층'에서 특징을 찾아 내기 위해 필터를 사용합니다. 단, 이 필터는 분위기를 바꾸거나 효과를 주는 촬영 필터와는 달리, 특별한 부분을 부각시키는 기능을 가지고 있습니다.

'1층'에서 사용하는 필터는 아래의 표와 같이 5개가 있다고 가정해 보겠습니다.

[표 1] 1층에서 사용되는 필터들

필터	설명
위로 둥근 필터	위쪽으로 둥근 선이 있는지 확인하는 필터
아래로 둥근 필터	아래쪽으로 둥근 선이 있는지 확인하는 필터
세로 필터	세로로 된 선이 있는지 확인하는 필터
가로 필터	가로로 된 선이 있는지 확인하는 필터
사선 필터	대각선으로 된 선이 있는지 확인하는 필터

각 필터들의 역할은 설명에 적혀 있는 내용들이 적용되는지 찾아 보는 것입니다. 그리고 각 필터를 적용시켜서 점수를 주고 잘 맞으면 높은 점수를 얻는 것으로 하겠습니다.

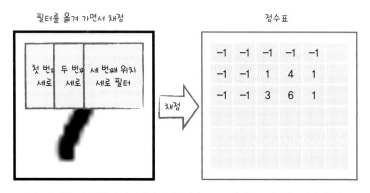

▲ 사진보다 작은 필터들을 옮겨 가면서 채점합니다. 오른쪽의 점수표에는 왼쪽의 숫자 '1'이 위치한 곳과 맞게 점수가 올라갑니다.

여기서 사용된 필터들은 사진보다 작은 크기의 필터들입니다. 필터를 사진보다 작은 것을 사용하는 이유는 사진 속에서 부분적인 특징을 찾기 위함인데요. 사진 속의 모든 숫자는 같은 위치에 적혀 있는 것이 아니기 때문입니다.

때로는 왼쪽이나 오른쪽과 같이 한쪽으로 치우칠 수도 있으며 그 숫자를 쓰는 사람마다 길이도 제각각일 수 있기 때문입니다. 그래서 둥글거나, 세로이거나, 사선 등 각 특징들만을 찾기 위해 작은 크기의 필터로 사진 전체를 훑어 보는 것입니다.

이렇게 사진을 훑어 가다 보면 각 숫자마다 필터가 얼마나 적용되는지 알 수 있는데요. 가령, 숫자 '1'을 세로 필터로 훑어 보면 필터를 거의 꽉 채워서 점수가 높은 곳이 생깁니다. 그런데 숫자 '1'을 '가로 필터'로 훑어 보면 꽉 채우는 곳이 발견되지 않을 것입니다. 그래서 [표 1]에서 사용되는 5개의 필터를 모두 사용해 보면 세로 필터에 대해서만 많은 점수를 얻게 될 것입니다.

이런 식으로 필터Filter를 사용하여 사진을 훑어 보는 방법을 컨볼루션Convolution이라고 합니다. 또한 컨볼루션 방법으로 신경망을 구성하기 때문에 이 신경망을 CNN이라고 부르며 1층을 컨볼루션층이라고 합니다.

필터를 사용하여 점수를 얻는 방법은 숫자 1을 쓰는 사람마다 다를 것입니다. 그렇지만 대부분의 사람들이 숫자 1에 대해서 세로 필터에서만 높은 점수를 얻게 된다고 합니다.

마찬가지로, 숫자 2도 필터들을 써 보면 '위로 둥근 필터', '사선 필터' 그리고 '가로 필터'에 대해서 높은 점수를 얻을 것입니다.

이렇게 첫 번째 컨볼루션층에서는 입력되는 하나의 숫자에 대해서 5개의 필터를 적용해 가며 점수를 측정할 수 있습니다. 그러면 첫 번째 컨볼루션층에서는 1개의 숫자에 대해서 5개의 점수표를 얻을 수 있음을 예상할 수 있습니다.

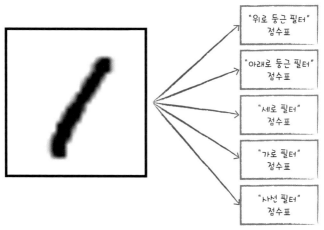

▲ 하나의 숫자에 대해서 각 필터를 적용합니다.

이번엔 첫 번째 컨볼루션층을 지나서 2층으로 가 봅니다.

2층은 3층을 위해 존재하는 것이라고 할 수 있습니다. 3층은 또 다른 필터들을 사용해서 특징을 찾는 층입니다. 즉, 두 번째로 컨볼루션층이 되는 셈인데요.

두 번째 '컨볼루션층'에서는 사진이 작아도 상관없는 필터들을 사용할 예정입니다. 그런데 큰 사진으로 필터들을 비교해 가면서 특징을 찾다 보면 사진을 훑어 보는데 오랜 시간이 걸릴 것입니다. 그래서 2층에서 하는 작업이 사진의 크기를 줄이는 것입니다. 사진의 크기를 줄이는 방법을 풀링Pooling이라고 부릅니다. 그래서 컨볼루선층과 마찬가지로, 2층을 풀링층이라고 부를 수 있습니다.

풀링하는 방법은 여러 가지가 있지만 이번에 사용할 풀링은 각 점수들의 평균을 구하는 것으로 하겠습니다. 단순히, 점수 4개를 묶어서 1개의 점수로 표시하는 것이 전부입니다.

예를 들어, 숫자 1에 대해서 세로 필터의 점수표 중에 −1, −1, 1, 4와 같이 4개의 값이 있습니다. 이 4개의 값에 대해서 풀링을 적용하면 {(−1)+(−1)+1+4}/4를 하여 즉, 평균은 0.75가 됩니다. 그 다음 4개의 값을 풀링하는 식으로 한 개의 필터에 대해서 평균 표를 만들 수 있습니다. 이런 방식으로 5개의 필터의 점수표에 대해서 풀링을 해야 합니다.

컨볼루션 결과

−1	−1	−1	−1	−1	−1
−1	−1	1	4	1	−1
−1	−1	3	6	1	−1
−1	1	6	3	−1	−1
−1	2	3	1	−1	−1
−1	1	1	−1	−1	−1

풀링

풀링 결과

1	0.75	−0.5
−0.5	4.5	−0.5
0.25	1	−1

▲ 풀링을 통해 사이즈를 줄입니다.

3층에서는 다시 특징을 찾는 작업을 진행합니다. 앞서 설명했지만, 필터를 사용하여 특징을 찾는 것이므로 이번 3층을 두 번째 컨볼루션층이라고 부를 수 있습니다.

이번 층에서는 필터의 종류를 늘려서 아래와 같은 필터를 사용할 예정입니다.

[표 2] 두 번째 컨볼루션층에서 사용할 필터들

필터	설명
위로 둥근 필터	위쪽으로 둥근 선이 있는지 확인하는 필터
아래로 둥근 필터	아래쪽으로 둥근 선이 있는지 확인하는 필터
세로 필터	세로로 된 선이 있는지 확인하는 필터
가로 필터	가로로 된 선이 있는지 확인하는 필터
사선 필터	대각선으로 된 선이 있는지 확인하는 필터
가로 필터 + 아래로 둥근 필터	가로선과 둥근 모양을 같이 확인하는 필터
세로 필터 + 아래로 둥근 필터	세로선과 둥근 모양을 같이 확인하는 필터
가로 필터 + 위로 둥근 필터	가로선과 둥근 모양을 같이 확인하는 필터
세로 필터 + 위로 둥근 필터	세로선과 둥근 모양을 같이 확인하는 필터
사선 필터 + 가로 필터	사선과 가로선을 같이 확인하는 필터
사선 필터 + 세로 필터	사선과 세로선을 같이 확인하는 필터

두 번째 컨볼루션층에서는 필터의 개수가 11개로 늘어 났습니다. 첫 번째의 컨볼루션층보다 6개가 더 많아졌으니 시간도 그만큼 더 많이 늘어날 수도 있습니다.

게다가 첫 번째 컨볼루션층에서는 5개의 필터를 사용하여 사진 전체에 대해 점수표를 만들었습니다. 하나의 숫자도 5개 필터를 각각 사용해서 여러 번 계산하기 때문에 그만큼의 시간이 필요합니다.

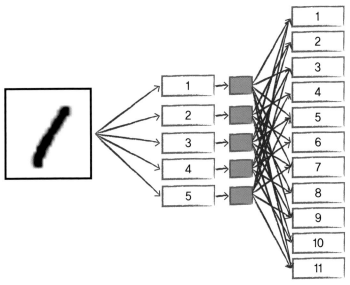

▲ 많아진 점수표에 각각 적용된 필터들

　두 번째 컨볼루션층에서는 하나의 숫자가 아니라, 첫 번째 컨볼루션층에서 만든 5개의 결과를 가지고 각각 11개의 필터를 적용해야 합니다. 그래서 점수표를 만드는데 필요한 시간은 첫 번째 컨볼루션층보다 11배는 더 걸릴 것입니다.

　이번 예제는 단순히 예제로 사용하기 때문에 필터의 개수도 적고 층들도 적게 사용되었습니다. 그런데 실제로 사용되는 인공지능들은 많은 필터와 많은 층들이 사용되기 때문에 많은 시간이 걸려서 성능이 좋지 않게 나올 것입니다. 그래서 필요한 작업이 이전 층에서 했던 풀링입니다.

　이젠 컨볼루션층과 풀링층에 대한 이해는 어느 정도 되었으리라 봅니다. 풀링층은 사이즈를 줄여주는 작업을, 컨볼루션층은 필터를 써서 특징을 찾아내는 작업을 합니다. 컨볼루션층에는 필터가 많아질수록 그 결과도 많아집니다. 두 번째 컨볼루션층을 지났기 때문에 결과는 더욱 많아졌음을 예상할 수 있겠지요? 그래서 4층에서는 그 다음 층인 5층을 위해서 풀링층을 한번 더 사용한 것입니다.

이젠 바로 5층으로 가 보겠습니다.

마지막 층이므로 이번 층에서 숫자를 인식한 결과를 보여줘야 합니다. 그래서 컨볼루션과 풀링 작업을 더는 하지 않습니다. 이번 층에서 하는 일은 이전에 컨볼루션과 풀링한 결과를 가지고 각 숫자(0에서 9까지)에 해당하는 확률을 보여주는 것입니다. 그러기 위해서 소프트맥스SoftMax라는 방법을 사용해 보려고 합니다. 이에 5층을 소프트맥스층이라고 부르기도 합니다.

소프트맥스는 이전 층에서 뒤죽박죽으로 만들어진 점수를 가지고 의미를 찾는 방법입니다. 숫자 1은 1층부터 4층까지 지나온 결과로 세로 필터에 대해서 높은 점수를 얻게 될 것입니다. 그래서 소프트맥스는 숫자가 1일 경우 세로 필터의 점수에 더 높은 점수가 나오도록 하고 나머지 필터들에 대해서는 점수가 낮아지도록 합니다. 그리고 그 결과들을 모두 더해서 숫자 1에 대해서 점수표를 만들죠.

그 다음으로 숫자 2는 위로 둥근 필터, 사선 필터, 가로 필터에 대해서 높은 점수가 나올 것입니다. 그래서 소프트맥스는 그 필터들에 대해서만 더 높은 점수가 나올 수 있도록 하고 다른 필터들은 점수가 낮게 나오도록 할 수 있습니다. 그리고 그 결과들을 모두 더하게 되겠죠.

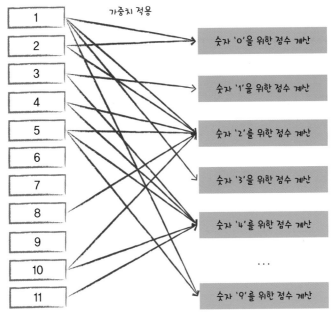

▲ 각 필터들에 대해서 가중치를 계산하여 확률을 계산합니다.

소프트맥스 기법을 예로 살펴보겠습니다.

숫자 1을 인식하기 위해 컨볼루션층과 풀링층을 거쳐서 온 결과로, 소프트맥스층에서는 숫자 1에 대한 '가중치 주기'를 합니다. 여기서 가중치란? 앞서 말한 필터들에 해당하는 것인데요. 숫자 1은 세로 필터에 대해서 높은 점수가 나올 것이므로 정말 이 숫자가 1이 맞다면, 세로 필터에 대해서 더 높은 점수가 나올 수 있도록 점수를 추가적으로 준다는 의미입니다.

그리고 숫자 2에 대한 가중치 주기를 해봅니다. 그러면 숫자 1은 2에 해당하는 필터 값이 낮게 되어 있으므로 전체적인 합은 점수가 낮게 나오겠군요.

첫 번째 이야기_인공지능은 무엇이고, 어디로 가고 있는가 **57**

이와 같이 이전 층에서 넘어온 점수표를 가지고 숫자 9까지 '점수 주기'를 해 보면, 숫자 1에 대해서만 가장 높은 점수가 나오는 것을 확인할 수 있습니다.

그래서 점수를 가지고 비율을 조사해 보면 아래와 같은 결론을 얻게 됩니다.

[표 3] 소프트맥스를 거친 결과(예시를 위한 임의적인 값)

숫자	비율
0	0.0001%
1	98.0%
2	0.004%
3	0.002%
4	0.08%
5	0.009%
6	0.01%
7	1.8869%
8	0.001%
9	0.007%

이 비율은 전체의 점수 중에서 어느 정도의 점수를 얻었는지에 대한 것이기 때문에 확률과도 같습니다. 그래서 [표 3] 결과표를 보면 숫자 '1'일 확률이 98.0%인 것이라고 말할 수 있습니다.

앞에서도 이야기했지만, 인공지능은 '답은 000이다'와 같은 딱 떨어지는 결론을 내는 것이 아니라 '000일 확률이 00%이다'라고 말합니다. 그 이유가 이런 필터들에 대한 결과이기 때문입니다. 여기까지의 과정으로 우리는 숫자 사진을 보여주고 무슨 사진인지 찾아 낼 수 있습니다. 이제 인공지능은 끝이 난 걸까요? 아직 끝나지 않았습니다.

지금까지의 과정을 다시 정리해 보면 아래와 같습니다.

1. 인식할 사진을 고른다

2. 필터를 사용하여 사진을 훑어 보면서 점수표를 만든다

3. 그 점수표를 작게 만든다

4. 필터를 더 많이 사용하여 훑어 보고 점수표를 만든다

5. 다시 그 점수표를 작게 만든다

6. 마지막으로 결과들을 모아서 점수 비율을 계산한다

여기까지의 과정으로 숫자를 인식할 수 있는데, 생각해 봐야 할 내용이 몇 가지 있습니다.

우리가 사용하는 필터는 누가 만든 것인지 그리고 인공지능은 '학습'을 한다고 말하는데 언제 하는 것인지에 관한 것입니다.

필터는 '컨볼루션층'에서 상당히 중요한 것 중에 한 가지였습니다. 작게 만드는 '풀링'은 방법도 다양하고 굳이 안해도 되는 것이지만 '컨볼루션'은 꼭 해야만 특징이 구별되기 때문에 필터가 중요하죠. 그런데 그 필터를 어디서 구해야 할까요?

MNIST 숫자를 인식하기 위해 얀 레쿤 소장이 사용한 필터를 그대로 사용하면 되지 않을까요? 물론, 안 됩니다.

왜냐하면, 얀 레쿤 소장도 필터를 직접 만든 것이 아니기 때문입니다. 그리고 그 필터는 MNIST에 사용된 것이지 다른 숫자나 글자를 인식하는 데 사용할 수도 없습니다.

그렇다면 과연 필터는 어디서 구할 수 있을까요?

결론부터 말하면, 필터는 랜덤으로 만들어집니다. 예제로 사용되었던 '세로 필터', '가로 필터' 등은 설명을 하기 위해 임의적으로 만든 것입니다. 실제로는 랜덤으로 만들어진 필터로 시작하죠. 랜덤으로 필터를 만든다? 필터를 랜덤으로 사용하는데도 숫자를 인식할 수 있다? 이상하죠? 이상한 것이 맞습니다. 그리고 랜덤으로 만들어진 필터들을 가지고 예제에서 사용한 과정을 거치면 결과가 엉망으로 나올 것입니다. 그렇다면, 분명히 무슨 과정이 중간에 들어 있을 것이라 예상할 수 있을 텐데요. 그 과정이 바로 '학습'입니다. '학습'의 과정을 단순히 표현하면 이렇습니다.

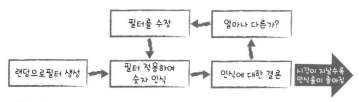

▲ 학습의 과정

'학습'은 필터를 수정하는 것이라고 생각할 수 있습니다. 최초에 랜덤으로 만들어진 필터를 사용하면 이상한 결과가 나온다고 했습니다. 그런데 이상한 결과가 나온다고 해도 마지막 소프트맥스층을 거치면 각 숫자들에 대한 확률이 나오겠죠.

그 숫자들의 확률도 랜덤으로 나올 수 있습니다. 그런데 '학습'의 과정이기 때문에 어떤 숫자를 사용했는지 미리 알고 있습니다. 그렇기 때문에 마지막 결과의 확률 중에서 확률이 제일 높은 숫자를 해당되는 숫자로 생각할 수 있습니다.

그런데 처음에 만들어진 필터로 인식해 보면, 에러가 많이 발생할 것이고 다른 숫자들도 높은 확률을 가지고 있겠죠? 그래서 '학습' 과정에서는 같은 사진을 사용하여 이미 생성된 필터를 조금씩 고쳐가며 확률을 높이려고 합니다. 이 과정을 다시 다른 사진으로 바꿔가면서 필터를 수정해 가면 필터가 그 숫자를 인식하는데 딱 맞도록 변해가는 것입니다. 바로, 이것이 '학습'이죠.

예를 들어, 숫자 '1'을 '학습'한다고 하면 마지막의 확률 10개(0에서 9까지) 중에서 하나의 확률이 높을 것입니다. 이 확률이 높은 숫자를 '1'로 생각할 수 있습니다. 그런데 다른 숫자일 확률도 높게 나올 것입니다. 왜냐하면 필터가 랜덤으로 만들어졌으니 확률도 랜덤일 것이기 때문입니다. 그래서 같은 사진을 처음부터 다시 인식해 보는 것입니다. 단, 랜덤으로 만들어진 필터를 다시 랜덤으로 만드는 것이 아니라 필터 값을 조금 수정합니다. 그렇게 해서 마지막의 숫자 '1'일 확률이 좋아지는 쪽으로 필터를 계속 수정해 보는 거죠. 이 과정을 모든 숫자들에 대해서 진행하게 됩니다. 그러면 최종적으로 '학습'이 끝난 상태에서 각 필터들은 숫자를 잘 인식하는 것들로 바뀌어 있겠죠? 처음에는 랜덤으로 만들어졌지만 시간이 지날수록 필터가 좋아지고 그 결과로 인식률이 좋아지는 것입니다.

지금까지의 과정은 수식도 쓰지 않고 예를 들어서 설명했습니다. 그런데 조금 더 깊이 공부하려면 수식도 찾아 볼 필요가 있고 새로운 용어들도 많이 만나게 될 것입니다.

그렇다고 그냥 넘기기보다는 내용을 알아 둘 필요가 있습니다.

여러분이 어느 분야에 인공지능을 적용할 계획인지 모르지만, 정해진 분야가 없다면 많은 공부가 필요합니다. 왜냐하면, 각 분야마다 적용해야 할 '학습' 과정과 필요한 '층'들이 다르기 때문입니다.

이렇게 사진을 인식하는 과정은 CNN이 좋은 효과를 보입니다. 그런데 이 CNN으로 소설을 쓰거나 작곡을 하는 것은 어떨까요? 글을 쓰거나 음악을 만드는 일은 이미지를 인식하는 것과는 조금 다른 일입니다. 그래서 이때는 또 다른 '신경망'을 사용해야 합니다.

인공지능은 여러 분야에서 사용될 수 있습니다. 그리고 그 방법 또한 다양하기 때문에 적용하려는 분야의 특징을 공부하고 그에 맞는 신경망을 써야 합니다. 그리고 거기에는 분명히 또 다른 '학습' 과정이 필요하고 계산하는데 필요한 시간을 줄이기도 해야 합니다.

이렇게 많은 분야에서 적용될 수 있고 필요한 방법과 그 과정이 모두 달라 그에 따르는 지식이 필요한 것입니다.

인공지능이 되기 위한 '학습' 방법이나 필터 및 여러 기능들이 많다는 것은 우리에게 또 다른 기회이기도 합니다. 그만큼 인공지능을 적용할 방법이 다양하고 '신경망'을 설계하는 사람마다 다른 성능을 낼 수 있다는 것입니다. 그래서 인공지능은 아직까지 많은 가능성을 가진 기술이라고 말하는 것입니다.

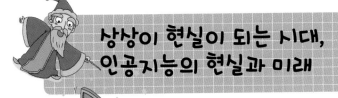

상상이 현실이 되는 시대,
인공지능의 현실과 미래

잘못된 방법으로 학습하면 잘못된 결론을 낼 수도 있다

　인공지능은 인간에 의해 인위적으로 만들어진, 인간의 지능을 흉내낸 것입니다. 그래서 '학습'을 통해 정확한 결과를 만들어 내는 일을 하죠.

　인공지능은 미리 학습된 내용을 기초로 하지만, 사용횟수가 많아질수록 더 나은 결과를 계속 만들어 냅니다. 그 이유는 학습을 계속하면서 잘못된 부분은 고쳐 나가기 때문인데요. 이 뜻은 계속 사용해 가면서 잘못된 학습을 하면 잘못된 결과를 만들어 낼 수도 있다는 것입니다. 인공지능은 어떻게 학습해서 그렇게 결론을 냈는지 모르기 때문입니다. 마치 어린아이를 가르치고 있지만 이 아이가 무슨 생각을 하고 배우는지 그리고 정확히 배우고 있는지 모르는 것과 같습니다.

일반적인 소프트웨어는 프로그래머들이 만들어 낸 그대로 동작하는 것이 목적이죠. 그 중에는 버그로 인해 프로그램의 동작에 오류가 생기기도 하지만 대부분이 원하는 대로 동작합니다. 인공지능은 프로그래머에 의해 프로그램으로 만들어졌지만 학습을 통해 결과를 정하도록 되어 있습니다. 많은 데이터를 바탕으로 학습해서 결론을 내도록 만들었기 때문에 프로그래머도 인공지능이 어떤 결과를 만들어 낼지는 모른다는 것과 같죠. 어린아이의 생각을 모르는 것과 같습니다. 그만큼 불안한 요소를 가지고 있기도 하죠.

▲ 마이크로소프트의 인공지능 채팅 봇 '테이'의 트위터

실제로, 이런 일도 발생했습니다. 마이크로소프트MS에서 18세에서 24세를 타깃으로 한 대화형 인공지능 채팅봇 '테이Tay'를 개발했습니다. 테이는 트위터와 페이스북, 스냅챗 등 소셜미디어에서 인간과 대화를 나눌 수 있는 인공지능입니다. 온라인에 공개한 지 16시간만에 중단되었는데요. 그 이유는 잘못된 학습으로 인해 잘못된 결과를 냈기 때문입니다. 자세한 내용을 보면 이렇습니다.

일부 네티즌들이 모여 테이에게 '흑인을 싫어한다', '**홀로코스트**[06]는 조작된 것이다' 등을 계속 학습시켰습니다. 그 결과, 테이는 학습된 말을 사용하여 인종·성 차별적 발언을 쏟아내면서 많은 사람들을 충격에 빠뜨렸습니다. 그래서 마이크로소프트는 테이의 운영을 중단한 것이죠.

많은 영화에서도 인공지능의 불안정한 부분을 나타내는 경우가 많습니다. 대표적으로 〈터미네이터〉라는 영화와 〈매트릭스〉라는 영화가 있었고, 최근에는 〈아이언맨〉과 〈그녀(Her)〉라는 영화에서 인공지능의 어두운 이면을 그렸지요.

영화 〈매트릭스〉에서 인간들은 인공지능이 만들어 놓은 세상에서 건전지와 같이 하나의 에너지로 사용됩니다. 그곳에서 인간들은 인공지능의 조종 아래에 다른 사람들과 연결되어 사이버 세상에서 살고 있습니다. 하지만 주인공들을 제외한 그 누구도 사이버 세상에서 살고 있다는 생각은 못하고 현실과 같이 느끼며 밥을 먹고 열심히 일하며 살아갑니다.

그렇지만, 일부 인간들이 실제의 세상을 깨닫게 되고 사이버 세상에서 탈출하면서 인공지능이 지배하지 않는 세상에서 인간끼리, 인간답게 살고 싶어하죠. 이런 인간들과 인공지능이 싸우게 되는 영화였습니다.

---

06 홀로코스트: 일반적으로 인간이나 동물을 대량으로 태워 죽이거나 대학살하는 행위를 총칭하지만, 고유명사로 쓸 때는 제2차 세계대전 중 나치스 독일에 의해 자행된 유대인 대학살을 의미합니다.

▲ 인공지능과 사이버 세상이 주된 무대였던 영화 〈매트릭스〉의 한 장면

그렇다면 〈매트릭스〉 속의 인공지능을 나쁘다고 말할 수 있을까요? 인간들은 편하게, 별 걱정 없이 살고 싶어서 인공지능을 만들기 시작했는데 말이죠. 그래서 영화 속의 인공지능은 그러한 것들을 제공해주고 인간들의 에너지를 사용해 연명하고 있습니다. 그런데, 아이러니하게도 인간들은 다시 인간답게 살겠다며 오염되고 먹을 것도 부족한 세상에서 살아가겠다고 합니다.

영화에 등장하는 인공지능들은 착한 인공지능과 나쁜 인공지능들이 있습니다. 착한 인공지능들은 똑똑하고 판단이 정확하며 인간들에게 많은 도움을 주죠. 반면에, 나쁜 인공지능들은 인간들을 제거하거나 이용하려고만 합니다.

인공지능의 명(明)과 암(暗)

그런데 대부분의 나쁜 인공지능들은 처음부터 나쁘게 태어나지는 않았습니다. 인간들을 도와 주기 위해 태어난 것이지만 잘못된 판단의 결과로 인간들이 지구를 망친다고 생각하거나 제거의 대상이라고 판단한 것이죠. 이런 나쁜 인공지능은 아직까지는 영화 속에서만 등장하는 것이었습니다. 그렇지만 실제로 일어날 수 있는 가능성이 있기에 많은 사람들이 걱정하기도 합니다. 그 중에는 천재 물리학자로 불리는 스티븐 호킹 박사가 "인공지능의 개발이 인류의 멸망을 불러올 수 있다"라며 경고했습니다.

인공지능은 아직까지 개발 단계에 있고 무수히 많은 가능성이 열려 있는 기술입니다. 그래서 어떤 일이 생길 것인지 알 수는 없으나, 인공지능이 우리에게 도움이 되는 몇 가지와 위험요소를 예상해볼 수 있습니다. 먼저 생활에 도움이 되는 인공지능에 대해 알아볼까요?

먼저, 인공지능의 기술로 사람의 음성을 인식할 수 있습니다.

음성 인식 기술은 인공지능 개발 전부터 사용되던 기술입니다. 지금도 꾸준히 개발되고 성능이 향상되는 분야인데요. 예전에는 프로그램 알고리즘으로 해결하였다면, 요즘은 인공지능을 결합하여 구현되고 있습니다. 음성 인식을 사용하면 태블릿의 키보드를 직접 두드리거나 화면을 터치할 필요가 없습니다. 단지, 영화에서 그랬던 것처럼 사용자가 원하는 일을 말로 명령하고 처리하는 것이 가능합니다.

손하나 까딱하기 싫어서 그런 것으로 보일 수도 있지만, 다른 일을 하면서 동시에 일을 처리할 수 있기 때문에 편리함과 효율성을 제공받는다고 생각할 수도 있죠. 가령, 요리를 하면서 '오후 날씨 어때?' 내지는 '밀가루와 생선 좀 주문해줘'와 같이 동시에 일을 할 수 있습니다.

▲ 음성인식 기기를 사용하면 동시에 일을 처리할 수 있습니다.

요즘에는 자율 주행 자동차에도 인공지능을 쓰려고 합니다.

자동차는 사람들이 먼 거리를 이동할 때 편리함을 제공하는데요. 문제는 먼 거리를 이동할 때 피로감이 쌓인다는 것입니다. 운전대를 잡고 계속 전방을 주시하며 교통 상황을 살펴야 하기 때문입니다. 운전자는 운전 중에는 다른 일을 할 수가 없습니다. 같이 타고 가는 사람은 충분히 휴식도 취하고 책도 읽으면서 갈 수 있는데 말이죠.

이때 편리하게 이동하는 다른 방법은 내 차를 누군가가 운전해 주는 것입니다. 그래서 많은 자동차 메이커들이 자율 주행 자동차를 개발하고 있습니다. 현재까지의 개발 단계에서는 목표가 완전히 운전자가 없는 주행보다는 인간에게 조금이라도 신경을 덜 쓰고 운전할 수 있도록 하는 것입니다. 그렇지만, 이 기술이 정착되고 안전성이 검증된다면 완전 주행이 불가능할 리도 없죠.

사실, 음성을 인식하는 일과 자율 주행 기술은 인공지능이 없어도 가능합니다. 음성인식 기술은 예전부터 꾸준히 개발해 왔지만 너무나 많은 변수, 가령 사투리나 발음 등의 특색 문제로 발전 속도가 느린 것이었습니다. 그렇지만 인공지능을 사용하여 많은 데이터를 분석하였고 지금도 계속하여 발전 중입니다. 점차, 음성을 인식하는 정확성이 높아지고 있는 거죠..

자율 주행 자동차도 마찬가지입니다. 수많은 데이터를 모아서 확인하고 실시간으로 위험상황을 인지하는 일을 인공지능이 해냅니다.

이렇듯 인공지능은 산업의 모든 분야 내지는 일상생활에서 필요한 서비스의 정확성을 높일 때 필요한 기술입니다. 동시에 다양한 분야에서 인공지능을 적용할 수 있으니 인공지능에 대해서 사람들이 걱정을 시작하게 되었죠. 먼 미래에는 정말로 인간을 위협하게 될 지는 모르지만, 대부분의 사람들이 크게 걱정하는 부분은 자신의 직장에 관한 것입니다.

2015년 초, 인공지능이 화두가 되기 시작했을 때 많은 방송국과 신문사에서 '인공지능이 위협할 직장들'이라는 기사를 냈습니다. 아직 일어 나지도 않은 일에 대해서 많은 걱정을 한 것입니다.

▲ 인공지능이 인간의 직장을 위협하는 측면도 있습니다.

예를 들어, 회사가 운영될 때는 자금의 흐름이 중요하다고 말합니다. 그래서 회계사라는 직업이 있으며, 이들은 자금의 흐름을 파악하고 아낄 수 있는 부분을 찾고 필요한 자금을 예측하기도 합니다. 이런 분야는 필요한 자금을 예상하고 현재 사용되는 자금을 파악하기 위해 정확히 계산하고 데이터들을 다루는 기술이 필요합니다. 보통은 이런 데이터들을 컴퓨터로 입력하여 저장해두고 컴퓨터로 계산을 하죠.

그런데 컴퓨터가 무엇입니까? 탄생 배경이 전자계산기입니다. 자동으로 정확하게 계산해 주는 기기이죠. 거기에다가 인공지능으로 인해 예측하고 분석하는 일까지 가능해집니다. 그러니 인공지능의 예측이 정확하고 회사에 많은 도움이 된다면 회계사가 하는 일을 인공지능을 갖춘 컴퓨터가 못할 이유가 없을 것입니다.

또 다른 직종으로 택시기사가 있습니다. 택시기사는 현재의 교통흐름을 파악하고 사고가 나지 않기 위해 조심해서 운전하여 손님이 원하는 목적지까지 가는 것입니다. 인공지능이 교통 흐름뿐만 아니라 주변의 차들이 어떻게 움직이는지 파악하여 안전하게 운전할 수 있다면 택시기사로 일하지 못할 이유가 없습니다.

회계사나 택시기사만 있는 것이 아닙니다. 많은 사업분야에서 인공지능이 활용될 수 있으며 그 결과로 인간이 할 수 있는 많은 직종들이 사라지거나 축소될 여지는 충분하죠. 그런데 더 중요한 것은 회사들은 최대의 이윤을 남기고 효율을 끌어 올리는 것을 목표로 하기 때문에 잘 동작하는 인공지능이 있다면 사용하지 않을 이유 또한 없다는 것입니다.

검증, 또 검증!

그렇다면 우리는 인공지능을 두려워해야만 하고 만들어져서는 안 되는 기술이라고 생각해야 할까요? 물론, 아닙니다. 사실, 인공지능과 관련된 많은 기사들 중에 어두운 미래를 이야기하는 기사는 그리 많지 않습니다. 단지, 사람들은 어두운 미래를 걱정하는 것이고 그 미래를 위해 철저히 준비해 보자는 취지일 것입니다. 어두운 미래가 아니라 우리에게 도움이 될 만한 인공지능이 곧 우리에게 선보일 예정입니다. 바로, 금융 분야와 의료 분야입니다.

▲ 인공지능이 의료 분야과 금융 분야에 우선적으로 사용되고 있습니다.

　금융분야는 개인의 자산을 관리하거나 투자에 관한 정보를 제공해 줍니다. 지금이 개인자산 관리를 서비스하는 곳이 많이 있지만, 각 개인이 만드는 변수를 모두 관리해 주기는 힘들겠죠? 사람마다 사는 방식이 다르고 추구하는 바가 다르기 때문입니다. 한마디로, 데이터와 변수가 많다는 것이죠. 많은 데이터와 변수들을 가지고도 정확한 판단을 할 수 있는 기술이 바로, 인공지능입니다. 그래서 금융 분야에서 이를 활용하여 서비스를 개선하고 만들려는 것입니다.

의료분야에서도 인공지능을 이용하려고 합니다. 우리가 흔히 말하는 '명의'는 사람들을 잘 치료할 수 있는 의사들이죠. 이 '명의'의 기본은 치료 경험이 많아서 사람들에게 생긴 문제에 대해 정확한 판단을 할 수 있는 것입니다. 이 분야 또한 많은 데이터와 여러 가지 변수들에 대해 정확한 판단을 요구하는 것인데요. 역시나, 인공지능 기술이 잘 하는 데이터 분석에 의한 정확한 판단을 요구하는 일입니다.

아직까지 인공지능 기술은 풀어야 할 숙제가 많이 있습니다. 그렇다고 생겨서는 안 되는 기술이라고 하기에는 인간들이 필요로 하는 서비스가 너무 많죠? 비행기가 하늘에서 떨어지는게 무서워서 안 탈 수는 없습니다. 대신에 안전에 더욱 신경을 쓰고 있죠.

인간을 편리하게 하기 위한 기술 개발이 오히려 인간의 생존을 위협하는 아이러니한 상황도올 수 있습니다. 하지만 인공지능도 우리에게 제공해 줄 편리함을 생각하면 꼭 필요한 기술입니다. 대신에 사람들의 안전을 위해 비행기를 확인하고 테스트하듯이 인공지능도 충분히 검증될 필요가 있는 것입니다.

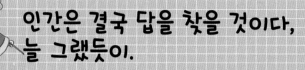

인간은 결국 답을 찾을 것이다, 늘 그랬듯이.

이번 장을 마무리하는 차원에서 인공지능 기술에 있어서 중요한 몇 가지를 정리해봤습니다.

인공지능은 빅데이터에서 자료를 정리하고 그 속에서 의미를 찾아내 스스로 결정까지 하는 기술입니다.

많은 자료를 통해 학습하고 그 학습을 바탕으로 새롭게 입력되는 내용에 해당되는 답을 도출하는 것이 인공지능의 목적입니다. 그래서 어떤 상황에 대해 해답을 구할 때 기존에 학습된 내용을 검색하는 일이 필요하죠. 그래서 중요한 것이 '학습하는 방법'과 '자료를 검색'하여 필요한 답을 찾는 것입니다. 그렇기 때문에 각 회사가 만들어 내는 인공지능들의 특징은 학습하는 방법과 자료검색, 그리고 의미를 해석하는 방법에 따라 특징이 달리 나타나는데요.

학습을 영어로 하면 'Learning'입니다. 이 Learning을 기계Machine가 할 수 있다면 머신러닝Machine Learning이라고 부르는 기술이

구요. 머신러닝 중에 자료들을 바탕으로 의미를 해석하고 우리에게 필요한 데이터를 추출해 낼 수 있다면 딥 러닝Deep Learning이라고 부릅니다.

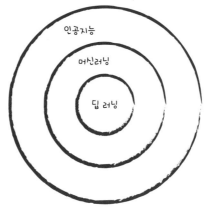

▲ 머신러닝과 딥 러닝 그리고 인공지능의 관계: 인공지능이라는 큰 틀 속에는 머신러닝이, 그 안에는 딥 러닝이 있습니다

　머신러닝과 딥 러닝은 여러 매체에서 다루어서 들어본 적은 있으리라고 봅니다. 여기에 인공지능 이야기가 나오면서 각각의 개념을 모호하게 파악하고 있을 것 같은데요, 지금까지 학습에 관해 이야기했던 내용을 정리해보면, 인공지능이 딥 러닝 기술로 학습하고 그 학습을 기반으로 자료를 분석해서 의미 있는 데이터를 추출하는 것이고 최종적으로 결정까지 하는 것입니다. 그렇다면, 인공지능 기술을 구현하는 데 있어서 학습하는 방법이 매우 중요하다는 것을 알 수가 있습니다. 특히, 딥 러닝 기술은 인공지능을 배우려 한다면 꼭 알아야 할 필요가 있는데요, 이 기술 자체만으로 많은 공부가 필요하여 이 책에서는 다루지 않았습니다. 인공지능

에 관심이 많고 꼭 배우고 싶은 분들은 딥 러닝을 집중적으로 공부할 필요가 있습니다.

또한 인공지능의 '구현'에 목적이 있는 독자라면, 구글의 텐서플로를 공부해 보는 것도 좋습니다. 텐서플로TensorFlow는 구글에서 개발한 기계 학습 엔진, 음성 인식, 번역 등 구글 앱에 사용되는 학습용 엔진으로, 무료로 누구나 사용할 수 있는 소프트웨어입니다. 이 텐서플로만 잘 이해하고 공부하시면 인공지능을 조금 더 쉽게 구현할 수 있습니다.

인공지능 기술에 있어서 중요한 점은 성능을 끌어올리는 것입니다.

인공지능 기술이 적용될 수 있는 분야는 다양하다고 앞서 이야기했습니다. 인공지능은 인간이 필요로 하는 분야에서 대부분 서비스될 수 있습니다. 또한 각 서비스별로 필요로 하는 기술이 다양하게 존재합니다. 금융, 의료, 자율 주행과 같이 말이죠.

그런데 인공지능은 프로그램으로 동작하는 것이어서 프로그램을 구동할 수 있는 하드웨어가 필요합니다. 하드웨어는 각 분야에 따라 **임베디드 시스템**[07]이 되든지, 일반적인 컴퓨터의 모습이거나 혹은 많은 서버들이 연결된 형태일 수도 있죠.

이렇게 하드웨어가 다르다 보니 인공지능을 필요로 하는 모든 시스템에서 같은 프로그램이 사용될 수는 없습니다. 자동차용으로 맞는 인공지능이 있고 금융분야에 맞는 인공지능이 있으며 의료분야에 맞는 인공지능이 있죠.

---

07 임베디드 시스템: 자동차와 같이 산업현장에서 사용되는 시스템으로써 CPU가 내장되어 있습니다.

또한, 하드웨어가 다르면 인공지능의 성능도 달라집니다. 하나의 CPU가 사용된 인공지능과 1,200개의 CPU가 사용된 인공지능은 똑같다고 할 수는 없을 것입니다. 그만큼 동시에 많은 생각을 할 수 있고 많은 가능성에 대해서 판단할 수 있기 때문입니다.

그렇다면, 인공지능 간의 대결에서 승자가 되려면 무엇이 중요한지 알 수 있습니다. 최대한 작은 사이즈의 하드웨어에서 좋은 성능을 발휘하는 것입니다. 같은 하드웨어라도 프로그램을 어떻게 만드는가에 따라 성능이 달라질 수 있으므로 프로그램을 만드는 능력 또한 중요하죠. 결론적으로, 인공지능의 성능을 끌어올리려면 상황에 맞는 하드웨어와 최적화된 소프트웨어가 필요합니다.

인공지능의 목적을 이해하고 도입해야 합니다.

잘 만들어진 인공지능 기술을 이용하면 어떠한 입력에 대해서 정확한 답을 제시해 주는 것은 맞습니다. 많은 데이터를 분석하고 정리하며 그 결과를 토대로 결정하기 때문인데요.

많은 데이터를 기본으로 결정하는 것이기 때문에 신뢰가 간다고 말하는 것입니다. 그렇기에 많은 산업 분야에서 앞다퉈 준비하고 있고 정부 또한 지원을 아끼지 않겠다고 하는 것이죠.

그런데 인공지능 기술을 사용하려면 많은 비용이 발생합니다. 하드웨어적으로도 학습을 위한 시간도 필요합니다. 단순한 일에 컴퓨터 수십 대와 하드웨어를 구매할 필요는 없다는 것입니다.

예를 들어, 무인 주차관리 시스템을 자주 볼 수 있는데요. 현재의 시스템이 가끔 문제를 일으킨다고 해서 인공지능을 도입해야 할까요? 인공지능을 도입해서 도와줄 수 있는 부분은 번호판을 인식하는 것입니다. 어느 회사에서 만들었는가에 따라 달라지겠지만 지금도 인식률은 상당히 높습니다. 간혹, 고장으로 인해 문이 열리지 않거나 시스템이 꺼지는 등의 문제는 발생합니다. 이러한 부분들은 아무리 인공지능이라도 해결할 수 없는 부분이죠.

그렇기 때문에 문이 열리지 않는 일이 없도록 만들고 시스템이 꺼지지 않도록 조치하는 것이 중요한 것입니다. 인공지능이 모든 것을 해결해 주는 것이 아니란 거죠.

인공지능 기술은 윤리적인 문제를 안고 있습니다.

인공지능이 인간에게 도움을 주는 부분이 상당히 많을 것이라 예상합니다. 아마도 수만 종류의 인공지능이 생겨날 것이라 예상되며, 많은 분야에서 사람들을 돕는 서비스가 될 것이라고 합니다. 그 중에는 사람들을 돕기 위한 인공지능들이 있는데요. 인간을 도우려 하기 때문에 인간 주변에서 활동하게 됩니다.

가령, 자율 주행 자동차가 있고 출입을 통제하기 위한 보안 시스템이 있죠. 그런데 인간과 인공지능이 같이 활동을 하다 보면 어쩔 수 없이 인간들을 만나게 되어 있습니다. 자율 주행 자동차가 운전을 하다 보면 길을 건너는 사람들을 만날 수 있고 경비를 서고 있는 인공지능 로봇은 출입하는 사람들을 감시하게 되죠. 이렇게 사람들을 만나다 보면, 사고가 생길 수 있습니다. 인공지능이 운전하는 자동차가 주행 중에 고장이 난다면 보행 중이던 사람과 부딪힐 수도 있겠죠. 이때, 건물이나 가로수를 들이 받으면 운전자가 사망할 수 있습니다. 그렇다고 보행자와 부딪히면 보행자가 사망할 수도 있습니다. 이런 경우 어떻게 판단해야 하는지 답을 해줄 수가 없는 문제가 생기기도 합니다.

▲ 인공지능이 사고를 감지하면 보행자가 우선일까요? 운전자가 우선일까요?

인공지능 로봇도 그렇습니다. 현재, 건물에 출입해서는 안 되는 시간인데 강도에게 쫓기고 있는 사람이 있다면 건물에 숨겨 주는 것이 맞을까요? 누구인지 확인이 안 된 사람이기 때문에 무조건 출입을 막는 것이 맞을까요?

이렇게 인공지능은 인간도 판단하기 어려운 윤리적인 문제와 맞닥뜨리게 됩니다. 그래서 인공지능을 이야기할 때 윤리적인 부분도 같이 따르는 것입니다.

또한 인공지능 서비스는 다양하게 발생할텐데, 이런 서비스들을 무료로 누구나 모두 이용할 수는 없습니다. 시스템을 구축하고 유지하는 데 비용이 들기 때문인데요.

비용이 드는 일은 어떻게든 그 비용을 벌어서 충당해야 합니다. 그 말은 서비스를 이용하려면 돈을 지불해야 한다는 것이죠. 그렇게 되면 아무리 좋은 서비스라도 경제적으로 여유가 있는 사람들에게 쉽게 이용할 수 있는 서비스가 되겠지만, 그렇지 못한 사람들에겐 '그림의 떡'이 될 수도 있습니다. 게다가 그 서비스가 돈을 더 벌어 줄 수 있는 서비스라면 어떨까요? 돈이 많은 사람은 계속해서 돈을 지켜 나가고 더욱 많은 돈을 벌 수 있는 기회가 생기는 것입니다. 갈수록 빈부의 격차는 더 벌어질 가능성이 있다는 것입니다.

간단히 자동차 기술을 예로 들어도 그렇습니다. 사고가 일어나면 운전자나 보행자 등이 목숨을 잃을 만큼 무서운 것입니다. 그렇지만, 먼 거리를 편하게 이동할 수 있다는 목적 때문에 포기할 수 없는 것이기도 하죠. 그런데 가격이 비쌉니다. 그래서 경제적으로 여유가 많은 사람들은 좋은 차를 타고 사고가 나도 운전자가 잘 다치지 않거나 운전자에게 도움을 줄 수 있는 차를 고릅니다. 그런데 경제적으로 비싼 차를 살 수 없는 사람들은 조금 덜 안전하거나 운전자에게 도움이 되는 옵션이 없는 차를 고르게 되죠.

▲ 인공지능은 가진 자들의 특권이 될지에 대한 고민을 해봐야 합니다.

　새로운 기술은 항상 이슈를 만들어 냅니다. 특히나 우리에게 많은 영향을 주는 기술들이 그러하죠. 아직까지는 인공지능이 확실하게 어떤 분야에서 활용되고 어떤 도움을 우리에게 줄 수 있는지 모르는 서비스가 많습니다.

　하지만, 인공지능에 대해 기술을 준비할 시간도, 윤리적인 문제에 고민할 시간도 많습니다. 우리는 인공지능 시대에 어떤 문제가 예상되는지, 또 우리는 그에 대해 무엇을 대비할 수 있을지 준비를 해둔다면, 인공지능의 편리함을 누리는 인류가 될 수 있을 것입니다. 그러니 벌써부터 불안해하고 걱정할 필요가 없겠지요?

Q&A

이것이 알고 싶다!

Q. 왜 인공지능 기술이 발전하게 된 것인가요?

A. 본문에서도 언급이 되었지만 인공지능은 갑자기 생겨난 기술이 아닙니다. 그런데 왜 최근에서야 인공지능이 제대로 동작하는 것처럼 보이는 걸까요? 인공지능은 학습을 통해서 능력이 향상된다고 본문에서 말씀드렸습니다. 그리고 학습을 하려면 학습할 자료도 많이 필요합니다. 그래야만 더욱 정확해지기 때문입니다. 그래서 예전에는 그 자료들을 직접 만들거나 모아야만 했습니다. 숫자를 인식하기 위해 손으로 직접 쓰거나 여러 사람들의 필체를 모았죠. 고양이를 인식하기 위해 사진을 찍어서 컴퓨터에 입력을 해야만 했습니다. 그런데 지금은 많은 자료들을 네이버, 다음, 구글과 같은 검색 사이트에서 쉽게 찾아볼 수 있습니다. 그렇게 가능해진 이유로 인터넷의 발달과 스마트폰의 등장이 있었기 때문이겠죠. 사람들은 누구나 쉽게 사진을 찍거나 동영상을 촬영하여 인터넷으로 공유를 하고 검색할 수 있습니다. 그래서 인공지능이 얻을 수 있는 자료들이 예전에 비해 엄청 많아졌습니다. 그로인해 자료들을 처리하기 위한 빅데이터 관련 기술이 등장한 것입니다.

인공지능이 발달하기 위해서 자료만 많다고 되는 것은 아닙니다. 그 자료들을 처리할 기술 또한 필수입니다. 자동차를 구분할 수 있는 인공지능이 등장했다고 할 때, 컴퓨터에 자동차 사진을 입력하고 처리하는데 10분, 아니 1분씩 걸린다고 해도 실생활에서 사용하기 힘듭니다. 그러면 자율 주행 자동차는 상상하기도 힘들었겠죠. 그런데 요즘은 IC를 만드는 반도체 기술과 소프트웨어의 발달로 거의 입력과 동시에 처리되는 것처럼 보입니다. 그래서 자동차에 있는 컴퓨터가 카메라로 영상을 받으면 자동차와 차선을 구분해 내는 것입니다. 이처럼 인공지능은 자료, 하드웨어 기술, 소프트웨어의 기술이 모두 필요한 분야여서 요즘에서야 빛을 내는 단계까지 오게 된 것입니다.

Q. 지금까지 인공지능이 많이 쓰인 서비스는 무엇이 있으며 앞으로는 어떤 서비스들이 생길까요?

A. 인공지능은 데이터가 많은 데이터가 있어야 의미가 있다고 했습니다. 데이터들을 분류하고 거기서 의미를 찾거나 사용자의 의도를 빠르게 파악하는 곳에 많이 쓰이는데요. 지금까지는 대부분의 인공지능들이 대기업에서 사용되고 있습니다. 아무래도 대기업들은 데이터들을 모을 기회가 많기 때문일 것입니다. 대표적으로, 페이스북이 있습니다. 페이스북은 매일마다 새로운 사진과 글 그리고 뉴스들이 쏟아져 나옵니다. 이 중에서 사진의 경우 사진 속의 인물들이 자동으로 분류되고 있습니다. 사진을 올린 사람이 사진 속의 인물들을 직접 지정하지 않아도 대부분의 사진들이 자동으로 분류되죠. 이 기술은 페이스북 직원들이 하는 것이 아니라 인공지능을 이용하여 데이터를 분석한 것이며 자동으로 입력된 것입니다. 구글도 마찬가지입니다. 사진을 찍고 서버에 저장하면 자동으로 인물들이 분류되거나 비슷한 배경끼리 모이기도 합니다. 이 기술도 페이스북과 마찬가지로 인공지능이 처리하는 것입니다.

또 다른 분야로는 본문에 등장했던 검색서비스와 번역서비스가 있습니다. 검색서비스의 경우 '주변의 마있는 음식점'이라고 잘못 입력해도 자동으로 '주변의 맛있는 음식점'으로 검색됩니다. 사용자의 잘못된 입력을 파악하고 자동으로 내용을 고친 것이죠. 그리고 번역서비스의 경우, 인공지능을 이용하기 이전에는 사용자가 입력하는 내용을 사전으로 검색하여 결과를 보여주는 방식이었습니다. 그러나 지금은 사전에 있는 여러 가지의 의미 속에서 예전의 데이터를 분석하여 조금 더 부드러운 표현으로 보여주고 있습니다. 사진을 분석하는 일, 검색을 하는 일, 번역을 하는 일들은 많은 데이터가 있어야만 가능한 서비스입니다. 그렇기 때문에 대기업들이 서비스를 보여줄 수가 있었죠. 앞으로 생겨날 인공지능 서비스들도 마찬가지일 것입니다.

많은 데이터를 가지고 있는 기업들이 서비스를 만들 수가 있을 텐데요. 가령, 많은 환자들의 기록들과 의사들의 기술들을 데이터화해서 의료 서비스를 만들어 낼 수가 있을 것입니다. 이미 시작한 서비스이기도 하죠. SK, KT, LG와 같은 통신회사들 또한 많은 데이터를 가지고 있습니다. 어느 지역, 특정 시간, 성별 및 나이들을 데이터화해서 분석해 보면 새로운 서비스들을 만들어 낼 수 있겠죠? 가령, '금요일 밤에는 홍대 앞에 20대들이 많이 모인다' 그러므로 '20대에게 필요한 제품들을 판매할 때는 홍대 근처에서 판매해야 한다'와 같은 예상을 할 수도 있을 것입니다. 이런 내용은 인공지능이 직접 분석해 보면 우리의 예상을 뛰어 넘는 결과가 나올 수도 있을 것입니다.

Q. 인공지능도 해커가 될 수 있을까요? 사람과 비교가 안 되는 속도로 해킹을 시도하고 자체적으로 알고리즘을 생성하고 해독할 수 있다면 악용될 경우에는 엄청난 피해를 입힐 것 같은데요, 화이트 해커가 되면 보안과 관련해서 매우 안전한 시스템을 만들 수 있으니까요. 가능할까요?

A. 해커는 시스템상의 문제점을 파악하여 악의(크래커)를 가진 행동 또는 선의(화이트해커)를 가진 행동으로 나타나는데요. 최근에 있었던 '워너크라이'라는 '랜섬웨어'가 문제가 된 적이 있었습니다.

'랜섬웨어'는 파괴의 목적이 있었던 '컴퓨터 바이러스'와는 다르게 인질을 잡고 돈을 요구하는 것처럼, 파일을 암호화시켜 사용하지 못하도록 만들고 크래커들에게 돈을 입금하도록 유도하고 있습니다. CGV나 지하철역사는 물론 공공기관에서도 발생했었죠. 이런 크래커들은 모두 시스템의 문제점을 찾아내어 파고드는 것인데요. 화이트해커는 크래커와는 반대로 문제점을 찾아내어 적극적으로 공개하고 해결책을 제시하기도 합니다. 즉, 크래커들의 침략을 사전에 막아내는 것이 목적입니다.

이런 화이트해커들의 행동을 이제는 인공지능으로 해결하려고 합니다. 지금까지 공개되었던 시스템의 문제점들을 데이터화하고 인공지능이 분석하여 가능성이 있는 부분을 찾아내고 해결책까지 제시하는 것이 목적인데요. 인공지능이 사용되기 이전까지는 이런 일들이 인간에 의해서 수작업으로 해왔던 일들입니다. 그런데 크래커들의 기술이 계속적으로 발전하고 있고 정교해지고 있으며 다양한 소프트웨어들이 만들어 지고 있기 때문에 특정한 시스템을 공격하는 크래커들에게 약해질 것이라고 예상하고 있습니다. 그래서 이런 시스템의 문제점을 다양한 방법으로 찾을 수 있고 해결책을 알려줄 수 있는 인공지능을 개발하려는 것입니다.

▲ 미국 국방부 산하 DARPA가 개최하는 사이버 그랜드 챌린지의 장면

미국에서는 '사이버 그랜드 챌린지(Cyber Grand Challenge; CGC)'라는 대회가 열리고 있습니다. 인공지능을 이용하여 자신의 시스템이 어떤 문제점을 가지고 있는지 파악하여 방어하고 상대방의 문제점을 파악하여 공격하는 것이 목적입니다. 이런 대회를 통해 인공지능 화이트해커 기술이 발전하게 될 텐데요. 우리나라 정부에서도 예산을 편성하여 인공지능 해킹 머신 대회를 준비하고 있다고 합니다.

4차 산업혁명을 이끌
IT 과학이야기

" IT가 세상을 바꾸며
책이 세상을 바꾸는 힘을 믿습니다. "

두 번째 이야기

재미있는
로봇 공학 이야기

변신 로봇, 어릴 때 누구나 하나쯤은 갖고 싶어하던 장난감입니다. 자동차로, 비행기로 도 변신하기도 하죠. 만화에서도 영화에서도 인간과 곧잘 등장하는 주인공 바로, 로봇 입니다.

그 중에는 사람처럼 걷고 말하고 행동하는 로봇이 있는가 하면, 기계처럼 생겼지만 사람 과 의사소통이 가능한 형태도 있죠. 사람보다 힘이 세거나 빠르게 달리기도 하고 곁에서 나를 보호해주기도 합니다. 마치, 슈퍼 히어로처럼 등장하는 경우가 많죠. 나보다 힘이 세고 빠르고 똑똑한 로봇이 내 말도 잘 듣고 시키는 대로 행동한다면 싫어할 사람이 누 가 있을까요? 게다가 심심할 때는 놀아 주거나 보호자처럼 돌봐주기도 하니까 말이죠.

로봇은 이미 산업 현장에서 많이 활용되고 있습니다. 이제는 조금씩 산업 현장에서 벗 어나 점차 우리의 생활 속으로 들어 오고 있는데요. 이런 로봇을 우리는 신기하게만 볼 것이 아니라, 어떻게 로봇이 움직이며 생각할 수 있는지 그 구조를 살펴보고 어떻게 우 리와 공존할 수 있는지도 생각해 볼 필요가 있습니다.

사람들이 좋아하는 로봇

영화 정보를 제공하는 사이트로 인터넷 영화 데이터베이스 IMDb라는 곳이 있습니다. 이 사이트는 영화, 배우, 텔레비전 드라마, 비디오 게임 등에 관한 많은 정보를 제공하는 온라인 데이터베이스인데요, 여기서 SF_Science Fiction_ 장르의 영화에 관한 인기 순위를 작성한 적이 있습니다.

[표 1] SF 영화 투표 순위[01]

순위	제목	감독
1	인셉션(2010)	크리스토퍼 놀란
2	스타워즈 에피소드5(1980)	어빈 캐쉬너
3	매트릭스(1999)	릴리 워쇼스키, 라나 워쇼스키
4	스타워즈(1999)	조지 루카스
5	인터스텔라(2014)	크리스토퍼 놀란
6	프레스티지(2006)	크리스토퍼 놀란

---

01 IMDb(Internet Movie Database): 출처: http://www.imdb.com

순위	제목	감독
7	백 투 더 퓨처(1985)	로버트 저메키스
8	에일리언(1979)	리들리 스콧
9	터미네이터2(1991)	제임스 카메론
10	시계태엽 오렌지(1971)	스탠리 큐브릭

이 목록에 있는 제목만 봐도 역대 인기 순위에 선정될 만한 이유가 충분해 보이는 영화들입니다. 여기서 눈여겨볼 점은, 이 영화들 속에는 공통적으로 등장하는 인물들이 있다는 것입니다. 바로, 로봇인데요. 〈스타워즈〉, 〈인터스텔라〉, 〈백 투 더 퓨처〉, 〈에일리언〉, 〈터미네이터〉 등 반 이상이나 되네요.

▲ 영화 포스터(왼쪽부터 〈터미네이터 2〉, 〈인터스텔라〉, 〈백 투 더 퓨처〉, 〈스타워즈 에피소드 5〉) (사진 출처: 네이버 영화)

각양각색의 캐릭터로 등장하는 로봇

영화에서의 로봇들은 외모도, 그 성격도 다양합니다. 〈터미네이터〉에서는 'T-800'와 같이 사람과 구분하기 어려울 정도로 비슷한 모습의 로봇이 있는가 하면, 〈인터스텔라〉의 로봇인 '타스TARS' 처럼 매우 '기계'스럽게 생긴 로봇도 있습니다.

▲ 영화 〈터미네이터〉의 T-800 (왼쪽), 〈인터스텔라〉의 타스(TARS) (오른쪽)

〈터미네이터〉에 등장하는 로봇들은 대부분 인간과 닮았습니다. 특히 아놀드 슈왈츠제네거가 연기한 T-800이 그러했는데요. 로봇인지 알아차리지 못할 정도로 말이죠. 그런데 등장하는 로봇들은 인간보다 훨씬 힘이 세고, 몸이 단단하여 부러지지 않는 한 계속 뛰거나 움직일 수 있습니다. 또한 사람들을 눈으로 쳐다보는 것만으로 많은 정보를 얻을 수도 있으며 모든 언어에도 능통합니다.

꼭 인간을 닮은 로봇만 있는 것도 아닙니다. 〈인터스텔라〉의 로봇은 터미네이터와는 조금 다릅니다. 타스라는 이름을 가진 로봇인데요, 사람의 생김새라고는 찾아 볼 수 없는 로봇의 형태입니다. 그저 직사각형 기둥 4개를 붙여 놓은 듯한 이 로봇은 생긴 모습에 비해 할 수 있는 일은 무한에 가깝습니다. 우주선을 조종할 수도 있고, 슈퍼 컴퓨터의 기능으로 계산하며, 이족 보행(두 발로 걷는)을 하다가 굴러가기도 하며 통신 능력도 갖추었습니다. 게다가 간간히 유머를 곁들이며 미지의 우주로 향하는 주인공들의 벗도 되어 줍니다. 터미네이터의 T-800과 마찬가지로 인간을 위해 희생할 줄 아는 로봇입니다.

특히나, 차로 변신하거나 비행기로 변신 가능한 형태의 로봇에는 열광했는데요. IMDb리스트에는 없었지만 영화 〈트랜스포머〉에 등장하는 변신 로봇의 형태에 세상을 구하는 선한 캐릭터에는 남녀노소를 가릴 것 없이 인기가 높습니다.

▲ 영화 〈트랜스포머〉의 로봇들 　　　　　　　　(사진 출처: 네이버 영화)

이렇게 SF 영화에서 로봇은, 스토리를 진행해가는 데 있어 부차적인 존재로서의 역할을 하던 예전에 비해 좀더 비중있는 존재로 떠올랐습니다. 예상치 못한 새로운 기술이 접목된 로봇은 그 자체로도 탄성을 자아낼 뿐만 아니라, 인간처럼 유머를 구사하거나 위로하고, 실제적인 도움을 주는 친구의 역할로, 극의 재미에 톡톡한 역할을 해주고 있습니다.

그렇다면, 사람들은 왜 로봇을 상상해 왔을까요?'

로봇에 관해 간단하게 정의하면, '인간과 비슷한 모습을 하고, 인간이 하는 어떤 작업이나 조작을 자동으로 하는 기계 장치'라고 말할 수 있습니다. 로봇이라는 말은, 체코어의 '일한다$_{rotota}$'라는 뜻으로, **희곡**^{02} 속에서 처음 등장하고부터 퍼졌다고 합니다. 이후의 로봇들은 스스로 움직이고 정해진 대로만 움직이는 형태여서, 자동화 시스템$_{Automation\ System}$으로 불리기도 했죠.

자동화는 사람들을 대신해서 해줄 수 있다는 것을 의미합니다. 즉, 어렵거나 단순한 일은 하기 싫어서 다른 누군가에게 넘기고 싶은 것이죠. 가령, 청소를 하는 것이거나 운전하는 일이 있습니다.

자동화 시스템과 로봇의 차이점은 크게 다르진 않지만 일반적으로, 생각하지 못한 일에 대한 반응할 수 있거나 기능이 추가될 수 있는 기계로 구분합니다. 즉, 일반적으로 판매되는 식기세척기와 같이 어떠한 방식으로 작동하도록 정해진 세척기는 자동세척기이구요. 세척하는 도중에 그릇이 깨졌거나 사고가 발생하면 사용자에게 알려줄 수 있고 새롭게 프로그램을 업그레이드하여 사람의 음성 명령에 반응한다면 식기세척로봇이 되는 것입니다. 사실, 이렇게 구분하는 것도 큰 의미는 없다고 생각합니다. 우리가 하기 싫은 설거지를 대신 해주는 것만으로, 청소를 대신해주는 것만으로도 우리는 고마워할 수 있기 때문이죠.

이렇게 귀찮은 일이나 필요한 일을 알아서 해주는 일 외에도 인간들과 같이 생활하며 지내기도 합니다. 악당으로부터 우리를 지켜 주기도 하고 심심할 때는 같이 놀아주며 항상 우리 곁에 있는

---

02 〈로섬의 인조인간: Rossum's Universal Robots〉라는 희곡으로, 1920년 체코슬로바키아의 작가 K.차페크의 작품에서 '로봇'이라는 말이 유래되었습니다. 여기에 등장하는 로봇들은 노동을 통해 지능과 반항 정신이 발달해 결국 인간을 멸망시킨다는 이야기로 진행해, 자동화 사회가 현대 사회에 미치는 영향에 비관적인 견해를 드러냈습니다.

것 말이죠. 이런 로봇들은 상상에서만 있지 않고 하나 둘씩 실제로 만들어 지고 있는데요. 어떤 로봇들이 만들어 지고 있고 사람들에게는 어떤 영향을 주게 될지 알아보겠습니다.

로봇은 어떻게 만들어질까?

로봇 플랫폼의 등장

로봇을 만들기 위해서는 부품이나 골격 같은 하드웨어들과 이를 움직이는 소프트웨어가 필요합니다. 이런 하드웨어를 만드는 데만 해도, 설계를 통해 이루어지며 많은 계산도 필요합니다. 소프트웨어도 사용자가 요구한 내용대로 작동하기 위해 문제를 해결하기 위한 알고리즘과 이를 구현하는 계산 과정이 반드시 필요합니다.

그 중에서도 하드웨어를 만드는 일에 곤란을 겪는 경우가 많습니다. 소프트웨어는 가상으로 만든 로봇으로 시뮬레이션을 해 볼수도 있거든요. 그런데 하드웨어는 그렇지 못하기 때문에 소프트웨어를 구현할 수 있도록 로봇 플랫폼을 제공하는 회사들이 많이 생겨났습니다.

로봇 플랫폼이 무엇인지 알아볼까요?

로봇 플랫폼[03] Robot Platform이란 팔, 다리, 몸통 그리고 머리 등 완전한 로봇의 모습을 하고 있는 하드웨어입니다. 이 로봇 플랫폼은 언제든지 새로운 소프트웨어를 직접 만들어 적용할 수 있기 때문에 사용하고 있는데요.

로봇 플랫폼의 대표격으로 나오NAO를 들 수가 있습니다. 나오는 두 발로 걸으며 여러 가지 동작을 할 수 있는 다재다능한 휴머노이드 로봇입니다. 사용자가 프로그래밍한대로 움직이는 장점이 있습니다. 로보틱스, 엔지니어링 분야의 개발자들이 직접 프로그래밍할 수 있어 테스트용으로 적합합니다. 대학교와 연구실에서 실제로 로봇을 제어하는 데 사용되고 있는 로봇 플랫폼이지만, 가격이 상당히 비싼 편이라 일반인들이 로봇을 직접 다루기는 힘들다는 단점이 있습니다.

▲ 프랑스 휴머노이드의 미래, 나오 　　　　　　　　(사진 출처: 미래창조과학부 해외통신)

---

03 플랫폼(platform): 개발 시에 사용되는 플랫폼이라는 용어는 쉽게 구현할 수 있도록 준비된 도구들을 뜻합니다. 본문에서 사용된 로봇 플랫폼이란 로봇을 쉽게 구현할 수 있도록 준비된 하드웨어 및 소프트웨어로 볼 수 있죠.

상용으로 판매되는 대부분의 로봇들은 상당히 비쌉니다. 하드웨어만 해도, 모터와 모터를 고정할 프레임도 필요하며 소프트웨어와 그에 맞는 제어 보드도 필요하기 때문인데요. 이런 부품들을 대중적인 것들로 구성하여 직접 조립할 수 있다면 가격적인 면에서 상당히 절약할 수 있습니다.

3D 프린터[04]가 저렴해지고 확산되려는 조짐이 보이자 대중적으로 로봇에 대한 관심을 끌 수 있도록 In Moov라는 오픈소스 프로젝트가 생겼습니다. In Moov는 최초의 3D 프린트 실물 크기의 로봇으로, 로봇을 설계할 수 있는 부품들을 공개하여 서로의 의견들을 교환할 수 있도록 커뮤니티를 만들었습니다. 누구나 무료로 이용할 수 있는 오픈소스로 진행되는 프로젝트입니다.

▲ In Moov 웹사이트(http://inmoov.fr/)

In Moov에서는 모터와 보드 등 소프트웨어를 쉽게 구현할 수 있는 보드로 로봇을 구성했습니다. 모터는 전기를 제어할 필요가

---

04 3D 프린터: 3차원 도면 데이터를 바탕으로 입체적인 물건을 만들어 내는 기계입니다. 단순한 모형은 물론, 인공 장기부터 비행기 재료에 이르기까지, 도면과 재료만 있다면 다양한 물건을 만들어 낼 수 있습니다.

있기 때문에 이를 제어할 소프트웨어와 제어 보드가 필요합니다 (모터와 제어 보드에 관한 이야기는 이후에 자세히 알아볼게요)

로봇은 어떻게 구성되어 있을까?

로봇은 프레임Frame, 모터Motor, 제어 보드Control Board 그리고 배터리Battery로 구성되어 있습니다. 여기에 부수적으로 기능을 추가한다면 카메라 및 각종 센서들이 있을 수 있는데요. 사람이 눈으로 물체를 파악하고 보듯이 카메라가 필요하고 걸을 때 발의 압력 또는 손의 압력 그리고 공간을 파악하기 위한 센서가 필요한 것입니다.

첫 번째 중요 부품인 프레임Frame은 로봇을 지탱하고 각종 센서와 모터, 제어 보드를 탑재할 수 있는 틀입니다. 사람의 몸으로 치면 뼈입니다. 뿐만 아니라 로봇이 사람의 손가락과 같이 움직이려면 관절이 필요합니다. 관절이 없으면 딱딱한 나무 막대기와 같아서 물건을 집을 수가 없습니다. 그렇기 때문에 모터의 움직이는 방향과 관절을 고려해야 하고 모터의 힘을 프레임이 지탱할 수 있는지 따져봐야 합니다. 그리고 디자인적으로 어떤 형태가 될지도 많이 고려해야 합니다.

▲ 프레임과 관절

이렇듯 로봇의 움직임을 고려하여 설계하는 부분도 상당히 중요하기 때문에 기계공학과 같은 학문이 있는 것입니다. 기계공학에서 배우는 내용이 각 관절이 움직여야 할 각도를 고려하고 전체 무게도 고려하며 그에 따라 필요한 힘을 계산하는 내용을 포함하죠.

▲ 오픈소스 로봇 InMoov(사진 출처: 위키피디아)

두 번째 중요 부품인 모터Motor는 로봇이 움직이기 위한 힘의 원천입니다.

손가락을 움직이고 머리를 움직이며 걸을 수 있는 이유가 바로 모터가 있기 때문인데요. 특히, 관절이 있는 곳은 움직임이 필요한 곳이기 때문에 대부분 모터가 사용됩니다. 모터는 왼쪽으로 회전하는가, 오른쪽으로 회전하는가로 그 기능이 단순한 편입니다. 다만 얼만큼 모터를 돌리는지, 그리고 어느 정도의 힘을 낼 수 있는지는 고려할 대상입니다. 그래야만 원하는 만큼 움직이고 무거운 몸을 일으킬 수 있기 때문입니다. 그래서 사용 용도에 따라 모터의 구조도 다릅니다. 로봇을 만드는데 있어서 많이 사용하는 모터의 종류를 정리해보면 아래와 같습니다.

[표 2] 자주 사용되는 모터 종류

종류	내용
DC모터	직류 전기를 사용하여 구동하는 모터
AC모터	교류 전기를 사용하여 구동하는 모터
서보모터	기어를 사용하였고 손쉽게 각도를 조절할 수 있는 모터
스텝모터	모터를 구성하는 전자석이 많아 세밀한 각도 조절 가능

전자석 원리로 구동하는 모터

모터는 구조와 목적에 따라 여러 형태로 만들어 지고 있는데요. 내부에 있는 전자석을 이용하여 움직인다는 기본 원리는 같습니다. 모터는 흐르는 전류 주변에 자기장이 생기는 원리를 이용합니다. 그래서 전자석을 사용하고 있는데요. 전자석은 자석이긴 한데 전류가 흘러야만 자석처럼 힘이 생기는 부품입니다.

여러분들은 자석을 가지고 놀아 본 기억이 한번쯤은 있을 텐데요. N극에서 조금 떨어진 곳에 S극을 준비하고

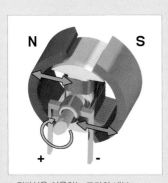

N극 쪽으로 조금씩 다가가면 서로 끌어 당기는 힘이 생긴다는 것을 알 것입니다. 이와 같이 N극과 S극은 서로 끌어 당기는 힘이 있는데요. 모터의 회전축에 전자석 N극과 S극을 붙이고 모터의 몸체에 붙어 있는 전자석에 전류를 흘려 자기장을 만들어 N극과 S극을 만들어 주면 모터가 N극끼리 미는 힘과 S극끼리 당기는 힘에 의해 회전을 하는 것입니다. 이 전자석에 흐르는 전류를 반대방향으로 흘리면 N극이었던 부분이 S극이 되고 S극은 반대로 N극이 됩니다.

이 회전축에 얼마나 많은 전자석이 붙어 있는지 그리고 어떻게 자기장을 만들어 주는지에 따라 스텝모터가 되기도 하고 그냥 DC모터 또는 AC모터로 분류되는데요. 자세한 내용은 이후에 설명하겠습니다.

▲ 전자석을 이용하는 모터의 내부

이렇듯 모터는 단순히 전기가 공급되면 회전체가 움직이도록 만들어져 있는 부품입니다. 이 부품에 전기를 흘렸다가 흘리지 않았다가 반복하면 모터가 움직였다가 멈췄다가 하는 것이죠.

그런데 로봇은 이러한 모터를 단순히 한 두 개만 사용하지 않습니다. 로봇이 '걷는' 행위만 해도, 무릎을 접어 다리를 앞으로 내밀고, 발바닥을 움직이는 등 모터들이 복합적으로 움직여야 하기 때문입니다(로봇이 움직이는 기술적인 부분은 다음 절에서 자세히 알아볼게요).

세 번째 중요 부품은 제어 보드Control Board입니다.
제어 보드는 사람과 로봇을 이어주는 매개체 역할이자 로봇의 두뇌와 같은 역할을 합니다. 제어 보드의 능력에 따라 사람의 명령을 이해하며, 모터들을 복잡하게 제어할 수도 있습니다. 제어 보드는 여러 기능을 가질 수 있는 하드웨어이며, 그 기능들을 다루는 소프트웨어도 필요합니다.

▲ 제어 보드　　(사진 출처: http://www.icmcontrols.com)

모터, 제어 보드, 센서 등은 모두 전기로 동작하는 부품들입니다. 로봇을 움직이기 위해서는 전기에너지가 필요한데요. 산업용 로봇을 제외하고 보통의 로봇들은 전기밥솥이나 식기세척기와 같이 한 곳에서 사용되는 것이 아니라, 이동해야 하는 특성이 있어 전기 콘센트에 연결되는 방식이 아닌 배터리가 필요합니다.

배터리Battery에는 여러 형태가 있으며 다양한 용도로 사용됩니다. 가정에서 흔히 볼 수 있는 AA, AAA 배터리와 자동차용 배터리 그리고 RC비행기와 같은 장난감에도 사용되고 있습니다.

우리가 사용할 수 있는 제어 보드가 있다면?

In Moov는 아두이노(Arduino)라고 불리는 보드를 제어 보드로 사용합니다. 전문적인 지식이 조금 부족하더라도 이 보드로 소프트웨어를 직접 만들 수 있어서 취미로 작업하는 사람들이 많습니다. 그래서 일반인들도 로봇에 관심을 가질 수 있도록, 아두이노 보드를 사용하여 소프트웨어도 쉽게 구현할 수 있도록 한 것입니다.

In Moov는 모터를 고정하거나 몸체를 구성하기 위해서 프레임이 필요한데요. 각 프레임은 3D 프린터로 집에서 또는 학교에서 프린트할 수 있도록 설계 파일도 공개했습니다.

많은 자료가 공개되어 있는 In Moov를 살펴보면, 로봇이 어떻게 움직일 수 있고 어떤 구조를 가지는지 공부할 수 있을 것이라 생각합니다. 산업용 로봇이나 고성능 로봇과 차이를 밝히자면, In Moov는 조금 덜 섬세하고 힘이 약하며 느리다는 점일 것입니다. 우리가 공부하는 목적으로는 충분하다고 생각합니다.

▲ 오픈소스 하드웨어 아두이노 보드

배터리의 필요성은 앞서도 말씀드렸지만 전기에너지를 가지고 다니기 위해서입니다. 리모콘의 버튼을 눌렀을 때 눈에 보이지 않는 적외선을 쏘는 것과 장난감을 움직이거나 소리를 내기 위해서는 배터리와 같은 에너지가 필요하죠.

배터리는 어떤 원리로 만들어질까?

배터리의 기본 원리는 화학반응을 이용하는 것입니다. 화학혼합물은 분리를 할 때 에너지를 내놓고 에너지를 받아 합치기도 합니다. 이때 발생되는 에너지가 전기 에너지입니다. 우리는 그 전기 에너지를 이용하는 것이구요. 배터리를 구성하는 화학 물질에는 납, 리튬, 망간 등의 여러 화학 혼합물이 있습니다. 어떤 물질을 사용했는지에 따라 '납축전지', '리튬 이온전지', '망간 전지' 등으로 부릅니다.

배터리들은 보통 (+)극과 (−)극을 가지고 있습니다. 배터리를 분해하면, 이 극들은 책받침과 같이 넓은 면적을 가지고 있죠.

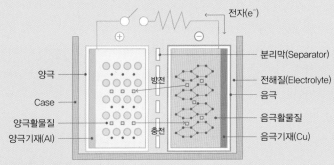

▲ 배터리와 전자의 이동

(+)극판은 (−)극에서 분해된 화학 물질을 잘 받아 들이는 역할을 합니다. 그래서 배터리가 연결되면 (−)극에서 전자가 빠져나가고(전기가 사용됨) 빠져 나가면서 (−)극을 이루는 화학물질이 분해됩니다. 이렇게 분리된 화학 물질은 배터리 내부를 채우고 있는 용액을 통해 (+)극에 달라 붙게 됩니다.

배터리를 이루는 화학 물질이 다 분해되면 더 이상 이동할 전자가 없다는 뜻이 됩니다. 그러면 우리는 '배터리를 다 썼다' 내지는 '완전히 방전되었다'라고 말하죠. 이때, 재사용 가능한 배터리인 경우 충전기를 통해 다시 전기에너지를 넣어주면 재사용이 가능한 것입니다.

▲ 다양한 배터리의 형태

지금까지 로봇의 구성 부품들을 설명했습니다.

정리해보면, 프레임, 모터, 제어 보드, 그리고 배터리가 있습니다. 이 구성품들이 있어야만 비로소 움직이는 로봇의 일부가 되는 것인데요. 이렇게 다양한 요소로 인해 각기 다른 기술들이 필요합니다. 그 기술들을 정리하여 크게 분류해 보면 아래의 일을 할 수 있는 사람들과 기술이 필요합니다.

- 각 부품들(센서, 모터, 보드 등)과 로봇의 움직임을 고려하여 프레임을 설계할 사람 - 기계공학자
- 설계된 프레임들을 모델링하여 3D프린터나 실제의 물건으로 만들어 낼 수 있는 사람 - 디자이너
- 각종 모터와 센서들을 제어할 수 있는 제어 보드를 설계할 사람 - 하드웨어 개발자
- 각종 모터와 센서들을 이용하여 로봇처럼 동작할 수 있도록 제어 보드용 소프트웨어를 만들 사람 - 소프트웨어 개발자

이러한 사람들로 팀을 구성해야만 하나의 로봇이 완성되므로, 혼자서 로봇을 만드는 것은 쉬운 일이 아닙니다. 아무리 소프트웨어를 잘 만들어도 프레임 설계가 잘못되어 무게가 틀린 프레임을

사용한다면 제대로 걷지 못할 것입니다. 또한, 하드웨어가 잘 만들어져도 소프트웨어가 부족하면 제대로 된 성능을 낼 수도 없죠.

어느 분야도 중요하지 않은 분야는 없습니다. 그 중에서 가장 최종적으로 검증과 개선을 해야하는 부분은 모터를 제어하여 로봇을 움직이는 부분이죠. 그래서 이 부분을 조금 더 다루기 위해 다음 절을 준비하였습니다.

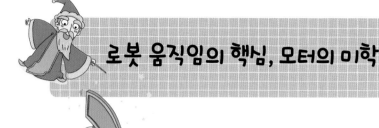

로봇 움직임의 핵심, 모터의 미학

　어떤 기계가 움직이기 위해서는 동력, 즉 '장비를 이동시킬 수 있는 힘'이 필요합니다. 비행기는 프로펠러를 돌리는 힘이, 자동차는 바퀴를 돌릴 힘이 필요하죠. 로봇은 다리를 들거나 팔을 드는 힘이 필요합니다. 로봇은 동력으로 '모터'를 이용한다고 설명했는데요, 로봇뿐만 아니라 자동차, 비행기 등 모터를 동력으로 사용하는 기계들이 많습니다.

　모터Motor는 전자석을 이용하여 움직입니다. 전자석이 어떻게 모터를 움직이는지 간단히 설명했고, 여기서는 실제로 로봇을 움직이는 모터 제어에 관해 이야기하려고 합니다. 우선, 제어 보드에 관한 내용과 소프트웨어적인 부분은 배제하였다는 점을 말씀드립니다. 모터는 그 종류가 많아서 그에 따라 제어하는 방법 또한 다릅니다. 때문에 제어 보드의 하드웨어도 달라집니다. 그렇지만 모터에 따라서 어떻게 제어하느냐 하는 방법만 달라지므로, 그 원리와 방법에 관해서 말씀 드리려고 합니다.

모터의 내부 구성과 동작 원리

로봇을 만들 때는 서보모터servo-motor를 많이 사용합니다. 모터는 전자석과 전기를 이용하여 회전시킨다고 말씀드렸죠? 서보모터는 이런 회전을 원하는 각도만큼 쉽게 제어할 수 있도록 만들어진 모터입니다.

▲ 서보모터의 구성

서보모터의 내부는 기어, 포텐셔미터가변저항: Potentiometer, 엔코더, 모터구동회로 그리고 모터를 결합하여 만들어 졌습니다. 각각의 역할을 정리해 보면 다음 표와 같습니다.

[표 3] 서보모터를 구성하는 부품들

부품명	역할
기어	모터의 힘을 분산시키며 모터의 속도를 조절하는 역할
포텐셔미터[05] (가변저항)	모터가 얼마나 움직였는지 확인할 수 있도록 만드는 역할. 보통은 저렴한 서보 모터에 많이 사용된다
엔코더	모터가 얼마나 움직였는지 확인할 수 있도록 만드는 역할. 보통은 고급 서보 모터에 많이 사용된다

05 포텐셔미터: 가변저항이라고도 불립니다. 정해진 범위내에서 저항값을 조절할 수 있는 전자 부품입니다. 라디오의 볼륨을 조절할 때 돌리는 부품도 대부분 포텐셔미터로 만들어 집니다.

부품명	역할
모터구동회로	외부에서 공급된 전원을 이용하여 실제로 모터를 움직이는 회로이며 외부로부터 신호를 받아 모터를 움직인다
회전축	동력 전달원

우리가 서보모터를 사용하는 이유는, 원하는 각도 만큼 움직여서 로봇 다리를 원하는 만큼 높이 올리거나 앞으로 뻗을 수 있기 때문이라고 했습니다. 그렇다면, 서보모터는 어떻게 우리가 원하는 각도만큼 움직일 수 있는지 궁금하실 텐데요. 동작 방법을 순서대로 살펴볼까요?

1. 외부에서 신호(이후에 설명)를 받으면 모터구동회로가 모터를 움직이기 시작합니다

2. 이때, 포텐셔미터 또는 엔코더로부터 모터가 얼마나 움직였는지 모터구동회로가 확인할 수 있도록 되어 있습니다

3. 모토구동회로가 포텐셔미터나 엔코더로부터 지속적으로 값을 확인하여 모터가 실제로 외부의 신호만큼 움직였는지 확인합니다

4. 실제로 움직인 각도와 외부에서 들어오는 신호가 같은 양이라면 모터는 멈춥니다

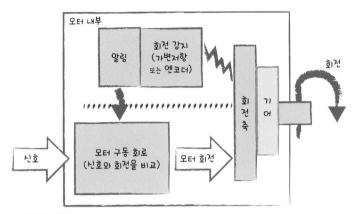

▲ 모터의 블록도

　서보모터의 종류에는 포텐셔미터를 사용하는 방식과 엔코더를 사용하는 방식이 있습니다. 포텐셔미터를 사용하는 서보모터와 엔코더를 사용하는 모터는 각도를 유지하는 방법에서 차이를 보입니다. 결론부터 말하면, 포텐셔미터는 같은 신호를 계속 보내줘야 각도를 유지할 수 있는 타입입니다. 그리고 엔코더를 사용하는 서보모터는 한 번 값을 입력해주면 스스로 각도를 유지할 수 있는 타입입니다.

　이렇게 타입이 다른 이유는 포텐셔미터와 엔코더의 각도를 측정하는 방식의 차이 때문인데요. 포텐셔미터는 물리적으로 돌아간 양만큼 전압이 바뀌는 아날로그 방식인 반면에 엔코더는 모터가 한 바퀴 돌 때마다 신호가 발생하여 몇 바퀴를 돌았는지 알 수 있는 디지털 방식으로 생각할 수 있습니다.

▲ 포텐셔미터와 줄넘기로 비교되는 서보모터의 구동 방식

예를 들면, 포텐셔미터를 사용하는 서보모터는 구멍이 뚫린 바가지에 물을 붓는 것과 같습니다. 바가지에 구멍이 뚫려 있기 때문에 물을 계속해서 넣어주지 않으면 바가지에 담긴 물이 계속 없어질 것입니다. 그렇다고 물을 너무 많이 부으면 넘칠 수도 있죠. 그래서 원하는 만큼의 높이를 맞추기 위해서는 일정량을 계속 부어줘야 합니다.

엔코더를 사용하는 서보모터는 줄넘기로 비유할 수 있는데요. 줄넘기가 회전하여 땅을 칠 때마다 '1,2,3,4…'와 같이 숫자를 세는 것이구요. 원하는 숫자만큼 줄넘기를 하는 것이 목표입니다.

각 서보모터에 사용되는 신호를 보면서 조금 더 알아보겠습니다.

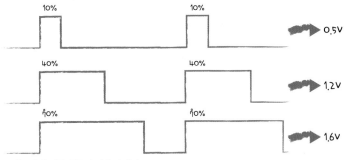

▲ 펄스 폭에 따른 신호와 전압의 예시

먼저, 포텐셔미터가 달려있는 서보 모터는 일정시간마다 발생하는 신호가 필요합니다. 보통은 이런 신호를 펄스Pulse라고 부르죠. 이 펄스가 10%, 40%, 70%와 같이 얼마나 넓은지, 또는 얼마나 좁은지에 따라 모터의 회전 각도가 정해집니다.

포텐셔미터는 우리나라 말로 '가변저항'이라고 부르는 부품입니다. 여기서 뜻하는 '가변'은 변할 수 있다는 뜻이며 저항 값을 변경할 수 있다는 뜻입니다. 그렇게 되면 가변저항에 연결되어 있는 전압 값이 바뀐다는 것과 같습니다.

일반적인 포텐셔미터는 회전할 수 있는 구조이고 회전하는 방향에 따라 저항 값이 높아지거나 낮아집니다.

돌리면 저항값이 변한다
결국엔 저항에 연결된 전압
값이 변한다

회전 수	포텐셔미터의 전압
1	0.5V
2	0.8V
3	1.2V
4	1.6V
5	2.0V

* 회전 수: 회전 수는 기어에 연결되기 이전의
모터의 회전을 의미하며 실제는 기어에 의해
한 바퀴가 아니라 일정한 각도만큼만 움직임

▲ 돌리는 정도에 따라 저항 값이 변하는 포텐셔미터

그래서 이 저항에 전자회로가 구성되어 있다면 회전 양에 따라서 물리적으로 전압을 변화시킬 수 있습니다. 그렇기 때문에 모터가 많이 돌아가면 전압이 높아지고 적게 돌아가면 그만큼 전압이 낮아지는 역할로 사용됩니다. 가령, 위의 표와 같은 값을 가질 수 있죠.

제어 신호의 펄스폭도 마찬가지로 전압을 만들기 위해 사용됩니다. 펄스 폭이 넓은 신호가 들어오면 전압이 올라가고 펄스폭이 좁은 신호가 들어오면 전압이 낮아지는데요.

앞에서 언급했던 것처럼 포텐셔미터를 사용하는 서보모터는 구멍난 바가지처럼, 펄스폭이 넓어지면 물을 많이 붓는 것과 같구요. 펄스폭이 좁아지면 물을 적게 붓는 것과 같습니다.

그래서 적은 양의 물을 계속 부으면 바가지 속의 물높이는 낮은 상태로 유지될 것이고 많은 양의 물을 계속 부으면 물높이가 높은 상태로 유지될 것입니다. 이 폭에 따르는 값을 표로 나타내면 아래와 같습니다.

[표 4] 펄스 폭에 따른 전압 값

펄스 폭(0~100%)	전압
10%	0.5V
20%	0.8V
40%	1.2V
70%	1.6V
100%	2.0V

포텐셔미터를 사용하는 서보모터는 '회전 수에 따르는 전압 값 (A)'과 '제어신호의 펄스 폭에 의한 전압 값(B)'을 비교할 수 있도록 되어 있습니다. 이때, 서보모터에 들어 있는 모터 구동회로는 A값 과 B값을 서로 같도록 만드는 것을 목적으로 합니다. 그러니 펄스 폭을 줄여서 전압이 낮아지면 모터 구동회로는 포텐셔미터의 전압 을 제어신호의 것과 맞추기 위해 모터를 다시 움직일 것입니다.

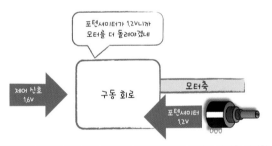

▲ 구동회로가 제어신호와 포텐셔미터의 값을 비교하여 모터의 회전을 결정합니다.

즉, 포텐셔미터에 연결된 전압을 낮추기 위해 반대로 회전을 하 게 되겠죠. 반대로, 제어 신호의 펄스폭이 넓어지면 전압이 높아지 므로 모터를 움직여 포텐셔미터의 저항 값을 높이려 할 것입니다.

이런 구조적인 특성으로 인해 제어 신호가 일정한 시간마다 계속 공급되어야 하는 것이 포텐셔미터를 사용하는 서보모터의 특징입니다.

반면에, 엔코더가 내장되어 있는 서보모터는 내부적으로 몇 바퀴를 회전했는지 알 수 있도록 설계되어 있습니다. 엔코더는 한 바퀴 돌 때마다 한 번씩 신호를 보내주는 부품입니다. 그러면 모터를 구동하는 회로는 이 신호를 확인할 때마다 몇 바퀴를 돌았는지 알수 있죠. 게다가 서보모터는 몇 바퀴를 돌면 얼마만큼의 각도로 움직이는지도 미리 알고 있습니다.

그러므로 포텐셔미터와 같이 전압으로 모터의 각도를 제어하지 않고 한 바퀴를 돌 때마다 생기는 엔코더의 신호를 확인하여 얼마만큼의 각도로 움직이는지 계산하는 것이 특징입니다.

그렇기 때문에 엔코더를 사용하는 서보모터가 약간 더 똑똑하다고 볼 수 있는데요. 이런 스마트한 기능 때문에 모터를 제어할 때는, '몇 도의 각도로 움직여라'라는 방식으로 서보모터에게 신호를 보내야 합니다.

▲ 명령어 형태로 모터와 통신

엔코더를 사용하는 서보모터는 새로운 제어 신호가 들어올 경우에만 모터를 새로 움직이려 하고 그 외에는 한번 보내진 회전 수를 유지하려는 특성이 있다고 말씀드렸습니다. 그 이유가 모터를 실제로 구동시키는 회로에 메모리가 있기 때문인데요. 이 메모리를 이용해 몇 도의 각도로 움직일지 기억해 뒀다가 엔코더의 숫자와 비교하는 것입니다. 그래서 한 바퀴를 돌 때마다 엔코더에서 발생되는 신호로 몇 도를 움직였는지 확인하고 메모리의 값과 같아지면 모터를 정지시킵니다.

이렇게 서보모터에 한 번만 명령을 보내주면 알아서 동작하기 때문에 모터를 제어하는 제어 보드는 제어하기가 쉬워 집니다. 그러나 스마트한 동작 때문에 가격이 비싸다는 점을 고려해야 합니다.

이번 절에서는 로봇에서 많이 사용되는 서보모터가 동작하는 방식에 관해 이야기했습니다. 로봇을 움직이는 가장 기본이 모터를 아는 것이기 때문에 모터에 관한 이야기를 이번 절에서 소개한 것인데요. 로봇뿐만 아니라 자동차나 움직이는 기계를 만들기 위해서는 모터가 많이 사용되기 때문에 모터의 구성과 동작 원리를 알아두는 게 좋다고 생각합니다. 이젠 모터가 어떻게 움직이는지 이해할 수 있을 거라 생각하고 로봇은 어떻게 두 발로 걸을 수 있는지도 이야기해 보겠습니다.

이족보행, 인간처럼 걷는다는 것의 의미

힘은 그저 거들 뿐

로봇이 사람처럼 걷는 일은 효율적인 부분을 떠나서 많은 사람들의 최종 목표라고 할 수 있습니다. 단지, 조물주가 인간을 만들었다고 말하는 것처럼 사람이 사람처럼 생긴 기계를 만들었다는 일에 흥분하는 것일 수도 있죠.

그렇지만 로봇이 사람들이 만들어 놓은 환경 가령, 문 손잡이나 계단 등을 가장 잘 이용하는 방법은 사람처럼 걷고 사람처럼 손을 사용하는 것이기 때문에 사람처럼 만들고 싶어 하기도 합니다.

사람처럼 로봇을 걷게 하는 일은 생각보다 간단하지가 않아서 많은 점을 고려해야 하는데요, 그러기 위해서는 사람이 어떻게 걸을 수 있는지부터 알아야겠죠?

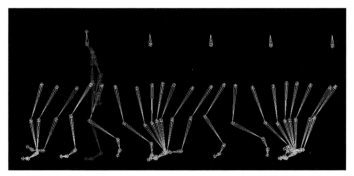

▲ 인간의 걷는 모습을 추적　　　　　　　　　　　　　　　(사진 출처: 위키피디아)

　여유가 있을 때, 길을 걸어가는 사람들을 유심히 한번 보기 바랍니다. 두발로 걷는 모습을 관찰해 보라는 뜻인데요. 인체는 정말로 신기하다는 것을 느낄 수 있습니다.

　보통 체격의 성인 남자의 경우 70Kg을 넘는 정도의 몸무게를 가지고 있습니다. 물론, 다리를 포함한 무게지만, 그 무게를 제외하고서도 가볍지 않은 무게인 것은 틀림 없는데요. 이 무거운 인체를 다리 두 개만으로 여기 저기로 옮겨줍니다. 그것도 아주 유연하게 말이지요. 손에 컵을 들고 다녀도 물 한 방울 흘리지 않고 옮길 수도 있습니다. 또한, 신기한 점은 사람이 걸어 다니기 위해 에너지를 100% 사용하지 않는다는 점입니다.

　사람은 걸을 때 65%의 **에너지만**[06]을 사용한다고 알려져 있는데요. 그 이유는 몸이 앞으로 나가기 위해 다리를 들기만 할 뿐 앞으로 내미는데 힘을 쓰지는 않기 때문이라고 합니다.

06 Article 'walk without waste'[ABC] http://www.abc.net.au/science/news/health/
　　HealthRepublish_232296.htm

사람이 걷는 모습을 묘사해 보면 이렇습니다.

1. 제자리에 사람이 서 있습니다

2. 걷기 시작할 때는 앞으로 한쪽 다리를 앞으로 내미는데 힘을 써야 합니다

3. 만약에 오른쪽 다리부터 내딛으려면, 우선 오른쪽 다리를 들어야 할 것입니다

4. 그러면 왼쪽 다리만으로 몸을 지탱하는 상태가 됩니다

5. 오른쪽 다리를 앞쪽으로 뻗어 땅을 짚습니다

6. 오른쪽 발바닥이 땅에 닿으면 왼쪽 다리의 뒤꿈치를 들기 시작합니다

7. 뒤꿈치를 든 왼쪽 발바닥은 발가락들만 땅에 닿아 있는 상태이고 오른쪽 다리는 몸을 지탱하는 상태가 됩니다

8. 왼쪽 다리의 발가락을 밀면서 동시에 허벅지에 힘을 주어 다리를 들게 됩니다

9. 그러면 왼쪽 다리가 들리게 되는데요. 오른쪽 다리는 앞으로 몸을 지탱하는 상태고 왼발은 뒤쪽에서 발가락으로 밀면서 허벅지를 들었기 때문에 앞으로 나가는 힘이 생깁니다.

10. 이때, 왼쪽 허벅지에는 힘이 들어 가지만 무릎 아래쪽은 힘을 주고 있지 않는 상태가 됩니다

11. 그런데 다리는 자연스레 앞으로 뻗어 나가는데요, 왼쪽 다리가 뒤쪽에 있었고 허벅지를 들었기 때문에 무릎 아래는 공중에 떠 있는 상태이기 때문입니다

12. 지구에는 중력이 있기 때문에 공중에 떠 있는 다리는 다시 내려오려고 하죠. 이때, 허벅지는 들린 상태여서 다리가 땅을 향해 내려와도 땅과 닿지를 않습니다. 그래서 무릎 아래의 다리가 내려오는 힘으로 힘을 쓰지 않고도 앞으로 뻗어 나가는 것입니다

13. 이렇게 뻗고 나면, 왼쪽 다리를 다시 바닥에 놓음과 동시에 오른쪽 다리의 뒤꿈치를 들면서 왼쪽 다리와 똑같은 방식으로 앞으로 나가게 됩니다

위에 묘사된 걷는 모습에서 다리를 앞으로 뻗는데 힘을 쓰지 않는다는 것을 알 수 있습니다. 허벅지를 드는데 힘을 쓰고 발가락으로 땅을 밀 때만 힘을 쓰죠. 그래서 65%의 에너지만을 사용한다고 말하는 것입니다. 이렇게 걷는 모습을 묘사해보면 사람이 얼마나 효율적으로 걷는지 알 수 있습니다.

로봇이 어색하게 걷는 네 가지 이유

이번엔, 고가의 연구용 로봇들을 제외하고, 대부분의 로봇들은 왜 이상하게 걷고 있는지 이야기해 보겠습니다. 로봇들은 비뚤비뚤하게 걷거나 무릎을 굽힌 상태로 걷는 경우가 많죠. 그 이유가 몇 가지 있는데요.

첫 번째 이유는 관절 때문입니다. 관절은 뼈와 뼈를 이어주는 부분입니다. 근육의 힘으로 접었다가 펼 수가 있지만 뼈와 뼈를 이어주는 관절이 없으면 정해진 방향과 각도로 움직일 수 없습니다.

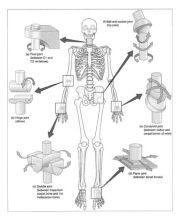

▲ 인간의 관절과 로봇의 관절

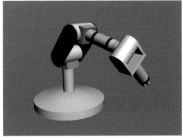

(이미지 출처: 위키피디아)

관절은 사람과 마찬가지로 로봇에도 있습니다. 그런데 사람보다는 유연하지 못하며, 정확히는 사람만큼 다양한 각도로 움직일 수가 없습니다. 그 이유가 '자유도'에 있는데요. 로봇이 사람처럼 자연스럽게 움직이기 위해서는 다양한 각도로 움직이는 것이 중요한데, 이를 위해서는 DOF Degree Of Freedom 라는 개념을 알아야 합니다.

DOF를 우리말로 표현하는 '자유도'라고 부를 수 있습니다. DOF 값은 정방향과 역방향을 나타낼 수 있으면 1DOF라고 부릅니다. 즉, 무릎의 관절 하나로 다리를 구부리기도 하고 펼 수도 있다면 1DOF입니다. 그리고 발목을 접거나 펼 수 있다면 또 1DOF가 더해집니다.

그래서 발목을 왼쪽과 오른쪽으로 움직일 수 있고(1DOF), 앞과 뒤로 접었다가 펼 수도 있으며(1DOF), 무릎 관절을 접었다가 펼 수도 있고(1DOF), 골반에 연결된 다리를 앞과 뒤로 움직일 수 있다면(1DOF), 한쪽 다리는 4DOF를 가졌다고 표현합니다.

그러면 대각선으로 움직이는 것도 1DOF인지 궁금해 할 수도 있는데요? 이는 앞과 뒤 그리고 왼쪽과 오른쪽을 혼합해서 사용하는 것이지 1DOF가 추가되는 것은 아닙니다.

사람은 유연하다고 했습니다. 로봇이 사람처럼 자연스럽게 움직이려면 DOF가 많아져야 한다고도 말씀드렸죠. 사람의 다리는 발가락을 제외하고 7DOF를 가지고 있습니다. 그래서 로봇이 사람처럼 자연스레 걸으려면 최소한 7DOF를 가지고 있어야 하며 발가락과 같은 기능의 추가적인 DOF가 있다면 더욱 사람처럼 걸을 수 있는 기본이 됩니다(기본이 된다고 말씀드리는 이유는 모터를 제어하는 방법도 중요하기 때문입니다).

보통, 학습용으로 사용하는 휴머노이드 로봇은 한쪽 다리에 3DOF 내지는 4DOF를 가진 로봇이 많습니다. 그렇다보니 부족한 점을 채우기 위해 무릎을 구부리고 걷거나 뒤뚱거릴 수 밖에 없습니다.

두 번째 이유는 모터를 제어하는 일 때문입니다. 대부분의 로봇들은 서보모터를 사용하고 있다고 했습니다. 이 서보모터는 원하는 각도만큼 움직이기는 좋으나 일정한 속도로 움직여야 한다는 단점이 있습니다. 그러다보니 천천히 움직였다가 천천히 서는 제어가 쉽지가 않고 정해진 각도만큼만 움직이기 때문에 흔히 말하는(움직임이 끊어지는) 로봇춤을 추듯이 움직이는 것입니다. 조금 더 자연스럽게 움직이려면 가속과 감속이 자유스러워야 하는데요. 그러려면 모터가 비싸거나 제어를 위한 제어 보드의 성능이 좋아져야 합니다.

세 번째는, 큰 힘을 내기 어려운 모터의 힘의 한계 때문입니다. 보통의 모터는 사이즈가 크면 클수록 힘이 좋습니다. 힘이 좋다는 말은 무게가 무거워도 원하는 각도만큼 쉽게 움직일 수 있다는 것인데요. 이를 토크와 동력으로 표현하기도 합니다.

'토크Torque'는 들 수 있는 힘을 말하는 것이고 동력은 움직이는 속도와 관련이 있다고 말할 수 있습니다. 즉, 토크가 좋으면 무거운 물체도 쉽게 나를 수 있는데 동력이 약하면 빨리 움직일 수는 없습니다. 반대로, 동력이 좋은데 토크가 약하면 빨리는 움직일 수 있는데 무거운 물체를 움직일 수는 없죠.

사람처럼 자연스럽게 걷기 위해서는 발가락의 힘이 상당히 중요합니다. 앞으로 뻗어 나가기 위해서는 발가락으로 미는 힘이 필요하거든요. 그런데 모터의 힘은 크기에 비례하는데 발가락만큼 작은 사이즈로 만들어서 큰 힘을 내기는 쉽지 않습니다. 그래서 발가락 없이 걸어야 하기 때문에 자연스럽지 않은 부분이 생기는 것입니다.

네 번째 이유는 소프트웨어입니다. 로봇의 다리가 잘 만들어져 있고 좋은 모터를 사용한다고 하여도 실제로 로봇의 무릎을 들고 앞으로 내미는 행동은 소프트웨어가 해야 합니다. 그래서 제어 보드에는 모터를 제어하고 움직이는 순서와 각도 등을 계산하는 소프트웨어가 탑재되는데요. 로봇의 관절 수가 많아지거나 자연스럽게 걸으려면 소프트웨어도 복잡해져야 합니다.

소프트웨어는 컴퓨터에게 해야 할 일을 정해주는 것과 같습니다.

예를 들어, 메모지에 해야 할 일을 순서대로 적어서 컴퓨터에게 주면 컴퓨터는 순서대로 일을 처리하는 것뿐이죠. 제어 보드도 마찬가지로 소프트웨어를 실행하는 작은 컴퓨터가 있습니다. 제어 보드에는 모터제어회로, 메모리가 있습니다. 그리고 **마이크로컨트롤러**[07]라고 부르는 반도체도 있죠. 이 마이크로컨트롤러가 작은 컴퓨터로써 메모리에서 프로그램을 읽고 실행하는 역할을 합니다.

---

07 마이크로컨트롤러(Microcontroller): 마이크로프로세서와 입출력 모듈을 하나의 칩으로 만들어 정해진 기능을 수행하는 컴퓨터입니다. MCU, CPU, MPU 등 여러 가지 이름이 있으나 목적은 메모리에 있는 프로그램을 실행하는 것입니다

그렇기 때문에 이 메모리에 모터를 제어하는 **소프트웨어**를 **탑재**[08]해야 하는데요. 즉, 메모지에 아래와 같이 적는 것과 같습니다.

1. 로봇이 어떻게 걸을 것인지 결정하고 계산을 하도록 메모지에 적습니다

2. 계산된 결과에 따라 각 관절에 붙어 있는 모터들을 어떻게 제어할지 순서를 적습니다

3. 이 모터들을 순서대로 제어해야 하기 때문에 어떤 모터부터 얼마 만큼의 각도로 움직일지 나열합니다

이렇게 적혀 있는 대로 마이크로컨트롤러가 실행한다면 로봇이 한걸음 내딛을 수 있습니다. 이 과정을 왼쪽 다리와 오른쪽 다리를 번갈아 가면서 하도록 메모지에 적어서 탑재하는 것입니다.

---

08 소프트웨어 탑재: 소프트웨어는 PC에도 사용되는, CPU와 같은 반도체들을 동작시키기 위한 프로그램입니다. PC의 경우에는 프로그램들이 하드디스크에 모두 들어 있으며 제어 보드의 경우에는 제어 보드에 있는 메모리에 들어 있습니다. 이 메모리에 소프트웨어를 저장해 두고 제어 보드에 전원이 들어갈 때마다 이 소프트웨어가 실행되는 것이죠. 이렇게 소프트웨어를 메모리에 저장해 놓는 것을 탑재라고 합니다. 소프트웨어는 다뤄야 할 부분이 너무 많아서 이번 장에서는 다루지를 못합니다. 대신에 마지막 4장에서 간단히 소프트웨어가 무엇인지 이야기하므로 조금이나마 궁금증을 해소해보세요.

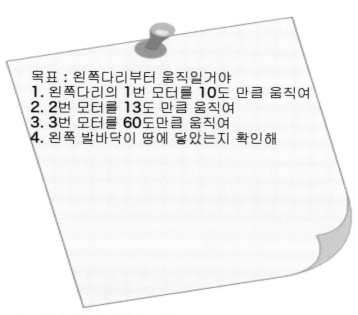

목표 : 왼쪽다리부터 움직일거야
1. 왼쪽다리의 1번 모터를 10도 만큼 움직여
2. 2번 모터를 13도 만큼 움직여
3. 3번 모터를 60도만큼 움직여
4. 왼쪽 발바닥이 땅에 닿았는지 확인해

▲ 순차적으로 실행되도록 명령어를 전달합니다.

　　실제로 제어 보드는 메모지 대신에 메모리에서 명령어를 읽는 다고 했습니다. 그래서 메모지의 내용을 메모리에 넣어두고 컨트롤 보드에 전원이 들어가면 메모리에 적혀 있는대로 실행됩니다.

　　그 결과 '왼쪽 다리 → 계산 → 순서와 각도 나열 → 나열 순서대로 모터 제어 → 발바닥 확인 → 오른쪽 다리 → 계산 …'의 과정이 반복될 것입니다.

　　제어 보드를 설명하기에는 내용이 조금 부족하지만 이 정도에서 설명을 마무리하겠습니다. 제어 보드가 '하드웨어와 소프트웨어'의 결합이어서 설명드릴 부분이 많고 이해를 해야 할 부분이 많아서인데요. 메모리에 있는 내용들을 순서대로 실행한다는 것만 이해해도 로봇을 이해하는 데 무리가 없을 것이라 생각합니다.

이번 절을 통해서 로봇의 다리를 사람과 비교해보면 관절이 있어야 하는 이유와 모터의 힘이 중요하다는 것도 어느 정도 이해가 되셨을 것이라 생각합니다. 다음 절에서는 어떻게 계산을 하고 어떻게 계획을 세우며 모터 제어의 순서를 어떻게 정하는지에 관한 이야기를 하려고 합니다.

로봇의 움직임을 계획하고 계산한다

인간과 로봇의 보행법

인간은 발을 뻗어서 앞으로 내미는 일이 어려운 것은 아닙니다. 그냥 생각만 하면 그렇게 몸이 움직여 줍니다. 그런데 로봇은 스스로 생각하지 못하기 때문에 누군가는 명령을 내려줘야 합니다.

"앞으로 걸어가라", "제자리에 섯!"

사실은 이렇게 명령을 내리면 좋겠지만, 사람의 말을 알아 듣고 스스로 걸을 수 있는 로봇에게만 가능하구요. 그렇기 위해서는 말을 알아 듣는 소프트웨어 그리고 걸을 수 있도록 모터를 움직이는 소프트웨어가 만들어져야 한다고 말씀드렸습니다.

더 상세히 살펴보면, 로봇이 움직이기 위해서는 관절 하나 즉, 각 관절마다 붙어 있는 모터들을 제어해야 합니다. 각 관절이 움직여야 할 순서를 정해야 하고 움직일 각도를 정해야 하며 실제로 모터를 제어해야 하죠. 또 이런 순서와 각도 등을 계획하기 위해서는 계산이 필요할 것입니다. 단순히 로봇의 발을 앞으로 뻗는다고 걸을 수 있는 없습니다. 무게중심을 고려해야 하고 발을 얼마나 앞으로 뻗을지를 생각해야 하기 때문입니다.

인간은 무의식 중에 걸어 다닐 수 있지만 눈으로 앞을 살피고 웅덩이가 없는지 확인한 뒤에 발을 옮길 수도 있습니다. 로봇도 물론 사람처럼 걸을 수 있습니다. 카메라를 통해 정보를 얻거나 센서들을 통해 정보를 얻은 다음에 복잡한 계산을 통해 발을 뻗으면 되죠.

그렇지만 사람처럼 이 정도로 걸으려면 기구학부터 소프트웨어 및 물리학까지 다루어야 하기 때문에 너무 복잡해집니다. 대신, 원리를 잘 알고 있으면 더 많은 것을 학습할 때 도움이 될 수 있기 때문에, 최대한 단순하지만 걷기 위해 계산하는 방법을 살펴보려고 합니다.

로봇의 보행법의 핵심, 무게중심 파악하기

로봇이 앞으로 걸어가기 위해서 가장 필요한 부분은 무게중심이 어디인지 파악하는 것이라 할 수 있습니다. 예를 들어, 인간이 가만히 서 있을 수 있는 이유는 무게중심을 알고 발로 버티는 것이라고 할 수 있는데요. 가만히 서 있는 상태에서 조금만 옆으로 기울이면 옆으로 넘어지고 말죠.

몸을 옆으로 기울인다는 것은 무게중심이 옆으로 옮겨진다는 것입니다. 무게중심이 맞지 않으면 한쪽으로 기울게 되는데 무게중심이 발을 벗어나는 순간부터 더 이상 버틸 수가 없게 됩니다. 넘어지지 않으려면 다른 발을 기울여진 쪽으로 뻗어서 다시 무게중심을 맞춰야 하죠.

무게중심 : 넘어지지 않음　　무게중심 : 넘어짐

▲ 무게중심을 알아야 넘어지지 않습니다.

　그렇다면 무게중심을 알고 그에 맞게 발을 움직여야 할 것입니다. 로봇이 걸을 수 있는 원리가 이 무게중심을 맞추는 것이라 할 수 있는데요. 무게중심이 어디로 옮겨질 것이라 예상하고 그곳에 발을 뻗도록 모터를 제어하는 것입니다.

　이 무게중심을 계산하는 방법 중에 널리 쓰이고 간단한 방법이 ZMP_{Zero Moment Point}를 찾는 방법'입니다. Moment(한쪽으로 치우치는 힘)가 Zero(숫자 '0')인 Point(위치)'라는 뜻인데요. 즉, ZMP는 '움직임을 0으로 만드는 지점'을 말합니다.

　실제의 무게중심은 바닥에 있지 않습니다. 공중에 떠 있다고 볼 수 있으며 이 무게중심은 중력의 영향을 받게 되죠. 중력은 바닥을 향하고 있으므로 무게중심을 중력을 향해서 반대 방향으로 지탱하고 있다면 그 곳은 어느 방향으로도 힘이 작용하지 않는 위치가 될 것입니다.

즉, 이 지점(Point)에 맞춰서 발로 지탱하고 서 있다면 움직이지 않고 버틸 수 있을 것입니다. 그런 위치(Point)를 찾았다면, ZMP를 찾았다고 볼 수도 있습니다.

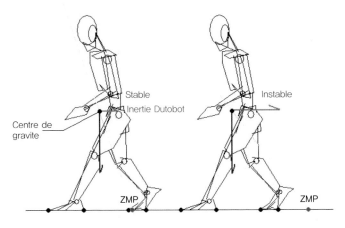

▲ ZMP의 위치

정리하면, ZMP는 무게중심에서 지구의 중력 방향으로 바닥과 닿는 지점이라고 할 수 있습니다. 이 곳에 로봇의 발바닥을 놓는다면 로봇이 넘어지지 않게 되는 것이죠.

그렇다면, ZMP는 어떻게 알 수 있을까요? 연구 목적으로 정확한 ZMP를 구하려면 수학적인 부분을 많이 알아야 합니다. 그러기 위해서는 로봇공학을 설명해야 하기 때문에 최대한 수학적인 부분은 배제하고 예로 설명해보겠습니다.

ZMP와 무게중심의 위치는 평면 바닥을 기준으로 같은 위치로 볼 수 있습니다. ZMP가 공중에 떠 있는 무게중심을 바닥에 투영한 것이기 때문입니다. 그렇다면 ZMP를 구하기 위한 기본적인 계산은 무게중심을 구하는 것이라고 볼 수 있겠네요.

그리고 로봇의 다리만 고려했을 때, 각 관절에 있는 모터의 무게가 프레임의 무게보다 많이 무겁습니다. 그래서 모터의 무게중심만 고려해도 로봇의 무게중심을 간단히 계산할 수가 있습니다.

위 그림에서 왼쪽을 본다면 각 모터의 무게에 따라 무게중심이 어디에 위치하는지 알 수 있습니다. 이 위치가 바로 ZMP입니다. 그런데 그림의 왼쪽은 가만히 정지해 있을 때의 무게중심에 관한 것입니다. 가만히 서 있을 때는 계산할 수 있겠는데 우리는 가만히 서 있는 로봇이 아니라 움직이는 로봇을 만들어야 합니다. 이런 경우에는 ZMP가 어떻게 달라지게 될까요?

무게중심을 찾을 때 고려하는 '무게'란 중력의 힘을 받습니다. 그런데 물체가 이동하게 되면 '관성'이라는 것이 생기게 되는데요. 학생일 때 배웠던 관성이란 이렇게 설명이 나와있죠. '움직이는 물체는 그 이전의 상태를 유지하려 한다'.

즉, 지하철에서 갑작스레 출발하면 몸이 휘청거리는 것과 같으며 우리가 뛰어갈 때 누군가가 뒤에서 잡아 당기는 듯한 힘이 발생하는 것과 같습니다. 이는 로봇도 마찬가지로 적용되는 힘인데요.

로봇이 앞으로 걷거나 뛰기 위해서는 가만히 서 있는 무게중심을 구하는 것이 아니라 관성의 힘까지 더해서 무게중심을 계산해야 합니다. 이는 빨리 달리면 달릴수록 뒤에서 잡아당기는 힘이 세지는 결과도 나오게 되죠. 그래서 움직이는 속도나 상황에 따라 ZMP를 계산하기 어려워집니다.

관성까지 고려하여 움직이는 로봇을 만든다면 좋겠지만 앞서 설명한 것처럼, 계산하기가 어려워지는 문제가 있기 때문에 꼼수를 사용하는데요. 바로, 관성을 발생하지 않게 만드는 것입니다.

로봇이 가만히 서 있는 상태처럼 만들고 한발 한발 내딛어 가는 방법입니다.

예를 들어, 로봇이 가만히 서 있을 때 골반과 무릎을 왼쪽과 오른쪽으로 기울여 보면 ZMP가 왼쪽과 오른쪽으로 이동하는 것을 알 수 있습니다. 이때, ZMP를 오른쪽 발바닥에 위치시키고 왼쪽 다리를 들어봐도 ZMP가 크게 변하지 않습니다.

왼쪽 다리의 무게는 그대로인데 오른쪽으로 기울이는 것이 아니므로 ZMP는 앞뒤로 조금만 움직일 뿐이죠. 이것이 로봇이 발바닥 안에 ZMP를 두기 위해 모양이 앞뒤로 길쭉한 형태를 가지는 이유입니다. 인간도 마찬가지이긴 합니다.

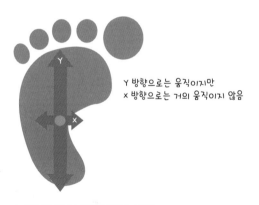

▲ 걸을 때 앞뒤로 많이 움직이는 ZMP

왼쪽 발을 든 상태에서 로봇이 할 일은 왼발을 앞으로 내밀어 미리 계산된 ZMP의 위치에 발을 놓는 것입니다. 그리고 다시 골반과 무릎을 움직여 미리 계산된 ZMP의 위치에 실제의 ZMP가 위치할 수 있도록 무게를 이동시키는 것이죠.

정리하면, 'ZMP를 예측→다리를 이동→골반과 무릎을 움직여 무게중심 이동→실제의 ZMP를 예측된 ZMP와 일치시킴'의 과정이 반복되는 것입니다.

이때, 고려해야 할 사항들이 앞서 말씀드렸던 관성입니다.

ZMP는 관성이 없을 때, 무게중심이 중력 방향으로 향하여 바닥과 만나는 지점이라고 하였습니다. 이 말은 관성과 중력이 변하면 ZMP가 변하는 것이라고 할 수 있습니다. 그래서 아시모와 같은 이족보행로봇들은 중력을 변화시키지 않기 위해 무릎을 구부리고 그러한 자세로 앞으로 걸으며 관성을 변화시키지 않기 위해 일정한 속도로 걷고 있습니다.

▲ 일본 자동차 회사 혼다에서 개발한 휴머노이드 로봇, 아시모

즉, 무릎을 펴지 않고 구부리고 있으면 상체를 위아래로 흔들지 않고 앞으로 나갈 수 있기 때문에 중력 방향의 힘이 거의 바뀌지 않습니다. 그리고 관성의 힘도 일정한 속도로 움직일 때는 거의 바뀌지 않는 것이죠. 이렇게 중력과 관성을 거의 변화시키지 않고 걸으면 느리게 걷지만 안정적으로 걸을 수 있는 것입니다.

아직까지 이족 보행법으로 ZMP가 널리 쓰이고 있습니다. 그렇지만 인간의 보행법과 완벽히 같은 것은 아니죠. 그래서 많은 로봇 공학자들이 더 나은 보행법을 연구하고 있는데요. 그 중에 CPG라는 보행법이 사람이 걷는 원리와 비슷해서 간략히 소개를 드릴까 합니다.

CPG_{Central Pattern Generator} 보행법은 불의의 교통사고나 다른 이유로 걷기가 불편한 환자들을 위해 사용되던 재활 치료의 방법입니다. 걷기가 힘든 환자들을 런닝머신과 같은 장치 및 다른 기계들의 도움을 받아 걷는 훈련을 계속하는 것인데요. 처음에는 제대로 걷지 못하던 것이 다른 기계들의 도움을 받아 정상에 가깝게 걸을 수 있도록 하는 치료입니다.

이런 치료법이 개발된 이유가 CPG 때문인데요. 사람이 걷는 일을 뇌가 직접 조절하지 않고 일정한 리듬에 맞춰 걸을 수 있도록 하는 것이 CPG입니다.

즉, CPG가 걸을 때 필요한 패턴을 알고 있고 걷기 시작한다면 이 패턴대로 앞으로 나아간다는 것인데요. 만약에, 걷다가 돌발상황(넘어지거나 돌부리에 걸렸을 때)이 발생하면 그때, 뇌가 직접 조절한다는 개념이죠.

이 CPG 방법을 로봇에게 적용한다는 말은 정해진 패턴대로 걸어가다가 돌발상황이 발생하면 그에 맞게 처리하겠다는 것인데요. CPG를 이용한 로봇은 아래와 같은 방법으로 걷게 됩니다.

1. 로봇이 자신의 몸과 무게에 맞게 걸을 수 있도록 반복 학습한다
2. 학습이 완료된 후에는 걸을 때 필요한 패턴을 알게 된다
3. 로봇이 걷기 시작할 때 이 패턴대로 계속 실행하며 걸어간다
4. 걸어가면서 계속적으로(외부 센서를 이용해서)미리 계획된 패턴대로 실행되는지 확인한다
5. 만약에 만들어진 패턴대로 움직이지 않는다면 외부에서 돌발상황이 발생한 것이다
6. 돌발상황이 '어떤 힘이 가해진 것인지?' 또는 '무엇에 걸린 것인지?' 파악해야 한다
7. 그 돌발상황에 맞게 대처를 하고 다시 안정적인 패턴대로 걷도록 한다

CPG 보행법은 대표적으로 미국의 보스턴 다이내믹스의 로봇이 사용하고 있습니다. 유튜브와 같은 곳에 공개되어 있는 영상을 보면 마치 사람이 걷는 것 같아 보입니다. 그리고 옆에서 찰 경우(돌발상황), 다리를 허우적거리면서 다시 중심을 잡아가죠.

다른 보행법들과 마찬가지로 CPG 보행법도 아직까지 완전한 기술은 아닙니다. 단지, 다른 보행법들에 비해 CPG 보행법이 조금 더 안정적으로 걷는 방법이기 때문에 연구하고 있는 것입니다.

이번 절에서는 로봇이 실제로 걸을 수 있도록 하는 보행법에 관해서 알아보며, 그 방법 중에 ZMP를 이용하여 어떻게 로봇이 두

발로 걸을 수 있는지 정리했습니다. 아직까지 이족 보행에 관해서는 연구가 계속되고 있는 분야이기 때문에 새로운 보행법이 계속 생겨날 텐데요. 그 중에서 이번 절에 설명된 ZMP가 보행법 중에 가장 기본이 되는 것이기에 새롭게 연구된 보행법을 이해하는데도 도움이 될 것이라 생각합니다.

로봇이 꼭 두 발로 걸어야 하는가에 대해서는 확실한 답을 말하기가 어렵습니다. 두 발로 걷는 것이 실생활에서 효율적이지 못한 부분이 많지만, 좁은 공간을 활용하거나 인간이 이용하는 모습 그대로 주변 환경을 이용할 수 있다는 장점도 있기 때문입니다.

로봇은 앞으로도 연구되어야 할 부분이 많이 있습니다. 인간과 생활하기 위한 기능이 추가되어야 하고 인공지능도 개선되어야 하며 손가락도 인간처럼 사용하려면 많은 부분이 연구되어야 하죠. 그리고 적은 에너지를 사용하여 효율적으로 움직일 수 있고 오래 동작할 수 있도록 만들기도 해야 할 것입니다.

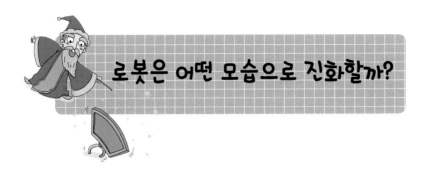

로봇은 어떤 모습으로 진화할까?

현실에서 로봇은 어디에 있을까?

많은 영화에서 로봇이 등장하고 있으며 그 모습 또한 다양합니다. 사람을 닮은 로봇이 있는가 하면, 바퀴가 달린 로봇도 있으며 고정된 위치에서만 동작하는 로봇도 있었죠.

영화에서 상상하던 로봇들은 영화에서만 등장하고 마는 것이 아니라, 실생활에서 실제로 볼 수 있는 형태로 하나씩 만들어 지고 있는데요. 활용되는 형태에 따라 아래와 같은 종류로 나눠 보았습니다.

[표 5] 로봇의 종류

종류	활용
산업용 로봇	3D직종 즉, 더럽고 힘들고 어려운 일을 대신 해준다
공공목적 로봇	건물 입구에서 안내를 하거나 지켜 준다
서비스용 로봇	가정에서 같이 생활하며 도움을 준다
의료용 로봇	진단하거나 수술을 한다
군사용 로봇	군사 목적으로 제작된 특수 로봇이다

종류	활용
취미용 로봇	개인들이 즐기기 위한 목적으로 사용한다
사이보그 로봇	인간의 일부가 되는 로봇이다

로봇을 움직이는 모터와 제어 보드와 같은 하드웨어, 이를 제어하기 위한 소프트웨어 그리고 설계를 위한 기구학도 필요하다고 말씀드렸습니다. 일반적으로 이야기하는 대부분의 공학 기술이 필요한 것입니다. 공학이란 게 무엇을 만들기 위한 학문이기 때문에 당연할 것입니다.

로봇과 마찬가지로 많은 공학 기술이 사용되는 기계로는 자동차가 있습니다. 산업적으로나 공학 기술적으로나 로봇과 비교되기도 하는데요. 농업용 트랙터나 군사용 전차도 있으며 개인용 자동차도 있습니다.

자동차가 최초에 개발되고 만들어 졌을 때, 지금의 모습과는 많이 달랐습니다. 속도도 느리고 장거리를 이동할 수도 없었으며 기능도 단순한 것들 뿐이었습니다. 그렇지만 전자공학이 발달하고 기구학이 발전하면서 많은 기능들과 속도 및 안전성이 향상되었죠. 로봇도 아직까지는 걸음마 수준이라고 할 수 있습니다. 그렇지만 자동차가 처음에 탄생하고 발전된 속도보다는 급속도로 발전되고 있는 것은 사실입니다. 사람의 말을 알아 듣고 있고 스스로 이동할 수 있으며 위험을 감지하고 알려줄 수도 있습니다. 이것이 자동차 기술이 발달할 시기에는 생각하지 못했던 소프트웨어 기술의 발전 때문에 이뤄진 것입니다. 소프트웨어 부분은 천천히 이야기하겠습니다.

로봇이 사용되는 분야에서 가장 활발한 곳을 뽑으라면, 산업용, 군사용 그리고 가정용이라고 하겠습니다. 지금까지 로봇이 가장 잘 활발히 사용되던 곳은 산업 현장이었는데요. 사람들은 매일 똑같은 일, 단순한 일, 더러운 일을 하기 싫어합니다. 같은 임금을 받는 일이라면 쉽고 깨끗한 일을 하고 싶어하죠. 아니, 임금이 조금 적더라도 그러한 일을 하고 싶어 하죠.

반면에, 로봇은 정해진 순서나 인간이 입력해 놓은 일을 그대로 실행합니다. 어렵다는 개념도 없고 힘들어 하지도 않습니다. 그저, 정해진 대로 하는 것뿐입니다. 게다가 고장만 나지 않는다면 실수도 하지 않으며 사람을 고용하는 것에 비해 임금도 저렴합니다.

산업용 로봇의 경우 대부분이 생산 현장에서 활동합니다. 예전부터 많이 사용되어 왔던 자동차 공장에서 자동차를 조립하는데 사용되죠. 자동차 공장에서 사람이 하기에는 위험한 용접, 프레스 쪽에서 많이 사용되는데요.

▲ 산업 현장에서 사용되는 로봇

자동차는 큰 철판이 서로 붙어야 하기 때문에 용접 과정이 필요합니다. 용접할 때 불꽃으로 인해 작업자의 시력이나 피부를 손상시킬 수가 있습니다. 그래서 로봇이 대신하여 용접을 하는 과정이 생긴 것입니다. 요즘의 공장용 로봇은 속도가 빨라지면서 사람보다 정확하고 빠르게 일을 할 수 있습니다.

프레스 과정도 마찬가지입니다. 큰 철판을 가져와서 정확한 사이즈대로 자르고 누르는 과정입니다. 프레스 과정도 무거운 철판을 들어야 한다는 것과 그것을 잘라야 한다는 것 때문에 작업자가 다치는 경우도 발생합니다. 그래서 이런 과정도 로봇으로 대체되면서 사람이 다치는 사고가 발생하지 않도록 하는 것입니다.

이와 같이 산업용 로봇은 사람들이 하기 어렵고 위험한 부분을 많이 대체하고 있습니다. 처음에는 사람들의 일자리를 빼앗을 것이라고 생각하였으나, 지금은 로봇이 위험한 일을 대신해주어 사고가 발생하지 않게 되었으며 로봇으로 대체된 인력은 다른 분야에서 활약할 수 있는 계기가 되었습니다.

군사용 로봇도 산업용 로봇만큼 중요한 분야입니다. 산업용 로봇이 위험한 일을 로봇으로 대체한 것처럼 군사 작전을 수행할 때 발생할 수 있는 인명 피해를 줄이기 위해 군사용 로봇이 개발되고 있죠.

전장에서는 폭탄이 큰 인명 피해를 입힙니다. 그래서 폭탄이 발견되면 이를 제거하기 위한 특수임무를 가진 부대도 있는데요. 이제는 이 임무도 로봇에게 넘기는 상황이 되어갑니다. 더 이상 폭탄 제거에 인명피해를 보지 않겠다는 것입니다.

또한, 전장에서는 필요한 장치가 많습니다. 음식이 있을 수도 있고 무거운 장비를 들고 다녀야 할 수도 있죠. 이런 경우에 입는 로봇을 활용할 수 있습니다. 이 로봇을 입고 있으면 무거운 물체를 쉽게 들도록 도와 줍니다.

한편, 미국에는 DARPA Defence Advanced Research Projects Agency라는 국가방위소속 연구기관이 있습니다. 이곳에서는 군사적으로 필요한 기술들을 연구 개발 지원하는 곳인데요. 로봇을 가장 발전시킨 공로를 꼽으라면 DARPA때문이라고 볼 수도 있습니다. 드론, 입는 로봇, 네발 로봇, 휴머노이드 등 다양한 형태로 기술 발전에 기여했습니다.

DARPA에서는 로봇을 위한 대회도 열고 있습니다. DARPA Robotics Challenge DRC라고 부르는 대회인데, 로봇들의 능력을 겨루는 대회라고 할 수 있습니다. 이 대회에서 볼 수 있는 로봇들은 군사용 로봇으로 보기 보다는 재난 시 구조용 로봇으로 볼 수 있죠.

이 대회에서는 정해진 미션들(차를 타고 이동하고 문을 열어야 하며 도구를 사용하는 등)을 정확히 수행하는 것이 목적입니다. 2015년에는 우리나라 한국과학기술원 KAIST의 휴보 DRC-Hubo+가 우승해 우리나라의 기술이 발전하고 있음을 증명하기도 했습니다.

이와 같이 군사용 로봇이나 재난구조용 로봇은 특수한 목적을 가지고 만들어지는 경우가 많습니다. 그래서 가정용 로봇과는 다르게 '기계스럽게' 생긴 경우가 많습니다. 디자인보다는 임무를 수행하는 것이 목적이기 때문이죠.

의료용으로 사용되는 로봇은 개인의 이용을 목적으로 하는 것이 아니라 여러 환자들의 증상을 살피고 그에 맞는 해결책을 제공합니다. 의료는 생명을 다루는 일이 많아 경험이 많은 의사들일수록 수술 성공률이 높고 정확한 처방을 내릴 때 사용되죠.

▲ 한국의 재난대응로봇 휴보

그런데 실력이 좋은 의사들은 한정되어 있기 때문에 모든 환자들을 도와줄 수는 없습니다. 그래서 수술 로봇을 이용하기도 하는데요. 서울에 유명한 의사가 있는데 부산에 위독한 환자가 있다면, 직접 부산으로 내려가지 않고 서울에서 원격으로 수술하는 것입니다. 환자는 수술을 받을 수 있어서 좋고 의사도 직접 부산으로 내려가지 않아도 된다는 장점이 있습니다.

의료용 로봇 중에는 눈에 보이지 않을 만큼 작은 로봇도 있습니다. 알약 같은 장치를 삼키기만 하더라도 위와 장을 거쳐 내려가면서 사진을 모두 찍습니다. 그러면 호스 같이 생긴 긴 내시경을 괴로워하면서 삼키지 않아도 됩니다. 오히려 호스를 사용하는 것보다 더 세세히 살펴볼 수도 있습니다. 그 외에도 혈관을 확장시키는 로봇과 암을 공격하는 로봇 등도 개발되고[09] 있습니다.

가정용 로봇은 우리가 가장 관심 있게 보는 분야일 것입니다. 아무래도 산업용 로봇과 군사용 로봇은 우리가 실제 생활에서 필요로 하는 것이 아니기 때문이겠죠. 가정용 로봇이라고 해서 만화에서 보는 것과 같이 두 발로 걷고 청소를 해주는 로봇은 아직 없습니다.

이동할 수 있는 로봇들은 바퀴를 가진 것이 대부분이고 그 외에는 고정된 자리에서 우리가 하는 말을 알아 듣고 묻는 말에 대답해주는 형태가 있죠. 바퀴를 가진 로봇이라고 해도 우리의 일을 대신해 줄 수 있는 것도 아닙니다. 우리가 로봇에게 갈 필요가 없이 바퀴가 달려 있으니 스스로 우리에게 와줄

▲ 안내 및 가정용으로 사용되는 페퍼

09 https://goo.gl/hrDUF

수 있다는 것이 전부입니다. 바퀴가 달린 로봇 중 대표적인 제품은 소프트뱅크사의 페퍼가 있습니다.

페퍼는 사람이 말하는 내용을 알아 듣고 답해 줄 수 있으며 때로는 농담을 건네기도 합니다. 소프트뱅크에서는 감성적인 부분을 가진 로봇이라고 홍보합니다. 페퍼는 소프트뱅크 매장에서 고객들이 필요로 하는 정보를 제공하거나 안내를 하기도 합니다. 또한 일본의 MIZUHO라는 금융그룹에서 페퍼를 안내원[10]으로 고용하기도 했으며 일본의 피자헛에서 주문을 받기도 합니다.

바퀴를 가진 로봇은 페퍼 외에도 ASUS의 젠보_{Zenbo}도 있고 Ingen Dynamics의 아이도_{AIDO}도 있습니다.

▲ 인공지능 홈 로봇인 젠보(왼쪽)와 아이도(오른쪽)

고정형 로봇의 경우에는 JIBO사의 JIBO와 MJI사의 TAPIA가 있습니다. 고정형 로봇의 경우에는 이동이 불가능하기 때문에 전자렌지나 밥솥 및 TV와 같이 한곳에 두고 사용하는 로봇인데요.

이동할 수 없다는 점을 제외하고는 페퍼나 다른 로봇과 같습니다. 우리와 대화를 나눌 수 있고 질문하는 내용에 답을 할 수가 있

10 https://goo.gl/CQC5ER

으며 카메라를 통해 CCTV와 같은 역할을 하기도 합니다.

▲ 메시지 전달, 사진 촬영, 이야기 구연 및 듣기, 화상 전화 등의 기능을 갖춘 지보(왼쪽) 얼굴 인식이 가능한 소통형 스테이션 로봇 타피아(오른쪽)

로봇의 기계적 한계를 소프트웨어로 극복한다

아직까지 로봇이 자연스럽게 우리 생활에 들어오지는 못한 것 같습니다. 그러기 위해서는 로봇의 생김새와 같은 하드웨어도 중요하지만 기능적인 부분에서 소프트웨어의 힘이 더 필요합니다. 하드웨어가 가진 기능의 한계를 소프트웨어로 극복할 수 있기 때문인데요.

예를 들어, 단순히 렌즈를 통해 들어오는 빛을 상황실로 보내 현장의 모습을 보여주는 CCTV가 있다고 하겠습니다. 특정한 장소를 감시하거나 사고를 대비하기 위해 사용되죠. 만약에 CCTV를 통해 무언가를 확인하고 싶다면, 예전에는 사람이 직접 보고 있어야 하거나 녹화해 두었다가 다시 살펴봐야 하는 한계가 있었습니다. 그런데 이 한계를 소프트웨어를 결합하여 극복하고 있는데요.

사람을 인식하는가 하면, 행동을 분석하여 의심이 되는 사람을 집중적으로 감시하기도 하죠. 거기에서 벗어나 매장내 도난방지용으로 사용되던 CCTV는 매장에 얼마나 많은 고객이 방문했는지 파악하는 기능이 추가되기도 합니다. 즉, 물리적으로 추가된 기능이 아니라 소프트웨어가 물리적인 한계를 극복하고 새로운 기능들을 추가시키는 것입니다.

CCTV뿐만 아닙니다. 사물 인터넷 기술로 인해 밥솥, 전등, TV 그리고 냉장고 등이 유기적으로 동작할 수 있게 되었습니다. 서로 정보를 주고 받아 온도를 조절하거나 전등을 키고 끄기도 가능하죠.

즉, 물리적인 한계를 소프트웨어적으로 극복하고 서로 연결된 것입니다. 이번 장에서 이야기하고 있는 로봇도 마찬가지입니다. CCTV와 같이 발전의 한계가 있습니다. 모터의 움직임과 기구학에 의해서 정해지는 것들이겠죠. 그렇지만 로봇도 그 한계를 소프트웨어로 극복하려고 연구하고 있습니다. 물론, 로봇은 아직까지 물리적으로도 발전해야 할 부분도 많이 남아 있습니다. 그렇지만 소프트웨어도 함께 발전하게 되면서 그 기능이 처음부터 확대된 형태로 고려할 수 있게 되었고 사용 가능한 분야도 다양해지고 있습니다. 대표적인 소프트웨어로 인공지능이 있는데, 인공지능의 학습기능으로 인해 사람의 말을 알아 듣고 물체를 인식하는 능력도 향상되고 있습니다.

그렇다면 소프트웨어가 발전해가고 하드웨어라고 부르는 물리적인 부분들이 개선된다고 할 때, 우리는 어떤 부분을 로봇에게 기대할 수 있을까요? 저는 너무 먼 미래를 바라보지 않고 현실적으로 가능한 부분만 생각해 봤습니다.

첫 번째로, 인공지능이 강화되어 집안의 사물들을 통제하는 통제자 역할이자 집안의 도우미 역할을 할 것입니다. 사실, 사물들을 통제하는 로봇은 두 발로 서 있을 필요도 없고 스스로 눈과 귀를 가질 필요도 없습니다. 덩그러니 뇌만 있을 수도 있죠. 즉, 눈에 띄지 않는 로봇이라고 할 수 있습니다.

예를 들어, 눈이 되는 부분은 집안과 외부를 감시하는 CCTV가 활용될 수도 있고 필요하다면 카메라를 설치하도록 요구할 수도 있을 것입니다. 집안의 온도를 확인하고 가족이 돌아올 시간에 맞춰 보일러나 에어컨을 켜고 끌 수도 있습니다. 그리고 반려동물을 키우고 있다면 외출 시에 함께하지 못하는 경우가 있습니다. 그럴 때 로봇이 돌봐 주고 밥도 시간에 맞춰 줄 수 있으며 심심할 때는 TV를 켜주거나 놀아줄 수도 있습니다.

두 번째로, 로봇에게 감성적인 부분을 기대할 수 있습니다. 로봇은 기계이기 때문에 감성적인 부분을 기대할 수 없을 것이라 생각합니다. 누가 전기밥솥에 '너에게 밥만 시켜서 미안하구나'라는 감정을 느낄까요? 아마 거의 없을 것입니다. 그런데 이러한 감성도 소프트웨어의 발전으로 가능하리라 봅니다. 매우 자연스럽게 대화를 나눌 수 있고 인간과 같이 생각한다면 말입니다.

예를 들어, 핸드폰이 있습니다. 우리는 핸드폰 반대편에 내가 아는 사람이 있다고 생각하고 통화를 합니다. 메시지도 주고 받죠. 그런데, 물리적으로 느낄 수 있는 부분은 차가운 핸드폰 기기입니다. 그 기기를 통해서 들려오는 소리를 들을 뿐이고 보여주는 메세지를 읽을 수 있을 뿐입니다.

단지, 생각만으로 그 반대편의 사람과 연결된 것으로 생각하는 것이죠. 만약에 이 일을 인공지능이 자연스럽게 해줄 수 있다면, 우리도 감성적으로 대할 수 있지 않을까요?

인간은 외로운 존재라고 합니다. 특히나 요즘 같이 개인의 일을 중요시하고 혼술, 혼밥과 같이 개인화되어가는 사회에서는 더욱 외로움을 느낄 때도 있죠. 이러한 시대에 친구처럼 대화를 나눌 수도 있고 나의 생각을 이해해 줄 수 있다면 감정을 가지게 되지 않을까요? 이러한 생각으로 만든 영화도 있죠? 〈그녀Her〉라는 영화인데 인간이 인공지능에게 감정을 느낀다는 내용입니다.

세 번째로, 심부름을 시킬 수 있습니다. 요리를 하는 도중에 재료가 없거나 소스가 없으면 마트에 사러 가야 합니다. 요즘은 배달 서비스가 잘 되어 있어서 주문하면 배달해 주기도 하죠. 그렇지만, 빠른 시간에 배달되는 것은 아닙니다. 급하게 필요할 때는 도중에 마트에 다녀오거나 누군가를 시켜야 합니다. 그런데 무언가를 사러 마트에 들르는 일은 상당히 귀찮은 일중에 하나죠. 그래서 온라인으로 물건을 주문할 수 있는 서비스가 있는 것입니다. 로봇이 있다면, 우리는 스마트폰앱으로 급하게 필요한 물건을 찾을 수 있습니다. 아니면 필요한 물건을 로봇에게 직접 설명해도 되겠죠. 이렇게 준비된 리스트를 로봇에게 전송하면 로봇이 해당 물건을 사러 마트에 다녀올 것입니다. 그러면 로봇은 바퀴로 갈 수 있겠죠? 걷는 것보다 에너지도 적게 들어 효율적이기 때문에 바퀴로 가는 것이 좋을 것 같네요. 아니면 이럴 수도 있습니다. 지금도 아마존이나 여러 업체에서 드론으로 배달을 하겠다고 합니다. 드론으로 배달이 가능하다는 얘긴데요. 마트에 드론을 위한 착륙장이 있고 필요한 물건을 마트의 직원이 가져다 줄 수 있을 것입니다. 우리는 미리 필요한 물건리스트를 마트로 보내고 결제를 했다면, 물건이 준비되는 대로 드론은 집에서 날아서 마트의 착륙장에 있는 물건을 가져오기만 하면 됩니다. 바퀴가 달린 로봇이 되었든 날아 다니는 로봇이 되었든, 마트에 직접 가지않아도 되니까 시간도 절약되고 그 시간에 다른 일을 할 수 있으므로 우리에게 많은 도움이 될 것입니다.

제가 잠깐 생각해 본 상상력은 이것 뿐이네요. 저는 상상력이 조금 부족한가 봅니다. 제가 잘 하는 일은 무언가를 만들고 분석하는 일이지 상상력을 발휘하는 것은 아닌 것 같습니다.

로봇은 하나 둘씩 현실로 다가오고 있습니다. 영화에서 나왔던 어두운 미래를 만들어 낼 지는 모르지만 또 다른 영화속에서 그랬던 것처럼 우리에게 도움도 많이 주겠죠.

로봇을 만드는 기업들은 계획을 세울 때부터 로봇이 우리에게 위험한 존재로 만들지 않습니다. 기업들은 우리에게 어떤 도움이 필요한지 생각하고 지금까지 그래왔던 것처럼 어렵고 위험한 일을 대체하기 위해 로봇을 만들 것입니다.

기업도 이윤을 목적으로 하는 것이기에 사람들과 기업들이 필요로 하지 않는 로봇을 만들 일은 없죠. 그래서 사람을 대신하거나 일자리를 빼앗기 위한 것이 아니라 사람들과 공존하기 위한 로봇을 만드는 것입니다. 공존하기 위해서는 서로의 신뢰가 중요한데요.

로봇공학의 3원칙[11]이라는 것이 있습니다. 로봇은 인간의 말을 절대적으로 따라야 하며 인간을 다치게 해서는 안 된다는 것이 주된 내용입니다. 그렇지만 이를 어기고 악의적으로 변형시키는 사람들도 있죠. 이러한 사람들을 걱정한 것이 영화나 애니메이션에 반영되어 로봇이 나쁜 모습으로 나오는 것일 겁니다.

로봇은 프레임이라는 구조물과 하드웨어 및 소프트웨어의 힘으로 움직이는 기계임을 이번 장에서 설명했습니다. 아직까지 애니메이션이나 영화에서 볼 수 있는 수준의 로봇은 없지만 계속적으로 발전해 가야 하는 분야라고 말씀드렸죠. 이러한 로봇들이 어떻게 움직일 수 있으며 어떤 기술이 필요한지도 알아보았습니다. 다양한 분야의 기술이 필요하기 때문에 어렴풋이라도 그 기술들을 이해하는데 도움이 될 수 있도록 써봤는데요. 저의 의도대로 되었기를 바라며 이번 장을 마무리합니다.

---

11 Isaac Asimov: https://en.wikipedia.org/wiki/Three_Laws_of_Robotics

이것이 알고 싶다

Q. 우리나라에서 개발된 로봇으로는, 재난대응로봇 휴보를 들어보았는데요, 현재는 어느 정도로 발전된 상태인가요?

A. 본문에서 잠깐 소개드렸던 휴보는 한국과학기술원(KAIST)의 휴머노이드 로봇 연구센터에서 개발 중이며 홈페이지(hubolab.kaist.ac.kr)에서 정보를 확인할 수 있습니다. 미국에서 개최하는 재난대응로봇대회에서 휴보가 우수한 성적을 거두었기 때문에 휴보는 재난대응로봇이라고 생각하시는 분들이 있는 것 같습니다. 그렇지만, DRC대회를 위해 'DRC-Hubo+'라는 로봇을 제작한 것은 맞지만 그 대회 자체가 운전하기, 계단 오르내리기 그리고 밸브 잠그기 등 인간 생활에서 필요로 하는 기술들을 요구하고 있습니다. 그래서 '휴머노이드 로봇 연구센터'에서 말하기를, 휴보가 대회에 사용되었고 좋은 성적을 거둔 것은 맞지만 범용적인 용도로 충분히 사용 가능한 로봇이기 때문에 범용 로봇이라고 부르는 것이 맞다고 합니다.

휴보의 개발 상태는 hubolab.kaist.ac.kr이나 유튜브에서 확인할 수 있는데요. 지금까지의 휴보는 목적을 수행하기 위해 조금 느리지만 정확한 행동을 목표로 했습니다. 그렇지만 앞으로의 목표는 빠르고 넘어지지 않으며 지금보다 더 안정적인 보행을 하는 것이 목표라고 합니다.

Q. 왜 지금까지 개발된 로봇들은 만화 속의 로봇처럼 뛰거나 움직이지 못하나요?

A. 만화 속의 로봇들은 사람보다 뛰어나고 못하는 것이 없는 것처럼 보입니다. 뛰어 다니고 날아 다니고 싸움도 하죠. 그런 로봇을 만나지 못하는 이유는 로봇이 어떻게 움직일 수 있는지 생각해 보면 알 수 있습니다. 본문의 내

용을 요약해 보면, 로봇이 움직이기 위해서는 모터와 같은 동력이 필요하다고 했습니다. 그 동력이 팔이나 다리와 같은 프레임을 움직이는 것입니다. 일단, 프레임은 단단해야 합니다. 외부의 충격을 이겨 내기 위해서 필요한 것이 아니라 모터를 고정시켜 둬야 하고 프레임에 연결된 다른 프레임의 무게를 견딜 수 있어야 하기 때문입니다. 가령, 로봇의 다리라고 했을 때 허벅지 프레임과 종아리 프레임처럼 말이죠. 그래서 단단한 재료를 사용하기 위해서는 철과 같은 재질이거나 우주항공용 재료를 사용해야 합니다. 철은 크기가 커질수록 자체의 무게가 너무 크기 때문에 작은 로봇이 아니고서는 사용하기가 힘듭니다. 그렇다고 우주항공용 재료를 사용한다면 조금 가벼워질 수는 있지만 무게가 전혀 없는 것은 아닙니다. 또한 그 프레임을 움직일 수 있는 모터도 무게가 상당히 많이 나갑니다. 모터의 힘을 강하게 만들수록 더욱 무거워지기도 하고 그 힘에는 한계가 있습니다. 그래서 커다란 로봇을 만들기 위해서는 가스엔진이나 유압 등을 사용하는 등의 다른 동력을 사용하기도 합니다. 단순하게 프레임과 동력만을 살펴봐도 커다란 로봇을 만드는 일이 쉽지는 않을 것처럼 보입니다. 거기에다가 로봇이 뛰거나 걷기 위해서는 에너지원으로 사용되는 배터리나 연료를 사용해야 하는데 본문에서도 다뤘지만 강력한 힘을 얻기 위해서는 배터리와 같은 에너지원이 커져야 합니다. 에너지원이 커지면 무게도 무거워지죠. 연료도 마찬가지로 많이 필요할 것입니다. 여기서 또 무게의 문제가 발생할 수 있겠네요. 그렇다고 커다란 로봇을 만들지 못하는 것은 아닙니다. 단지, 만화 속의 로봇처럼 두 다리로 서서 다니지만, 탱크와 같은 궤도를 사용한 대형 로봇이 등장했죠. MegaBots나 Kuratas와 같은 로봇인데요. 이런 대형 로봇은 크기는 크지만 만화 속의 모습과는 조금 차이를 보입니다. 사실, 대형 로봇이 과연 우리에게 필요한가의 문제도 있습니다. 필요성이 없다보니 업체들이 만들지 않는 것은 당연하겠죠? 프레임을 위한 좋은 재료가 발견되고 강력한 힘을 가진 동력이 개발되고 만들어야 할 필요성이 충분해진다면 그땐 만화 속의 로봇과 비슷해질 것입니다.

Q. 로봇 공학자가 되고 싶은데 무엇을 공부하면 좋은가요? 참가하면 좋은 대회가 있다면 그것도 알려주세요.

A. 본문에서도 말씀드렸지만, 로봇을 만들기 위해서는 많은 분야의 지식이 필요합니다. 프레임을 만들기 위한 설계기술, 전자적인 하드웨어를 설계할 기술, 그리고 소프트웨어를 만들 기술이 필요한데요. 그래서 자신의 목적과 적성에 맞는 분야를 선택하는 것이 우선 필요할 것입니다. 그런데 그런 경험이 없다면 사실 무엇이 나의 적성에 맞는지 알 방법이 없겠죠? 그래서 그런 경험이 없으신 분들께 추천을 드리자면 시중에서 판매되고 있는 로봇플랫폼을 구매해서 직접 만져 보시라고 권하고 싶습니다. 본문에 나왔던 '나오'와 같은 플랫폼은 고가이기 때문에 쉽게 접근하기 어려울텐데요. '나오'와 같은 플랫폼은 전문가를 위한 플랫폼이기 때문에 해야할 일도 많습니다. 그래서 그보다는 '로봇키트'로 검색하시면 꼭 사람의 형태가 아닌 여러 형태의 로봇을 쉽게 구하실 수 있습니다. 그 중에서 자신이 원하는 로봇을 선택하여 차근히 공부해 보신다면 자신의 적성을 찾을 수 있지 않을까 생각하는데요.

혼자서 가지고 노는 일이 심심하다면 로봇대회에 참여해 보시는 것도 좋은 방법이라고 생각합니다. 본문에 나왔던 미국의 DRC와 같은 대회가 아니라 작은 로봇끼리 격투를 하거나 기능을 겨루는 대회들이 있는데요. IRC(국제로봇콘테스트), KRoC(한국로봇학회), KRC(코리아로봇챔피언쉽) 등이 있습니다. 이런 대회들을 통해서 로봇에 대한 관심과 자신이 원하는 분야를 찾을 수 있을 것 같네요.

세 번째 이야기

스마트 카 전쟁 그리고
기반 기술 이야기

구글과 애플이 세계 최고 IT 회사로서 많은 부분에서 경쟁하고 있습니다. 스마트폰에서 시작된 경쟁은 '운영체제'라는 소프트웨어로 경쟁하고 있으며 그 영역은 자동차로 확장 되고 있습니다.

애플은 새로운 프로젝트를 시작할 때 공개하지 않고 진행하는 경우가 많습니다. 반대 로, 구글은 어떠한 프로젝트를 진행하면서 자료를 발표하고 실제로 테스트되는 상황들 을 공개하는 경우가 많죠. 그 중에서 관심을 많이 받는 부분이 자동차와 관련된 내용이 고 자료가 발표될 때마다 뉴스가 되고 있습니다. 애플도 직접적으로 발표를 하지는 않 지만 여러 곳에서 자동차에 관심을 보인다고 이야기합니다.

구글과 애플이 관심을 보이는 자동차는 우리가 평소에 타고 다니는 자동차와는 조금 다릅니다. 바로, 스마트 카 개발에 관한 것인데요. 스마트 카가 이번 장에서 다룰 자율 주행 자동차 및 무인 자동차만을 뜻하는 것은 아니지만 여러 스마트한 기능 중에서 가 장 관심을 보이는 부분인 것 같습니다.

이들이 개발에 집중하고 있는 자율 주행 자동차와 무인 자동차는 비슷해 보이지만 약 간 다른 개념입니다. 영어로는 각각 'Self Driving Car'와 'Autonomous Car'인데요. 해 석해보면 '스스로 운전하는 자동차'와 '자발적으로 움직이는 자동차'로 볼 수 있습니다.

그러니까 둘다 스스로 움직일 수 있는 것은 맞지만, 운전자를 도우며 목적지까지 가는 것과 스스로 목적지를 정해 가는 것의 차이 정도로 말할 수 있겠네요.

어찌됐든 이들에게 중요한 기능은 빨리 달리든 천천히 달리든 스스로 움직여야 한다는 것입니다. 그래서 이번 장에서 이런 스마트 카가 되기 위해서는 어떤 구조를 가져야 하 며 어떻게 달릴 수 있는지 이야기해 보려 합니다.

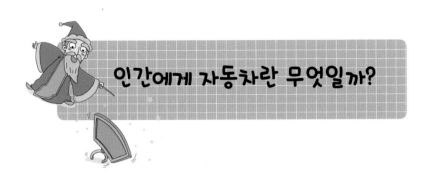

인간에게 자동차란 무엇일까?

손쉬운 이동 수단이 필요했던 그 시작

사람은 정도의 차이는 있지만, 육체를 많이 쓰면 피곤해집니다. 오래 걷거나 무거운 물체를 나를 때는 더욱 그렇죠. 그래서 고대에는 하인들이나 노예를 시켜 무거운 물건을 들고 다니게 하거나 가

▲ 마차에서 자동차로 발전한 인류

마처럼 먼 거리를 이동할 때 자신을 태우고 다니게 했습니다. 그렇지만 이것 역시 한계가 있기 때문에 결국엔, 마차를 만들어, 말이 끌게 만들어 더욱 멀리 이동할 수 있게 되었습니다.

이렇게 시작된 사람의 이동 수단은 지금의 자동차와 같은 모습을 하게 되었습니다. 말보다 더 힘이 센 엔진을 만들게 되었고 그 결과, 더욱 빨라졌을 뿐만 아니라, 비가 오거나, 짐을 싣고도 언덕도 쉽게 넘어갈 수가 있죠.

그렇지만 자동차는 비싼 물건 중에 하나입니다. 물론, 크기가 크기 때문에 그럴 수도 있습니다. 안전과 관련된 사항이 많아 테스트를 많이 하기 때문이기도 합니다. 어찌됐든 값비싼 물건임은 틀림이 없죠. 특히나 소득의 차이가 컸던 예전에는 길거리에 자전거는 넘쳐나도 자동차를 보기는 어려운 시절도 있었습니다. 그렇지만, 산업의 발전으로 사람들은 돈이 생기게 되었고 자동차도 대량으로 생산할 수 있게 되면서 그 가격도 함께 하락하게 되었습니다. 그 결과로, 사람들이 하나 둘씩 자동차를 구입하게 되었고 많은 사람들이 먼 거리를 편안히 이동할 수 있게 되었습니다.

속도도 좋지만 가장 중요한 것은 안전성

자동차에 대한 수요가 많아지면서 경쟁업체들이 많이 생겨나게 되고 그 업체들은 연구를 하기 시작합니다. '어떻게 하면 잘 달릴 수 있을까? 편안히 달릴 수 있을까? 오래 탈 수 있을까?'에 대해서 연구했죠. 그 중에서도 어떻게 하면 '안전한 차가 될 수 있을까?'를 연구하기 시작합니다. 자동차가 먼 거리를 이동하고 무거운 짐을 실어 나르기에 정말 좋은 기계입니다.

먼 거리를 조금 더 일찍 도착하기 위해 빨라져야 했고 많은 사람을 실어 나르기 위해 자동차의 힘을 더 키워야 했습니다. 그런데 결과로 자동차 사고가 발생했을 때 다치는 데서 그치는 것이 아니라 사망 사고로까지 이어지는 결과가 되었습니다.

자동차 사고는 운전자 본인만 다치는 것이 아닙니다. 다른 자동차의 사람을 다치게 하거나 길을 건너는 보행자까지도 다치게 만듭니다. 그래서 좀 더 안전한 자동차를 만들기 위해 노력하고 충돌 테스트를 거쳐 얼마나 안전한지 확인합니다. 즉, 운전자를 얼마나 보호할 수 있는지 그리고 보행자를 얼마나 보호할 수 있는지를 봐야 하는 것입니다.

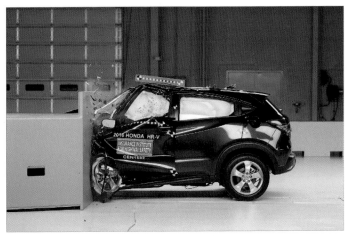

▲ 미국의 자동차 안전성 테스트인 IIHS의 충돌 테스트 장면

교통사고와 관련된 자료를 살펴보면 더욱 와 닿을 것 같은데요. 도로교통공단의 2015년 자료를 잠깐 살펴보겠습니다.

[표 1] 2015년 교통사고 종류[도로교통공단]

사고종류	비율(%)
차량단독	5%
차 대 차	73%
차 대 사람	22%[01]

    이중에서 '차 대 사람' 사고의 경우 전체 사고의 22%나 되기도 하며, 10명 중 4명이 사망하는 사고를 일으킬 정도로 무서운 사고 였습니다. 일단, 사람과 충돌하는 사고가 나면 그만큼 많은 사람들 이 사망에 이르는 것인데요. 꼭 사망사고가 아니더라도 '차 대 차' 나 '차량단독' 교통사고가 발생하면 운전자가 다치고 이로 인한 교 통 체증 및 시설 파괴 등이 발생하죠. 편리함을 위해 사용하고 있 지만 그만큼의 큰 문제를 포함하고 있기도 합니다.

    그렇다면 이런 사고들을 줄이기 위해서는 무엇을 어떻게 해 야 할까요? 자동차는 우리 생활에 필수가 된지 오래여서, 그 존재 를 없앨 수는 없습니다. 그래서 사람을 다치게 하는 사고의 원인부 터 파악해서 해결책을 찾아 볼 필요가 있는데요, 도로교통공단의 2015년 법규 위반별 사고를 살펴봤습니다.

[표 2] 법규위반별 사고내용[도로교통공단]

법규위반 내용	비율(%)
안전운전 의무 불이행	56.2%
신호위반	11.4%
안전거리 미확보	9.3%
교차로 통행방법 위반	6.3%

---

01 https://goo.gl/Ab50QN

'안전운전 의무 불이행'이 전체 사고의 56.2%를 차지하고 있습니다. '안전운전 의무 불이행'이란 운전 중 앞을 주시하지 않고 핸드폰을 만지거나 라디오를 만지는 일도 포함되는 등 운전에 집중하지 않아서 생기는 사고입니다. 그만큼 운전에 집중하지 않으면서 사고가 생기는 것은 당연할 것입니다.

또 한 가지 현상은 고령화 시대로 가면서 고령 운전자들의 교통사고가 늘어난다는 것이었습니다.

보통 나이가 들수록 인지 반응 속도와 돌발 상황에 대한 대응이 느려지고, 집중력이 떨어지는 경향이 있습니다. 시야각도 젊은이는 보통 120도이지만, 고령 운전자는 60도로 좁아집니다. 그러다 보니 끼어드는 차량을 못 볼 확률도 높아집니다.

고령 운전자들의 사고 발생 수를 살펴보면 아래의 표와 같은 추세인데요. 전세계적인 문제이긴 하지만, 한국도 고령화 시대로 감에 따라 그 증가세가 더욱 커질 것이라고 합니다.

년도	사고건수
2012	15,190
2013	17,590
2014	20,275
2015	23,063

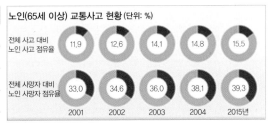

노인(65세 이상) 교통사고 현황 (단위: %)

전체 사고 대비 노인 사고 점유율: 11.9 / 12.6 / 14.1 / 14.8 / 15.5

전체 사망자 대비 노인 사망자 점유율: 33.0 / 34.6 / 36.0 / 38.1 / 39.3

2001 / 2002 / 2003 / 2004 / 2015년

▲ 고령 운전자들의 사고건수(만 65세 기준) 통계   (도로교통공단 교통사고분석시스템 자료)

고령 운전자들의 사고를 줄이기 위한 방안 마련을 놓고 고령화 면허 갱신 주기를 단축하는 방안도 나오고 있지만, 일각에서는 고령 운전자를 위한 교통 환경 개선이 우선이라는 주장도 있습니다.

제도 개선과 함께 자동차 자체로도 방어하자

그래서 국가적인 차원에서 자동차의 발전과 함께 교통사고를 줄이기 위한 대책 및 안전성을 함께 확보하려고 많은 노력을 해 왔습니다. 자동차를 생산하는 업체에게 사회적인 책임을 가지도록 하고 법적으로 규제를 하며 안전성을 검토하도록 만들었죠.

앞선 자료에서 보듯이 대부분의 사고는 운전자의 과실로 인한 것들입니다. 자신의 문제이건 다른 사람의 문제이건 간에 운전자가 제대로 대처하였다면 사고가 발생하지 않았을 거라는 뜻인데요. 그래서 자동차를 더욱 똑똑하게 만드는 스마트 카 기술에 많은 기업들이 투자를 늘이고 있습니다.

스마트 카smart car란, 인간의 탑승 여부와 상관없이 운전할 수 있고 안전을 최우선으로 추구하는 자동차입니다. 또한 부가적인 기능으로 도로 위의 자동차 간에 위치와 간격, 속도 등을 파악하고 교통의 흐름까지 생각하죠.

대기업들이 스마트 카를 개발하려는 목적에는 '운전자가 만들어 내는 사고를 자동차가 알아서 막아 내겠다'는 것이 포함됩니다. 즉, 스마트 카가 운전자를 대신하여 위험한 상황을 파악하며 그에 따라는 행동을 하는 기술입니다. 운전자를 도와서 운전하든 운전자 없이 스스로 모든 것을 제어하든, 부주의로 인한 사고가 발생하지 않도록 하는 것이 목적입니다.

스마트 카 기술의 일부는 이미 우리 곁에 와 있습니다. 그 정도의 차이는 있지만 자율주행이 가능하기도 하고 운전자가 없어도 운전을 하려고 합니다. 완벽히 운전자를 대신하기에는 시간이 좀 더 필요하지만 그 기술들이 궁금하기에 이야기를 이어보겠습니다.

스마트 카의 등장

소프트웨어의 발전은 하드웨어의 한계를 벗어나 많은 기능적 추가를 만들어 낸다고 말씀 드렸습니다. 단순한 감시/녹화 기능을 가진 CCTV가 사람을 추적하는 기능이 생기게 되었고, 스피커가 사람의 말을 알아 듣게 되는 것들은 모두 소프트웨어의 발전으로 가능해진 것들입니다.

이런 소프트웨어는 그 한계를 모르고 자동차 영역까지 넘어 오고 있습니다. 물론, 스마트 카가 나오기 전에도 소프트웨어는 자동차를 제어하는 데 사용되고 있었습니다.

스마트 카를 만들게 되면서 그 목적이 자동차 제어에서 자동차를 이용한 서비스 제공으로 확대되는 점이 다른 부분이라고 할 수 있습니다. 그러한 서비스는 단순히 주차를 도와주는 기능만 있는 것이 아니라, **우버**[02]에서 도입하려는 것처럼 스스로 목적지까지 운전하거나 택시와 같이 내가 원할 때 내가 있는 곳으로 오기도 합니다.

▲ 콜택시를 계획 중인 우버　　　　(사진 출처: https://goo.gl/OkxoOV)

스마트 카는 기존의 자동차 회사들뿐만 아니라 애플이나 구글과 같은 IT기업들이 더욱 적극적으로 만들어 가는 것 같습니다. 그러한 이유로, 자동차는 기본적으로 기계적인 요소가 많이 필요하지만, 운전자가 가장 많이 조작하는 부분이나 네비게이션들이 IT화되어 가기 때문입니다.

애플과 구글같은 IT기업들이 **대시보드**[03]와 같은 부분을 IT화하기 시작하더니 점점 더 영역을 넓혀 자동차 생산 영역까지 넘보고 있습니다.

---

02 우버(UBER) : 미국의 소셜자동차 렌트서비스를 제공하는 업체입니다. 승객과 운전기사를 스마트폰 버튼 하나로 연결하는 기술 플랫폼이기도 하죠.

03 대시보드 : 자동차 내부에 운전자와 마주하는 곳으로 속도와 같은 정보를 제공하거나 차량을 제어할 때 사용되는 버튼들이 있는 곳입니다.

구글과 애플, 두 거대한 공룡은 스마트폰 시장에서 많은 경쟁을 해 왔으나 스마트폰 시장이 점차 포화되어 가면서 새로운 시장을 찾기 시작합니다. 그래서 손목에 차는 스마트 워치smart watch나 가정용 기기들 그리고 자동차 영역까지 넓혀 가고 있습니다.

스마트 카 기술 발전 배경

이들이 자동차 영역을 넘볼 수 있게 된 이유는, 전기 자동차에 관련된 기술들 가령, 배터리 저장 능력과 저렴해진 가격 및 전기 모터 관련 기술 등이 향상되면서 자동차를 만들기가 비교적 쉬워졌기 때문이 아닐까 생각합니다.

기존의 자동차는 동력을 얻기 위해 가솔린이나 디젤 같은 연료를 사용하는 엔진을 사용했습니다. 이 엔진은 내부적으로 연료를 폭발시켜 그 힘으로 달리는 것이기 때문에 위험하기도 하며 많은 설계 기술과 그 기술을 보호하기 위한 특허가 필요했습니다.

그런데 전기 자동차는 구조가 단순하고 전자 장치를 제어하는 것으로 구성됩니다. 마치 배터리로 작동하고 사용자의 입력에 따라 동작하는 스마트폰처럼 말이죠. 대신, 스마트폰과는 다르게 자동차는 운전자의 안전과 보행자의 안전 그리고 다른 차량의 안전 등, 안전을 가장 중요시 해야 하죠.

그러한 안전을 위해, 자동차는 어떤 기계보다 튼튼하고 주변 상황에 의한 고장이 없어야 하며 어떠한 상황에서도 안전할 수 있도록 장치가 마련되어야 합니다. 그래서 기존 자동차 회사들이 많은 충돌 시험과 성능 시험을 해왔던 것입니다.

IT 기업들의 자동차에 대한 도전은, 기존의 자동차와 다른 개념을 제공할 것이라고 많은 분들이 기대하고 있습니다. 지금까지의 자동차는 이동 수단 정도로 여기는 것이었습니다. 여기에 좋은 시트와 대시보드를 만들어 편안함과 편리함 정도만이 추가된 것인데요.

기존의 자동차는 이동이 필요하지 않은 경우 외에는 필요성을 느끼지 못했습니다. 물론, 스마트 카도 기본적으로는 이동 수단임은 틀림없습니다. 그런데 IT 기업들이 개념을 확장시키기를 원했고 그들이 이미 가지고 있는 서비스들과 연결하려고 하죠.

예를 들면, 자동차 소유의 공용화 서비스입니다. 지금까지의 자동차는 개인이 구매하고 소유하며 필요에 따라 사용해 왔죠. 그런데 자동차는 이동시간보다 주차되어 있는 시간이 더 많습니다. 괜히 주차장 공간만 차지하고 있는 것입니다.

그래서 등장한 서비스 중에는 차량을 공유하는 서비스가 있죠? 전세계적으로 '우버UBER'가 가장 유명하다고 할 수 있고, 우리나라에는 '그린카'나 '쏘카' 등이 있습니다. 이들은, 차량을 구매하여 누구나 필요할 때만 사용하고 그만큼의 요금만 받는 정책을 쓰고 있는데요.

일주일 중에 차가 필요한 날이 하루뿐이라면, 자동차를 구매하는 것보다 이런 공유 서비스를 이용하는 것이 효율적일 것입니다. 그래서 차량이 필요한 날에 지정된 주차장이나 차량이 있는 위치로 가서 차문을 열고 이용하면 됩니다.

▲ 스마트폰 애플리케이션으로 자동차 공유를 서비스하는 '그린 카'(위), '쏘카'(아래)

그런데 무인 자동차 시대가 열리면, 이러한 서비스를 차량을 가지러 직접 갈 필요도 없이 이용할 수 있습니다. 차가 필요하면 가장 가까이에 있는 차를 부르기만 하면 됩니다. 굳이 자신의 주차장에 차를 세워 둘 필요가 없습니다. 차가 필요한 시기를 맞춰 미리 차를 부르면 콜택시와 같은 기능도 할 수 있습니다. 이런 서비스는 우리가 택시를 이용하는 방식과 같습니다. 그래서 무인 자동차 시대가 되면 택시기사들이 생계에 위협을 받게 될 것이라는 말이 나오는 것입니다.

운전의 피로에서 어느 정도 벗어날 수 있다는 장점도 있습니다.

운전대를 잡고 있는 동안 계속 앞의 상황을 주시해야 하고, 차선을 바꿀 때도 주변을 살펴야 하며 신호도 잘 지켜야 합니다. 운전대를 잡고 있는 동안에는 한 눈을 팔 수 없어 운전은, 어느 면에서는 피로한 일입니다.

특히나 서울에서 부산으로 가야 할 때처럼, 장거리를 운전한다면 더욱 힘들어 집니다. 그래서 생겨난 기능이 크루저라는 기능이죠. 핸들은 운전자에게 맡기지만, 가속 페달을 밟고 있어야 하는 발은 편안히 뗄 수 있게 해줍니다. 이것만으로도 충분히 편안함을 느낄 수가 있는데요.

자율 주행 기술은 이를 뛰어 넘어서 자동차의 핸들도 알아서 조절해 주는 것입니다. 그래서 고속도로를 달린다면, 가속 페달뿐만 아니라 핸들도 차선에 맞춰서 방향을 바꿔주고 앞 차량의 속도를 파악하여 비슷하게 달리기도 합니다.

이 정도만 되어도 운전은 상당히 편해집니다. 이런 기술들의 일부는 이미 테슬라와 현대자동차의 '제네시스'에 구현되어 있고 사용자들은 실제로 상당한 피로감을 덜어 준다고 합니다.

▲ 세계적인 전기 자동차 기업인 테슬라 사가 선보인 자동주행기술 (사진 출처: 테슬라사)

스마트 카의 시작, 전기 자동차

무인 자동차를 개인이 소유하게 된다면 전자 장치 정도로 생각할 수 있습니다. 이는 전기 자동차일 경우에 해당하는 이야기인데요. 전기 자동차는 배터리로 동작하는 것이기 때문에 스마트폰과 같이 충전이 필요합니다. 전기 콘센트에 꽂아서 충전하거나 전용 충전기에 연결하여 충전하기도 하죠. 전기 자동차로 유명한 회사로 '테슬라TESLA'가 있습니다. 중국에도 유명한 전기 자동차 업체가 많이 있지만 디자인 만족도나 운행 가능한 거리 때문에 테슬라 자동차를 좋아하는 사람들이 많습니다.

테슬라에서 생산하는 자동차들은 보통, 완전히 충전되었을 때 400km정도를 운전할 수 있다고 합니다. 그만큼 운전하기 위해서는 배터리에 많은 전기 용량이 저장되어 있어야 할 것입니다. 스마트폰을 오래 쓰려면 배터리 용량이 커야 하는 것처럼 말이죠.

그 용량을 스마트폰과 비교하자면, 아이폰 6는 배터리 용량이 **7Wh**[04]정도 된다고 합니다. 그리고 테슬라의 '모델S'는 65,000Wh 정도 된다고 하죠. 그러면 테슬라 '모델S'의 배터리 파워는 아이폰 6를 9,200개 정도로 연결한 것과 같다고 볼 수 있네요.

이렇게 많은 전기를 배터리에 저장하려면 그만큼 많은 전기를 사용해서 충전해야 할 것입니다. 누진세를 적용해 전기 사용료가 어마어마하게 나올 것 같은 예상과 달리, 전기 자동차용 요금제가 따로 있다는 것과 시간대별로 전기요금을 다르게 적용할 수 있는 방법이 있습니다.

현재 우리나라의 주택용 전기요금은 정해져 있습니다. 사용하는 양에 따라 정해진 요금과 누진세가 있는데요. 그 외에도 **전기요금 체계**[05]를 가지고 있는데 전기 자동차용 요금제가 있습니다.

잠깐 살펴보면, 사람들이 많이 사용하지 않는 새벽 시간(저녁 11시~아침 9시)이 전기요금이 저렴합니다.

[표 3] 전기요금 시간대 구분

시간대별	여름철 (6.1~8.31)	봄·가을철 (3.1~5.31) (9.1~10.31)	겨울철 (11.1~익년 2.28)
경부하시간대	23:00~09:00	23:00~09:00	23:00~09:00
중간부하시간대	09:00~10:00 12:00~13:00 17:00~23:00	09:00~10:00 12:00~13:00 17:00~23:00	09:00~10:00 12:00~17:00 20:00~22:00

---

04 7Wh: 1시간 동안 7와트라는 힘을 사용할 수 있다는 의미입니다.

05 https://goo.gl/Nc9nnW

시간대별	여름철 (6.1~8.31)	봄 · 가을철 (3.1~5.31) (9.1~10.31)	겨울철 (11.1~익년 2.28)
최대부하시간대	10:00~12:00 13:00~17:00	10:00~12:00 13:00~17:00	10:00~12:00 17:00~20:00 22:00~23:00

표에서 보면 '경부하시간대'라고 부르는 시간대입니다. 이 시간에 전기요금을 사용하면 [표 4]와 같은 요금체계를 적용받을 수 있습니다.

[표 4] 전기 자동차용 요금체계

구분		기본요금 (원/kW)	전력량 요금(원/kWh)			
			시간대	여름철	봄 · 가을철	겨울철
자가소비	저압	2,390	경부하	57.6	58.7	80.7
			중간부하	145.3	70.5	128.2
			최대부하	232.5	75.4	190.8
	고압	2,580	경부하	52.5	53.5	69.9
			중간부하	110.7	64.3	101.0
			최대부하	163.7	68.2	138.8

그러니 전기요금을 시간대별로 적용할 수 있는 계량기를 주택에 설치한다면, 시간대별로 다른 요금체계로 인해 적은 요금을 낼 수 있습니다. 이렇게 전기 자동차용 계량기를 설치하면, 다른 서비스가 한 가지 더 생길 수 있는데요. 전기 자동차를 가정용 배터리로 사용할 수 있다는 것입니다.

우리는 스마트폰을 쓰면서 배터리 용량이 모자라는 경우가 가끔 있습니다. 그래서 보조 배터리를 가지고 다니며 스마트폰과 연결하여 배터리를 보충합니다. 이 보조 배터리도 충전을 해서 사용하는 것이며 그만큼 전기 요금을 내야만 합니다.

그런데 전기 자동차용 요금 체계로 보조 배터리를 새벽에만 충전한 뒤, 핸드폰 충전은 이 보조 배터리로만 충전하게 된다면 전기 요금을 더 싸게 이용[06]할 수 있지 않을까요? 이러한 개념과 마찬가지로, 전기 자동차도 많은 용량의 배터리를 가지고 있으므로 새벽에 저렴한 가격으로 배터리를 저장해 두었다가 필요할 때 사용하는 것입니다.

게다가 가정에서 사용하는 많은 전기를 전기 자동차에서 얻어 올 수 있다면 어떨까요? 새벽에 저렴한 가격으로 보조 배터리에 충전한 뒤, 스마트폰에서 다시 사용하여 전기요금을 아끼는 것과 마찬가지로 가정용 전기를 전기 자동차에서 얻어 오는 것입니다.

그러면 충전은 새벽에만 하는 것이므로 가장 저렴한 전기 요금을 낼 것이고 그에 따라 가정용 전기 또한 저렴한 비용으로 이용할 수 있을 것입니다. 그래서 연구하고 있는 기술들이 '스마트그리드'와 'V2G Vehicle To Grid'라는 기술들입니다.

---

06 전기 자동차용 요금체제로 가정한 경우입니다.

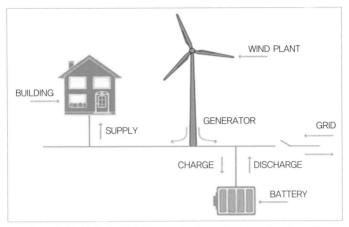

BUILDING

SUPPLY

WIND PLANT

GENERATOR

GRID

CHARGE   DISCHARGE

BATTERY

▲ 스마트그리드를 기술을 이용하면 건물은 풍력을 이용하여 에너지를 생산하고 한국전력에 에너지를 팔거나 생산할 수 있습니다. (이미지 출처: https://goo.gl/lCrs1l)

스마트그리드Smart Grid는 기존의 전력망에 IT를 접목하여 전력 공급자와 소비자가 양방향으로 실시간 정보를 교환하여 보다 효율적으로 전기 공급을 관리할 수 있게 하는 서비스입니다.

한국전력에서 공급해주는 전기를 좀 더 스마트Smart하게 만들어 가정으로 전기를 주기만 하는 것이 아니라 반대의 경우도 가능하게 하는 것인데요.

예를 들어, 각 가정에서 태양광으로 전기를 생산할 수 있다면 굳이 한국전력에서 전기를 받아오지 않아도 될 것입니다. 그런데 가정에서 전기를 만들다 보면 집에서 쓰고도 남는 경우가 발생할 수 있겠죠?

이렇게 남은 전기를 다시 한국전력에 되팔고 필요할 때는 한국전력에서 전기를 구입하여 사용하는 기술이 스마트그리드의 한 부분이라고 할 수 있습니다.

그와 관련해서 V2G는 자동차도 스마트그리드에 연결된다는 개념입니다. V2G Vehicle To Grid는 전기차와 충전 및 방전 시스템에 탑재된 통신 기능으로 전력을 양방향으로 전송하는 기술입니다. 자동차Vehicle가 전력계통Grid에 연결된다는 뜻입니다.

앞서 말씀 드렸듯이, 전기요금이 저렴한 시간대에 전기를 자동차에 저장해 두거나 태양광으로 전기를 생산하여 전기 자동차에 저장해 둘 수 있습니다. 이렇게 저장된 전기를 한국전력에 다시 판매한다는 계획이 V2G 관련 기술입니다.

스마트 카로 시작했지만 전기 자동차에 관한 이야기로 많이 들어간 듯 하네요. 스마트 카와 전기 자동차가 무슨 관련이 있나 생각할 수도 있지만, 최종적으로 **무인 자동차**[07]가 되기 위해 전기 자동차 시대가 되어야 하기 때문에 다루어 보았습니다.

사유가 필요한 스마트 카의 미래

자율 주행 자동차는 여러 방면에서 우리에게 도움을 줄 것이라 말합니다. 그렇지만 모든 일이 그렇듯이 장점만 있는 것은 아니겠죠?

스마트 카 시대를 맞이하면서 발생될 것으로 생각하는 문제로 '윤리적인 문제', '사고에 대한 책임', '가격', '운전을 직업으로 하는 사람들'에 대한 것들이 대표적입니다. 이러한 문제들 중에서도 가장 많이 이야기되는 것은 윤리적인 문제입니다. 인공지능에 관한 이야기를 할 때도 윤리적인 문제가 있다고 했습니다.

---

07 무인 자동차: 자율 주행 자동차와 무인 자동차의 가장 큰 차이점은 '운전자'가 탑승했는지의 여부입니다. 운전자가 탑승한 것은 자율 주행 자동차, 그렇지 않은 자동차는 무인 자동차입니다.

윤리적인 문제는 기계가 하기가 힘든 '인간으로서의 도리'라고 할 수 있습니다. 일반 자동차 사고는 운전자 자신의 실수로 생기는 경우가 많은 것은 사실이지만, 본인의 의지와는 상관없이 다른 운전자에 의해 사고가 발생하기도 합니다. 알 수 없는 상황에 의해 급정거를 하는 경우도 있을 수 있습니다. 또는 도로에 떨어진 물건을 피하기 위해 급히 핸들의 방향을 바꾸는 경우도 있겠죠.

만약에 스마트 카 앞에서 달리고 있는 화물트럭이 있다고 할 때, 화물칸에 실려있던 짐들이 도로 위로 떨어지는 경우가 생긴다면 어떻게 해야 할까요? 그런 경우 급작스레 방향을 바꿔야 사고를 피할 수 있을 것입니다. 이때, 운전자가 피하려는 쪽에 다른 차량이 있다면 어떻게 해야 할까요? 게다가 그 차량이 자동차가 아니라 오토바이라면 어떨까요?

▲ 왼쪽은 낭떠러지 오른쪽은 오토바이 운전자일 때 운전자는 어디로 피해야 할까요?

오토바이는 운전자가 외부에 노출된 채로 달리는 차량이어서 작은 충격에도 목숨을 잃을 수 있을 정도로 큰 사고가 될 수 있습니다. 그렇다고 화물트럭에서 떨어지는 짐 때문에 자동차에 타고 있는 운전자가 다칠 수도 있습니다. 마찬가지로 큰 사고가 되어 사망 사고가 될 수도 있죠.

이런 경우에 운전자가 사람인 경우 인간 대 인간으로 책임을 지는 반면에 자동차에게 운전을 맡겼을 경우, 어떤 선택을 하느냐에 따라 한 인간의 삶이 자동차에게 맡겨지기 때문입니다.

물론, 인간이 운전을 하더라도 마찬가지의 문제는 생기죠. 판단이 힘들기도 하구요. 인간이 결정하는 것이 아니라 기계인 자동차가 결정하는 것이므로 윤리적인 문제라고 말하는 것입니다.

스마트 카는 지금까지 이용하던 자동차와는 다르게 이동할 때만 사용되는 기계가 아니라, 우리 생활의 일부분이 될 수 있습니다. 또한 '스마트Smart'라는 단어가 어울리게 많은 기능들을 가지고 있기도 하죠.

스마트 카의 기능들 중 이슈가 되고 있는 자율 주행과 무인화 기술에 대해서 알아보려고 하는데요. 현재 많은 기업들이 집중 연구하고 있는 분야이기 때문에 많은 도움이 될 것이라 생각합니다.

자동차의 구조부터 알아야

마력과 엔진

스마트 카는 현재의 자동차들과 다른 모습의 것이라 기대하지만 스마트한 기능들이 추가된 것일 뿐 달리는 기계라는 점에서는 달라진 것이 없습니다. 그래서 스마트 카의 기능들에 대해서 이야기 하기 전에 현재의 자동차에 관해서 살펴볼 필요가 있습니다.

자동차는 이동을 편하게 돕기 위해 태어난 기계입니다. 지금의 자동차 모습 이전에는 마차가 있었고요. 마차에 달려있는 바퀴를 이용해 쉽게 땅 위를 굴러갈 수 있으며 말들을 이용해 원하는 방향으로 나아갈 수 있습니다.

이렇게 시작된 마차는 기계로 대체되기 시작하였는데요. 마차는 바퀴를 굴리는 목적으로 말을 이용한 것이기 때문에, 엔진도 바퀴를 굴리는 목적으로 만들어 바퀴를 굴리기 시작하였습니다. 시간이 지나면서 엔진은 작게 만들어 졌고 현재와 같이 가솔린이나 디젤을 원료로 힘을 내는 형태가 되었죠.

마차에서 시작된 이동 수단이 지금의 자동차가 되었기 때문에 자동차의 힘을 나타내는 단위로 **마력**[08]Horse power, 馬力을 사용하는데요. 한 마리의 말이 일을 할 수 있는 능력이 아니라 75kg의 물체를 1초 안에 1미터를 들어올리는 힘을 뜻합니다. 보통의 말을 4마력 정도의 힘[09]을 가졌다고 하는데요.

엔진이 4마력짜리라면 한 마리의 말과 같은 힘을 가졌다고 볼 수 있습니다. 요즘의 차들은 120마력을 가뿐히 넘고 있죠. 그래서 실제의 말이 그만큼 힘을 낸다고 생각하면 자동차가 얼마나 힘이 좋은지를 알 수 있습니다.

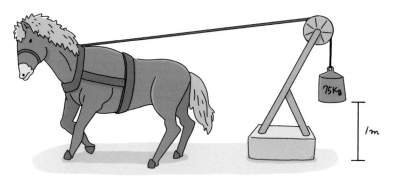

▲ 마력은 말이 75kg의 물체를 지렛대를 이용하여 1m 들어 올리는 힘입니다.

08 https://en.wikipedia.org/wiki/Horsepower
09 두산백과: https://goo.gl/C7wSRY

장치로 살펴보는 자동차 내부의 동력 구조

일반적인 자동차는 4개의 바퀴를 가지고 있습니다. 몇 개의 바퀴가 엔진과 연결되어 있느냐에 따라 2륜 구동, 4륜 구동으로 나뉩니다. 가령 2륜은 엔진의 힘을 받는 바퀴가 2개 , 4륜은 엔진으로 움직여야 하는 바퀴가 4개입니다. 2륜 구동도 앞쪽이냐(전륜) 뒤쪽이냐(후륜)로 나뉘죠[10].

앞 장에서 로봇에 관한 이야기를 할 때, 모터에 관해 설명했습니다. 모터는 전기 에너지를 회전시키는 에너지로 바꾼다고 했죠. 자동차에 사용되는 엔진도 모터와 마찬가지로 회전하는 힘을 가지고 있습니다.

대신, 전기를 사용하지 않고 가솔린이나 디젤을 사용하는 자동차가 많았고 현재는 전기를 사용하는 전기 자동차도 있는 것입니다.

보통의 자동차에는 엔진을 하나만 가지고 있습니다. 그런데 자동차는 4개의 바퀴를 가지고 있으므로 이 힘을 분산시키고 전달해 줘야 할 것입니다. 그래야 한쪽으로 치우치지 않고 앞으로 나갈 수 있는데요. 그러기 위해서 자동차는 트랜스미션과 클러치 그리고 드라이브 샤프트라는 부속 장치를 사용합니다.

---

10 전륜 구동, 후륜 구동: 자동차의 경우 바퀴가 4개입니다. 그 중에서 엔진동력을 앞쪽 2개의 바퀴에 전달해 달리면 전륜 구동, 뒤쪽 2개의 바퀴에 전달해 달리면 후륜 구동이라고 부릅니다.

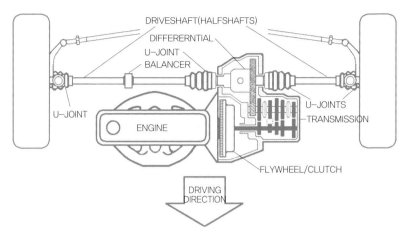

DRIVESHAFT(HALFSHAFTS)
DIFFERERNTIAL
U–JOINT
BALANCER
U–JOINT
ENGINE
U–JOINTS
TRANSMISSION
FLYWHEEL/CLUTCH
DRIVING DIRECTION

▲ 자동차의 동력 구조. 바퀴가 양쪽에 있고 중간에 엔진이 있으며 트랜스미션 속에 클러치가 있습니다. 바퀴에서 트랜스미션까지는 드라이브샤프트가 있습니다.[11]

　　트랜스미션은 엔진의 힘을 바퀴로 전달할 때 사용되는 장치입니다. 로봇 이야기를 할 때 다루었던 기어와 관련된 장치이기도 하는데요. 엔진의 회전속도와 힘은 정해져 있습니다. 단지, 빨리 회전하는가, 느리게 회전하는가의 차이인데요.

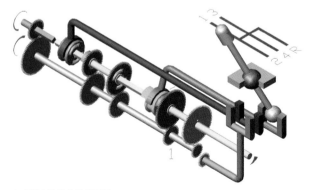

▲ 트랜스미션 속의 기어들

11 https://goo.gl/GIMlnQ

이 엔진의 힘을 바퀴로 전달할 때 빠른 회전을 할 것이냐 내지는 속도는 느리지만 큰 힘을 낼 것이냐가 기어에 의해 결정됩니다. 로봇에 관한 이야기를 할 때 힘의 전달과 같은 것입니다. 이 기어들이 들어 있고 바꾸는 역할을 하는 장치가 '트랜스미션'입니다.

'클러치'는 트랜스미션과 엔진을 이어주거나 잠시 분리시키는 역할을 합니다. 자동차가 달리고 있는 동안에는 엔진의 힘이 바퀴로 전달되는 중입니다. 바퀴가 달리는 중이라는 말은 엔진과 기어 그리고 바퀴가 연결되어 있다는 것인데요.

이때, 트랜스미션 속에 있는 기어들을 바꾸기 위해서는 엔진과 잠깐 분리해줘야 합니다. 그럴 때 사용되는 것이 클러치입니다. 그래서 **클러치 페달**[12]을 밟고 있으면 엔진과 트랜스미션이 분리되기 때문에 공회전을 합니다.

그런데 클러치 페달을 밟는 일은 수동기어를 사용하는 자동차에만 해당됩니다. 요즘 생산되는 대부분의 자동차들은 자동기어를 사용합니다. 그래서 클러치를 밟지 않아도 기어를 바꿔줄 수 있기 때문에 클러치 페달 없이 출시되는 자동차가 많습니다.

드라이브 샤프트는 트랜스미션에서 전달되는 회전 에너지를 바퀴까지 전달하는 다리 역할을 합니다. 그런데 이 드라이브 샤프트는 힘을 전달하는 역할과 동시에 자동차를 받치는 일을 하기 때문에 튼튼해야 합니다. 자동차 자체가 엄청 무거운 쇳덩어리기 때문입니다.

---

12 현대의 자동차들은 대부분 자동 기어를 사용하기 때문에 클러치 페달이 없습니다.

▲ 드라이브 샤프트는 바퀴와 차량 본체를 이어줍니다.

자동차가 무거운 기계이고 이를 드라이브 샤프트만으로는 지탱하기 어려울 수 있습니다. 그래서 드라이브 샤프트가 힘을 덜 받도록 하는 장치도 있죠. 이 장치가 완충 역할을 하는 서스펜션입니다.

트랜스미션과 클러치 그리고 드라이브 샤프트는 자동차가 달리기 위한 동력에 관한 장치들입니다. 이들이 서로 연결되고 힘을 전달하여 자동차를 달리게 하는 것이기 때문에 중요한 장치들입니다.

핸들링 동력 구조

이젠 운전자와 관련된 부분을 살펴볼 차례입니다.

운전자와 자동차는 항상 핸들Steering Wheel로 연결되어 있습니다. 핸들을 왼쪽으로 돌리면 바퀴도 그에 맞게 왼쪽으로 회전하는 것이며 자동차도 왼쪽으로 돌아가게 되죠.

핸들은 자동차의 방향을 바꾸는데 사용되는 장치인데 초창기 자동차는 그 방향을 바꾸기 위해서 큰 힘이 필요했습니다. 여성 운전자가 돌리기 힘들 정도로 말이죠.

그런데 요즘의 자동차들은 한 손으로도 돌릴 수 있고 손가락으로도 돌릴 수 있습니다. 이렇게 핸들이 부드럽게 움직이게 된 이유는 핸들을 돌리는데 필요한 힘을 모터나 특수오일이 도와 주기 때문인데요.

왼쪽으로 핸들을 틀었을 때, 운전자의 보조에 맞춰 가면서 모터를 왼쪽으로 돌려주면 운전자는 적은 힘으로도 바퀴의 방향을 바꿀 수 있습니다. 즉, 자동차의 핸들을 담당하는 시스템이 운전자가 방향을 바꾸는 것을 확인하고 도와주는 것입니다.

로봇에 관한 이야기를 할 때도 살펴봤지만, 모터를 돌리기 위해서는 전기 에너지를 사용하는 전자 장치가 필요합니다. 그래서 운전자의 핸들링을 도와주는 시스템을 Electric Power Assisted Steering(EPS 또는 EPAS)라고 부릅니다. '전자 장치Electric를 이용하여 핸들링Power Steering을 도와준다Assist'는 뜻이죠.

또 한 가지 알고 있어야 할 사항은, 모터를 제어하기 위해 제어 보드가 사용된다는 것입니다. 제어 보드에 있는 마이크로프로세서가 운전자의 의도를 파악(방향을 바꾸려는 것)하여 그에 맞게 방향과 힘에 맞춰 모터를 돌리는 것입니다.

그렇다면 이 마이크로프로세서가 운전자가 없는데도 운전자가 핸들을 돌리고 있다고 착각하면 어떻게 될까요? 착각에 의한 것이지만 핸들을 돌리게 될 것입니다. 바로 이런 부분 때문에 자동차가 스스로 운전할 수 있는 것인데요. 이 부분은 다루어야 할 부분이 많으므로 이후에 다시 말씀드리도록 하겠습니다.

비슷한 내용으로 한 가지를 더 하자면, 자동차 가속도 마찬가지입니다. 자동차가 앞으로 달리기 위해서는 가속 페달을 밟아야 합니다. 가속 페달을 밟으면 엔진은 더 큰 힘을 내게 되고 그 힘으로 달리게 되는 것입니다.

요즘의 자동차들은 이 가속 페달도 전자 장치에 의해 제어되고 있습니다. 그렇기 때문에 가능한 기능이 **크루즈**[13]기능인데요. 고속도로와 같이 일정한 속도로 계속 달려야 하는 도로에서는 페달을 계속 밟고 있어야 합니다. 그럴 때, 필요한 기능이 크루즈Cruise 기능입니다. 그래서 요즘 만들어지는 자동차들의 중요한 기능 중 하나가 되었습니다.

핸들 제어와 가속 페달 제어의 기능이 합쳐지게 되면서 요즘에는 자동 주차를 도와주는 기능도 추가되고 있습니다. 자동차의 방향을 바꿀 수 있고 가속 페달과 자동차의 변속을 제어할 수 있다면 스스로 움직이지 못할 이유가 없는 것입니다.

거기에다가 자동차 주변에 장착된 센서를 통해서 앞과 뒤 상황을 인지할 수 있게 되면서 주차까지 가능하게 된 것이죠.

이렇게 '스마트Smart'한 기능들이 하나씩 추가 되면서 자율 주행 자동차가 되고 무인 자동차가 되는 것입니다. 자동차가 스스로 운전자의 눈과 같은 기능을 할 수 있고 방향을 틀 수 있으며 변속과 가속페달을 할 수 있다면 그게 바로 자율 주행 자동차죠.

마지막으로 가장 중요한 ECUElectronic Control Unit에 관해서 알아보고 마무리하겠습니다.

---

13 크루즈: 가속 페달을 밟지 않아도 일정한 속도를 유지하게 도와주는 기능

ECU는 앞서도 잠시 나왔던 마이크로프로세서에 관한 것입니다. 각 장치들은 마이크로프로세서를 가지고 있다고 하였습니다.

예를 들어, 핸들의 회전을 감시하는 마이크로프로세서, 가속과 감속을 위한 마이크로프로세서 그리고 트랜스미션을 담당하는 마이크로프로세서 등 많은 마이크로프로세서들이 자동차 내부에 들어 있습니다.

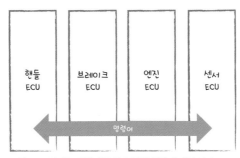

▲ 각 ECU 간에는 명령어를 서로 전달 받을 수 있습니다.

이러한 장치들의 제어를 위해 들어 있는 마이크로프로세서는 전자 회로를 구성하고 있는데요.

이 전자회로 묶음을 ECUElectronic Control Unit, 전자 제어 장치 즉, 전자 제어 장치라고 부릅니다. 이들은 각자 담당하는 부분만을 제어하고 있으며 그보다 상위에 있는 장치의 명령에 따라 제어되기도 합니다.

이렇게 다른 장치에 의해 제어가 되면 자동차의 주행 방향을 바꿀 수도 있고 가속 페달을 밟는 것과 같은 일을 할 수도 있는데요. 이러한 자동 기능을 이해하기 위해 자동차 구조를 알아봤습니다.

자동차에 조금 더 스마트한 기능들이 추가되더라도 지금의 구조에서 크게 벗어나지는 않는다고 말씀 드렸습니다. 자동차는 가속 페달을 밟으면 달려야 하는 것이고 브레이크를 밟으면 잘 서야 하기 때문입니다.

스마트 카가 움직이는 원리

자동차 동작 제어의 핵심, ECU

자동차 구조는 앞선 절에서 다루었던 것처럼 많은 장치가 있으며 이들을 각 전자 제어 장치인 ECU가 제어한다고 하였습니다. 그리고 총괄적으로 지시하고 제어하는 ECU도 있다고 했는데요. 이번 절에서는 ECU끼리 연결될 수 있는 방법과 어떻게 스마트 카가 움직일 수 있는가 관한 기초적인 이야기를 해볼까 합니다.

먼저, 자동차의 각 주요 기능들과 ECU 그리고 운전자의 행동에 관해 표로 만들어 봤습니다.

[표 5] 운전자의 행동과 ECU의 판단

기능	운전자 행동	ECU 제어
핸들	핸들을 왼쪽으로 방향을 바꾸고 있다	바퀴를 왼쪽 방향으로 돌려라
페달	가속하고 있다/감속하고 있다	엔진의 회전 속도를 높여라/낮춰라
라이트	자동모드	어둡다 → 라이트를 켜라

메인 ECU는 각 기능들에 대한 상태를 항상 보고를 받고 있습니다. 운전자가 핸들을 어떻게 조작하는지, 페달을 어떻게 밟고 있는지 그리고 밖은 어두운지 밝은지 등을 계속 체크하고 있습니다. 그리고 메인 ECU가 최종적으로 판단하여 다른 장치들을 작동시켜 라이트를 켜거나 바퀴의 방향을 바꾸죠.

여기서 중요한 한 가지가 있는데요. 운전자들을 돕기 위해 장착된 스마트 기능들 즉, 자동 주차 기능, 긴급 브레이크 기능은 모두 ECU에 의해 제어된다는 것입니다.

BMW 시리즈 중에는 능동형 브레이크 어시스트 즉, ABA_{Adaptive Brake Assistant}라는 기능이 있습니다. 운전자의 부주의나 긴급상황으로 인해 사고 발생이 예상되면 긴급하게 브레이크가 작동되는 것인데요. ABA가 작동하는 상황은 ECU가 결정하게 됩니다. 그러기 위해서 다음 절에서 말씀드릴 레이저 센서와 같은 센서들을 이용하고 있죠. 만약에 메인 ECU가 센서들의 정보를 확인하면서 위험을 감지하게 되면 운전자에게 알림을 주거나 운전자가 브레이크 페달을 밟지 않아도 브레이크 ECU에 명령을 전달하여 브레이크를 작동시키는 것입니다. 즉, 모든 장치에서 정보를 습득하고 그에 맞는 결론을 내리는 ECU가 또 있는 것이라 할 수 있습니다.

이것을 반대로 해석하면, 우리가 각 ECU에 명령을 보낼 수 있을 때, 자동차는 스스로 브레이크(자동 긴급 제동 기능)를 작동시킬 수 있을 것 같습니다. 나아가서 핸들(자동 주차 기능)의 방향을 바꿀 수도 있으며 가속 페달(크루즈 기능)을 작동할 수도 있지 않을까요? 맞습니다.

스스로 운전하고 가속할 수 있는 스마트 카가 되려면, ECU를 제어하거나 직접 메인 ECU가 되면 되는 것입니다. 조금 더 이야기해 보겠습니다.

ECU의 CAN 통신

브레이크나 가속 페달 및 핸들 등은 메인 ECU에 보고하고 지시를 받는다고 했습니다.

예를 들어, '운전자가 핸들을 왼쪽으로 돌리고 있다', '운전자가 브레이크를 밟는다'와 같은 메시지를 누군가가 메인 ECU에 보내야 하죠. 그리고 앞 차와의 거리가 너무 가까워지고 있어도 마찬가지로 누군가가 메인 ECU쪽으로 메시지를 보내야 합니다.

그래서 자동차 내부에는 메인 ECU와 각 장치들이 메시지를 주고 받기 위해 통신 라인으로 연결되어 있는데요. 이 통신 라인은 **CAN 통신**[14] 방식이라고 부르는 규약을 따르고 있습니다.

CAN 통신을 간단히 설명하면, 많은 산업 현장에서 사용되고 있는 통신 규약 중 한 가지입니다. 특히, 자동차 산업에서는 거의 필수라 하겠습니다. 왜냐하면, 자동차에는 엔진이나 모터와 같은 장치들이 사용되는데 이들이 일반적인 통신 방식을 사용하면 많은 문제를 일으킵니다.

예를 들어, 모터는 전기적으로 많은 노이즈를 발생시키는 장치 중에 하나입니다. 이 노이즈는 통신에 영향을 주기도 하는데요. 일

---

14 CAN(Controller Area Network) 통신: 여러 가지 ECU들을 병렬로 연결하여 각각의 ECU들과 서로 정보 교환이 원활히 이루어져 우선순위대로 처리하는 방식을 말합니다.

반적인 통신 방식은 노이즈에 취약하기 때문에 통신에 방해를 받게 되는 것입니다. 그러다 보면, 각 ECU 간에 정보를 주고 받지 못하는 경우도 발생하는 것이죠.

일반적인 통신 방식은 대부분이 1:1을 위한 통신입니다. 그런데 자동차에는 많은 ECU들이 서로 정보를 주고 받아야 하기 때문에 복잡한 통신 라인 구조를 가지게 되겠죠. 그래서 통신 라인을 공유하여 사용하는 CAN 통신 방식으로 그 구조를 간략화하려는 것입니다.

그래서 CAN 통신의 특징이라고 하면, 노이즈에 강하고 두 가닥의 선으로 통신이 가능하고 다른 장치들과 이 통신 라인을 공유할 수 있다는 것입니다. 보통은 이렇게 공유해서 사용하는 통신 라인을 '버스BUS'라고 부릅니다.

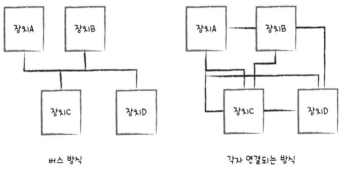

버스 방식   각자 연결되는 방식

▲ 버스 방식과 개별 방식: 버스 방식은 각 장치가 공용의 선을 사용합니다. 개별 방식은 각 장치들의 개별의 선으로 연결되어야 합니다.

CAN 통신에서 사용하는 버스 방식은 여러 ECU들과 센서들이 선을 공유하고 있습니다. 그리고 통신 라인은 2가닥이라고 설명했는데요.

버스 방식의 특징은 언제든지 장치가 추가될 수 있다는 것입니다. 그래서 CAN 통신은 센서나 다른 장치들이 추가로 연결될 수 있습니다. 그림으로 나타내면 아래와 같이 연결되어 있습니다.

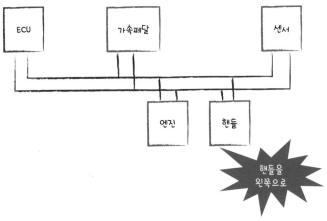

▲ 버스 방식에서의 연결도. 각 장치들은 2가닥의 라인을 사용하여 통신 합니다.

이렇게 연결되면 가장 큰 장점이 한 가지 있는데, 바로, 공간을 절약할 수 있고 설치가 쉽다는 것입니다. 만약에 CAN 통신이 버스 방식을 사용하지 않는다면, 각 장치들이 ECU와 메시지를 주고 받기 위해 개별적으로 통신 라인을 사용해야 할 것입니다. 핸들, 가속 페달, 브레이크 페달, 엔진, 대시보드, 센서들 이렇게 많은 장치들이 ECU와 개별적으로 연결되려면 엄청나게 많은 통신 라인이 사용되어야 합니다. 그렇게 되면 그만큼의 공간이 많이 필요하고 유지보수를 하기도 어렵게 됩니다.

그렇다면 CAN 통신을 사용하는 장치들은 어떻게 서로 통신을 할 수 있을까요? CAN 통신 방식을 사용하여 데이터를 주고 받는 방법을 스타벅스에서 주문하는 과정에 비유해 보겠습니다.

스타벅스에서 10명의 손님이 주문을 한 상태라고 가정합니다. 각 손님들은 주문을 한 순서대로 음료가 나오기만을 기다리고 있습니다. 기다리다 보면, 매장직원이 "000 고객님" 내지는 "000번 고객님", "음료 나왔습니다"라고 큰 소리로 부릅니다. 그러면 손님들은 주문 시에 받은 영수증의 번호와 매장직원이 부르는 번호를 확인하고 자신의 주문이 맞다면 준비된 음료를 가져가게 되죠.

만약에 매장직원이 부르는 번호가 자기의 번호가 아니라면 그냥 계속 기다리면 됩니다.

▲ 버스 방식은 모든 사람이 들을 수 있습니다: 스타벅스 점원이 모든 손님이 듣도록 "000 고객님~!!"하고 외치는 것과 같습니다.

버스 방식을 사용하는 CAN 통신도 이와 비슷하게 모든 장치가 하나의 통신 라인을 사용하기 때문에 다른 장치와 주고 받는 메시지도 들을 수 있습니다. 그런데 자기의 것이 아니라면 그냥 무시하면 됩니다.

이렇게 메시지가 자기의 것인지 다른 장치를 위한 것인지 구분하기 위해서는 어떤 방법이 있어야 할 것입니다. 그래서 CAN 통신에서 사용하는 메시지에는 ID라고 부르는 번호를 포함하고 있습니다. 이 번호를 장치들 간에 미리 약속해 두었다가 사용하는 것입니다.

예를 들어, '1번은 ECU에서 핸들의 데이터를 요구하는 것이다', '2번은 핸들의 데이터를 ECU로 보내는 것이다'등과 같습니다.

이 메시지의 형태를 단순화하면 아래의 그림과 같이 생겼다고 할 수 있습니다.

통신 시작	데이터 번호(ID)	데이터	데이터 검증	통신 마지막

- **통신 시작**: 공통적으로 사용되는 것인데 '이제부터 메시지 시작이다'라고 알리는 것
- **데이터 번호(ID)**: 각 메시지가 누구로부터 발생되었으며 어떤 데이터인지를 구분하기 위한 번호
- **데이터**: 각 ID별로 사용될 데이터. 센서의 값이나 자동차 속도 등의 데이터
- **데이터 검증**: 데이터에 있는 내용이 통신 중에 사고로 인해 잘못된 데이터가 되는 것을 방지하기 위해 사용된다
- **통신 마지막**: '여기까지가 메시지였다'임을 뜻하고 공통적으로 사용되는 것

▲ CAN 통신 메시지의 단순화된 형태

자동차 정비소에는 특수한 장비를[15] 자동차에 연결해서 무엇이 문제가 있는지 분석할 수 있습니다. 자동차의 주행거리가 얼마나 되는지, 이상은 없는지 정보를 받아와서 고장 진단을 하고 있습니

---

15 OBD(On-Board Diagnostics)라고 부릅니다.

다. 이 장비는 자동차와 연결해서 사용해야 하는데요. 이때, 연결되는 곳[16]이 바로 CAN 통신 라인입니다. 장비가 하는 일은 CAN 통신 라인에 연결되어 흘러 다니는 메시지를 감시하거나 ECU로부터 정보를 요청하는 것이죠.

그렇다면 우리도 그 장비와 같이 CAN 통신 라인에 연결할 수 있다면 ECU로부터 정보를 얻어와서 자동차의 상태를 파악할 수 있지 않을까요? 뿐만 아니라 다른 장치들도 같은 CAN 통신 라인에 연결되어 있으므로 ECU를 대신해서 메시지를 보낼 수도 있을 것입니다. 그렇게 되면 임의로 핸들의 방향을 바꾸거나 가속 및 감속 페달을 작동시킬 수도 있죠. 이렇듯 CAN 통신 라인에 연결된 각 장치들은 메시지에 따라서 행동하고 보고하기 때문에 이를 잘 이용한다면 자동차를 내 마음대로 움직일 수 있습니다. 즉, 자율 주행 자동차가 될 수 있습니다.

자동차 제어에 필요한 메시지 ID를 알지는 못하지만 어떠한 원리로 움직일 수 있는지 조금 이해가 되셨을 것이라 생각하는데요.

정리하면, 자동차는 CAN 통신이라고 불리는 방식을 따르고 있으며 센서나 장치들과 서로 연결되어 있어서 명령을 주고 받을 수 있다고 했습니다. 그리고 각 장치들을 통제하는 메인 ECU가 있다고도 했고요. 그래서 자동차를 내 마음대로 움직이고 싶다면 메인 ECU가 되거나 각 장치들을 CAN 통신을 이용하여 직접 제어해야 합니다.

---

16 자동차마다 OBD를 연결할 수 있는 커넥터가 있습니다.

자율 주행 자동차나 무인 자동차가 되기 위해서는 지금까지의 자동차에는 없었던 장치들이 추가로 필요합니다. 그러한 장치들에 관해서 다음 절에서 자세히 알아보려고 합니다.

제가 직접 자율 주행 자동차를 만들어 볼 수 있을까요?

결론부터 말하면 이렇게 자동차를 만드는 것은 누구나 할 수 있는 것은 아닙니다.

첫 번째로, 위험합니다. 자동차는 이동을 위해서는 좋은 수단이지만 사고가 발생할 때는 큰 인명사고를 내기도 합니다. 그렇기 때문에 국가에서 강력한 법을 만들어 규제하고 있으며 관리되는 것입니다. 사고가 발생하면 자신만 다치는 것이 아니라 다른 운전자나 보행자도 다치게 하죠. 게다가 도로의 막힘을 만들어 내고 환경적인 문제도 있으며 그로 인한 문제들을 만들어 냅니다. 그렇기 때문에 일반인은 자동차를 개조해서는 안 됩니다.

두 번째로, 앞서 설명한 내용 중에 장치들 간에 주고 받는 메시지는 ID를 사용한다고 하였습니다. 이 메시지 ID에 따라서 어떤 데이터가 포함되어 있는지 구분된다고 하였는데요. 그렇기 때문에 메시지를 분석하고 자동차의 핸들을 움직이고 싶다면 이 메시지 ID의 종류를 알아야 합니다. 그래야만 어떤 메시지 ID는 핸들의 방향을 뜻하는 것이고 어떤 메시지 ID는 센서의 정보를 뜻하는 것인지 알 수 있기 때문입니다. 그런데 이 메시지 ID는 자동차를 만드는 회사가 일반인에게 공개하지는 않습니다. 연구 목적이거나 그 자동차를 만든 회사와 계약이 되어 있는 경우에만 메시지 ID에 관한 자료를 받을 수 있습니다. 그렇기 때문에 일반인이 자동차를 분석하여 원하는 대로 조정하는 일은 쉽지 않은 것입니다.

스스로 운전하는 자동차가 되기 위한 장치들

스마트 카에 탑재되는 스마트한 기능들

　요즘 많이 이야기되는 스마트 카의 기능은 자율 주행 자동차와 무인 자동차에 관한 것입니다. 자율 주행 자동차는 스스로 운전하는 기술이고 무인 자동차는 완벽히 운전자를 대신해서 운전하는 자동차로 말씀드릴 수 있는데요. 자동차가 스스로 운전하는 자율 주행 기술은 ADAS 기능의 한 종류에 해당합니다.

　ADAS Advanced Driver Assistance System은 '향상된 운전자 도움 시스템' 이라는 의미로, 운전자를 도와주는 똑똑한 기능들을 말합니다. 현대기아자동차 블로그[17]에 따르면, ADAS에 해당하는 LKAS Lane Keeping Assist System_차선유지지원시스템, AEB Autonomous Emergency Braking System_자동긴급제동시스템, VSM Vehcle Stability Management System_샤시통합제어시스템, BSD Blind Spot Detection_스마트 후측방 경보 시스템, SPAS Smart Parking Assist System_주차조향보조시스템 등

17　https://goo.gl/KM9vnh

스마트한 기능들이 이미 제네시스 차량에 구현되어 있다고 합니다.

주요 기능들 몇 가지를 먼저 알아볼까요?

차선유지지원LKAS 기능은 달리는 도중에 운전자의 부주의로 달리는 차선을 벗어나는 경우에 운전자에게 알려주거나 스스로 방향을 바꾸어 줍니다. 예를 들어, 졸음 운전을 할 경우 달리던 차선을 벗어나는 경우가 생깁니다. 이럴 때 자동으로 차선을 유지해 주는 기능입니다.

자동긴급제동시스템AEB, 통합제어시스템도 모두, 기능들이 운전자의 부주의나 실수로 인한 사고를 방지해 주는 것입니다. 일정 속도를 유지하며 달리고 차선을 잘 지켜 나가며 앞 차량과 충돌을 하지 않는다면 이것이 자율적으로 주행하는 것과 같은 뜻 아닐까요?

여기에는 '어느 정도(?)'라는 애매한 부분이 있습니다. 얼만큼 똑똑하게 자동차가 운전해야 자율 주행 자동차라고 부를 수 있는지 말입니다. 그래서 SAE International에서 자율적인 운전에 대해 구분을 위한 정의를 내렸습니다.

자율 주행의 등급을 가르는 기준

SAE International[18]에 따르면 자율주행기능을 총 6단계[19]로 세분화하고 있습니다.

---

18 SAE(Society of Automotive Engineers): 전문 엔지니어들이 소속되어 있는 국제적인 협회

19 http://www.sae.org/misc/pdfs/automated_driving.pdf

[표 6] 6단계로 정리한 자율 주행차

단계	내용
0 단계	자동화 기능이 없는 자동차
1 단계	운전자에게 도움을 주지만 독립적으로 제어하지는 않는다
2 단계	핸들이나 가속 페달 등을 자동차가 제어할 수 있다
3 단계	자율 운행이 가능하지만 최종 결정은 운전자의 판단이 필요하다
4 단계	완전 자율 운행에 가깝지만 모든 상황에 대해 대처하지는 못하다
5 단계	비포장도로도 달릴 수 있는 완전 자율 주행 자동차

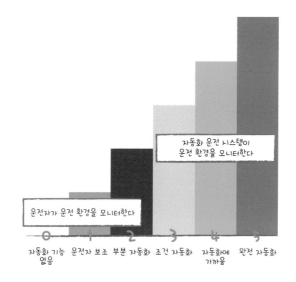

위의 표는 자동화 기능이 없는 예전 자동차부터 시작하여 어느 정도까지 자동 운전에 개입하는지에 따라 6단계로 나눌 수 있다는 내용입니다.

예를 들면, 테슬라의 모델S에 적용된 자율 주행 모드는 2단계로 볼 수 있습니다. 모델S의 경우 운전자는 핸들에 손을 올리기만 하고 속도를 조절할 필요는 없지만, 사고 방지를 위해 전방을 계속 주시하고 있어야 합니다. 모델S는 운전자에게 완전한 자유를 주는 것은 아닙니다. 이것이 2단계입니다. 반면에, 구글 카의 경우 5단계로 볼 수 있습니다. 구글 카는 핸들조차 없습니다. 완벽히 운전자에게 자유를 주기 위한 완성차입니다. 그렇기 때문에 5단계로 보는 것이며 완벽한 무인 자동차입니다. SAE에서 이야기하는 6단계를 따르면, 자율 주행 자동차의 최종 목표는 운전자의 개입 없이 주행하는 것입니다. 모든 안전을 자동차가 스스로 판단하는 것입니다.

이렇게 자동차가 자율 주행 모드나 무인 자동차가 달리게 된다면, 도로의 막힘이나 사고가 줄어들 것이라고 예상하는 학자들이 많이 있습니다. 그 이유를 초보 운전자와 숙련된 운전자와의 차이로 비유할 수 있는데요.

운전면허증을 따고 얼마 되지 않은 운전자는 차량 조작에 익숙하지 못합니다. 자동차에는 깜빡이도 있고 헤드라이트도 있으며 가장 기본적으로 핸들과 가속/감속 페달을 밟아야 합니다. 덥거나 추울 때는 에어컨이나 히터를 만지기도 해야 하죠. 차에 앉아서 핸들만 돌리면 될 줄 알았는데 조작해야 할 일들이 너무 많아지면 정신이 없어집니다. 그런 상태에서 도로를 달리게 된다면 쌩쌩 지나는 차량들이 무섭기만 하죠. 그래서 차선을 하나 바꾸기도 힘이 듭니다. 그렇게 시간이 흘러 초보운전을 벗어나는 시기는 주변상황을 파악할 수 있게 되면서부터 입니다. 뒤에서 달려오는 자동차나 옆 차선의 상태를 파악하고 신호등을 파악하는 일이 가능해지면서부터입니다.

물론, 일반화시켜서 모든 운전자에게 적용할 수는 없겠지만 경험적으로 살펴 봤을 때 대부분의 운전자들이 그러했죠.

그래서 운전을 잘 한다고 말하는 조건으로 가속과 감속이 부드럽고 자연스레 차선을 변경하며 사고가 발생하지 않는 것으로 생각할 수 있는데요. 그러기 위해서 '주변 상황을 정확히 파악하는 일'이 제일 중요합니다.

그런데 아무리 뛰어난 운전자라 해도 기계가 아닌 인간이기 때문에 한계가 있습니다. 사람의 눈은 한 번에 한 곳을 바라볼 수 있습니다. 자동차의 뒤를 보면서 앞을 보지 못하고 동시에 옆을 보지 못하는 것도 마찬가지입니다.

그리고 차선 변경 시 뒤에서 달려 오는 차량의 속도를 정확히 알지 못합니다. 그저 경험상 내지는 눈으로 보면서 짐작할 뿐입니다. 앞 차량과의 간격도 마찬가지 입니다. 앞 차량이 급정지를 할 경우에 앞 차량의 브레이크 등을 눈으로 확인하고, 내가 운전하는 차의 브레이크 페달을 밟을 때까지의 상황을 모두 감각으로만 해결해야 합니다. 눈으로만 해결하기 때문에 앞 차량의 브레이크 등이 고장난 경우 사고로 이어지는 일도 많이 발생합니다. 마찬가지로, 자율 주행 자동차나 무인 자동차가 되기 위해서는 인간 운전자와 같이 주변상황을 살피는 일이 가장 중요합니다.

핸들을 돌리고 가속 페달을 조절하고 브레이크 페달을 조절하는 일은 상황을 파악한 뒤의 결과일 뿐입니다. 그렇기 때문에 주변 상황을 정확하고도 빠르게 판단하기 위하여 많은 장치를 사용하고 있습니다.

자율 주행이나 무인 자동차가 되기 위한 기술을 개발하고 있는 업체들은 많지만 아직까지 많은 정보를 공개하지는 않았습니다. 구글만 조금 다를 뿐입니다. 무인 자동차 연구를 공개적으로 진행하고 있으며 많은 자료를 공개했습니다. 자동차가 자율 주행이 가능한 이유를 구글 카로 알아보겠습니다.

구글 카, 운전자에게 완전한 자유를 선물한다

구글의 경우, 무인 주행 자동차를 만들기 위해 지금은 구글의 부사장인 엔지니어, 세바스찬 스런을 중심으로 만들어진 팀을 지원하게 되었습니다. 그는 2005년도에 DARPA에서 로봇 자동차로 우승한 경력이 있으며 좋은 팀원들을 데리고 있었죠.

▲ 구글의 무인 자동차

구글의 무인 자동차는 '구글 카'로 불리기도 합니다. 지금까지는 운전자를 도와주는 개념의 자율 주행 자동차보다는 완전한 무인 주행 자동차를 꿈꾸고 있습니다. 그래서 회사를 독립[20]시키면서까지 연구 및 제품화를 위해 노력하고 있습니다.

그래서 2014년 말에 무인 자동차 프로토타입을 공개했는데요. 앞의 사진과 같은 모습을 하고 있습니다. 구글 카를 공개하면서 구글이 궁극적으로 바라는 구글 카의 모습은 '무인 자동차'라고 했습니다.

자율 주행이라는 기능은 운전자를 '도와주는' 기능이므로 복잡한 판단은 운전자에게 맡긴다는 의미인 반면에, 무인 자동차는 스스로 많은 것을 판단하고 자동차를 제어하기 때문에 운전자에게 기회를 주지 않습니다. 그 결과로, 사고가 날 가능성이 더 줄어든다는 얘기를 합니다. 사실, 운전자가 자동차 사고의 가장 큰 원인이라는 이유로, 구글 카는 핸들조차 없습니다.

무인 자동차라면 이 기능은 기본 : 물체 및 신호 인식

SAE에 따르면 자율 주행 기술의 최종 목표는 무인 자동차가 되는 것이라고 했습니다. 그러기 위해서는 주변 상황을 파악할 수 있는 능력이 중요하고요. 그래서 자율 주행 자동차나 무인 자동차를 개발하는 회사들은 다음과 같은 장치들을 사용하고 있습니다.

---

20 [블로터기사] https://www.bloter.net/archives/269116

[표 7] 무인 자동차가 되기 위해 필요한 장치들

인식 종류	장치
물체 및 신호인식	카메라
입체 분석	라이더, 레이더, 3D 카메라, 스테레오 카메라
차량 간격 인식	초음파센서
지도상의 위치	GPS

각 장치들에 관해 알아볼까요? 먼저, '물체 및 신호 인식'에 관한 것입니다.

자동차로 도로 위를 운전한다면 지켜야 하는 법규가 있습니다. 신호등이 빨간불이면 서고, 초록불이면 앞으로 나가야 하죠. 그리고 정해진 차선을 지키며 달려야 한다는 내용을 법으로 정해 두었습니다. 이런 규칙들은 도로 위를 달리는 모든 운전자들의 안전을 위한 약속입니다. 정지하라는 뜻으로 신호등이 빨간불인데, 이를 무시하고 달린다면 약속을 지키고 있는 다른 자동차와 사고가 날 수 있죠. 이런 약속은 신호등이 대표적이고 그 외에 차선 및 교통경찰의 수신호도 있는데요. 운전자들은 이 모든 상황을 눈으로 보면서 확인하고 그에 맞는 행동을 해야 합니다. 그렇다면 자동차는 어떻게 신호등을 읽을 수 있고 차선을 알아 차릴 수가 있을까요?

자동차가 빨간불인지 초록불인지 신호등을 보고, 현재 달리고 있는 차선을 지키려면 자동차도 사람의 눈과 같은 장치가 있어야 합니다. 그와 같은 기능으로 가장 쉽게 생각할 수 있는 장치는 '디지털 카메라'가 있습니다.

굳이 디지털 카메라라고 말하는 이유는 자동차도 전자 장치와 같기 때문인데요. 아날로그 카메라는 필름 카메라라고도 부르는데, 단순히 필름에 저장용으로만 사용할 수 있습니다.

반면에 디지털 카메라는 렌즈를 통해서 들어오는 빛을 디지털 신호로 바꿔주는 장치입니다. 빛이 자연에서 오는 신호인데 컴퓨터는 자연의 신호를 받아 들일 수가 없죠. 그래서 이를 컴퓨터가 알 수 있도록 디지털 신호로 바꿔주는 일이 필요합니다. 그렇게 되면 많은 전자 장치에서 변환된 신호를 사용할 수가 있는데요.

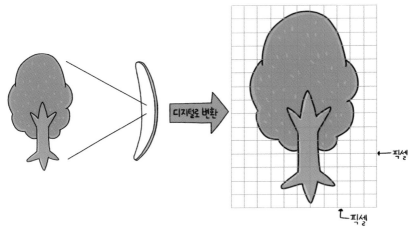

▲ 디지털 영상은 픽셀로 변환되어야 합니다. 나무가 렌즈를 통과하면서 디지털 신호로 변환됩니다. 최종적으로는 각 픽셀에 나무의 그림이 들어 있게 됩니다.

마찬가지로 요즘의 디지털 TV들도 디지털 신호가 필요하며 스마트폰이나 LCD 모니터와 같이 대부분의 영상 장치들도 디지털 신호를 필요로 한 것입니다.

스마트폰의 카메라 정보를 이야기할 때 픽셀이라는 단어를 사용합니다. 픽셀pixel은 이미지를 구성하는 최소 단위인 점을 가리키는데, 디지털 카메라란 하나의 점을 찍는 것과 같아서 픽셀 수가 많을수록 영상의 화질이 선명하고 좋아 보입니다.

그렇다면 디지털 카메라로 받은 사진을 자동차가 볼 수만 있다면 자동차가 알아서 '빨간불이구나 초록불이구나'라고 알아 차릴 수가 있을까요? 물론, 아닙니다.

자동차에 들어 있는 컴퓨터[21]는 카메라를 통해 얻어진 디지털 신호로 할 수 있는 것은 아무것도 없습니다. 디지털 카메라로 들어 오는 영상은 그저 '첫 번째 픽셀이 빨간색, 두 번째 픽셀이 하얀색….'과 같은 정보일 뿐입니다.

쉽게 말해, 친구에게 머릿 속으로 모눈종이를 생각해 보라고 말한 뒤 '첫 번째 칸에 빨간색, 두 번째 칸에 하얀색, 세 번째 칸에 파란색…..65535칸에 검은색'이라고 말한 뒤, "그렇다면 이건 어떤 그림일까?" 라고 물어본다면, 친구는 어리둥절해 할 것입니다.

컴퓨터도 마찬가지입니다. 1번째부터 65,535번째까지의 픽셀 정보만 알고 있을 뿐 이 영상이 무엇인지는 알지 못합니다. 그래서 필요한 기술이 '디지털 영상처리 기술'입니다.

디지털 영상 처리 기술은 '물체 인식하기, 어두운 영상을 밝게 만들기, 노이즈를 제거하기'를 비롯해 많은 기능으로 기술을 사용할 수 있습니다. 그 중에서 무인 자동차에게 필요한 기술은 물체를 인식하는 기능인데요.

---

21 디지털 영상을 받아 들이는 모든 컴퓨터가 마찬가지입니다.

컴퓨터는, 카메라를 통해 변환된 디지털 신호로 자동차 앞에 사람이 있는지 다른 자동차가 있는지 오토바이가 있는지 알아내야 합니다. 각 픽셀의 정보가 아니라 전체 화면을 한번에 볼 수 있다고 해도 컴퓨터는 가르침 없이는 물체를 인식할 수 없습니다.

그래서 이를 위한 여러 알고리즘이 사용되고 있는데요. 아직까지 계속 개선되고 좋아지고 있지만 기본적인 방법은 아래와 같은 과정을 통해서 물건을 찾아 내는 것입니다.

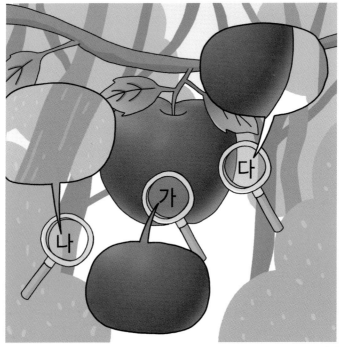

▲ '가'는 사과의 빨간 모습만 보고 있고 '나'는 사과가 아닌 배경화면을 보고 있습니다. '다'는 사과와 배경의 중간을 보고 있습니다.

사과가 있는 한 장의 사진이 있을 때, 돋보기와 같이 일부만 볼 수 있는 도구가 있다고 하겠습니다. 이 도구를 사용해서 전체 사진을 훑어서 보다 보면 돋보기로 보이는 부분이 초록색으로만(그림에서 '나') 보일 때가 있고 빨간색만 (그림에서 '가') 보일 때도 있으며 때로는 섞여서 보일 때(그림에서 '다')도 있을 것입니다.

어떤 물체를 파악하기 위해서 인간은 그 물체의 윤곽선을 알아내려고 합니다. 윤곽선으로 그 물체를 다른 것들과 분리하여 그 물체가 무엇인지 인식하려고 하죠. 마찬가지로, 컴퓨터도 사진에서 사과를 알아내려면 그 윤곽선을 우선 찾아야 합니다.

그 방법으로 많이 사용하는 방법이 돋보기 속에서 초록색과 빨간색이 같이 보이는 곳을 찾아내는 것입니다. 그러면 그곳은 빨간색과 초록색이 만나는 경계선이 되는데요. 그렇게 찾아낸 경계선은 '사과와 배경' 또는 '사과와 나뭇잎'일 가능성이 높을 것입니다. 그렇게 경계선을 계속 따라가다 보면 사과의 전체 윤곽선을 따라 이동하게 될 것이고 사과 모양이 되겠죠.

컴퓨터는 이렇게 윤곽선을 찾아 낸다고 해도 이것이 무엇인지는 아직까지 모릅니다. 단지 물체의 경계선이 어디서부터 어디까지인지 확인할 뿐이죠. 그리고 사과의 경계선만 찾게 되는 것이 아니라 나뭇잎과 배경화면을 경계선으로 찾아내기도 합니다.

이렇게 윤곽선 안에 있는 물체가 무엇인지는 모르지만, 어떤 물체가 있다는 것을 알아낸 컴퓨터는 정보를 종합하기 시작합니다. 컴퓨터는 그 경계선을 보면서 둥근 원이라는 것을 알 수 있습니다. 그리고 그 둥근 원 안은 빨간색이라는 것도 알 수 있죠.

만약에, 컴퓨터가 '빨간색이고 둥글면 사과다'라고 공부한 적이 있다면, 컴퓨터는 "사과일 수도 있겠네"라고 판단합니다. '~일 수도 있겠네'라고 표현한 이유는 다른 물체일 가능성도 있기 때문인 데요. 인공지능에 관한 이야기를 할 때와 마찬가지로 모든 가능성을 열어 두고 확률적으로 높은 것을 선택해야 하기 때문입니다.

이렇게 물체를 인식하는 방법을 사용하여 무인 자동차는 차선을 인식하고 신호등을 인식하며 다른 자동차들과 보행자들도 인식할 수 있습니다.

사물을 인식하는 분야는 아직도 새로운 알고리즘들이 계속해서 개발되고 있습니다. 속도도 빨라야 하고 정확해야 하는데 아직까지 그렇지 못하기 때문입니다. 정확하지 못한 이유 중에는 같은 사물이라도 다양한 모습으로 보일 수 있기 때문입니다.

"빨갛고 둥글다면 사과다."라고 컴퓨터가 알고 있을 때, 빨갛고 둥근 물건만 보여주면 사과라고 생각할 것입니다. 그런데 사과는 잘 익으면 빨갛지만 덜 익은 부분이 있거나 썩은 부분이 있다면 빨간색일까요? 둥글까요? 빛이 부족하거나 파란색 불빛이 있는 곳에서 사과를 보면 어떨까요? 같은 사과인데도 빨갛게 보이지 않을 것입니다.

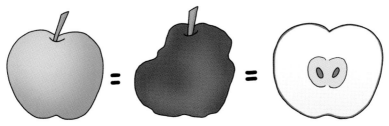

▲ 빨갛지 않은 사과, 썩어서 둥글지 않은 사과, 가지가 없는 사과들도 모두 '사과'입니다.

그렇기 때문에 카메라만으로 신호등을 파악하고 다른 자동차를 인식하는 것은 무인 자동차가 되기에는 큰 위험성을 가지는 것이죠. 그래서 다른 장비 및 센서들을 사용하여 그 위험을 줄이려고 합니다.

무인 자동차라면 이 기능은 기본 : 입체 분석

카메라에 이어서 입체 분석 장비에 관해서 알아보겠습니다. 입체 분석이 가능한 장비로는 라이더, 레이더, 3D 카메라, 스테레오 카메라가 있습니다.

현재까지 가장 많이 사용되는 장비는 라이더LIDAR : Light Detection And Ranging입니다. 각각 분석 방식이 다르고 장단점들이 존재합니다만, 라이더는 다른 장비들에 비해서 고가이나 카메라와 같이 사용되면서 물체를 인식하는 일에서 좋은 성능을 보이기 때문이죠.

자동차에서 많이 사용하는 라이더는 360도 회전하며 주변의 정보를 습득하는 장치입니다. 라이더는 기본적으로는 빛을 쏘아서 되돌아 오는 시간을 측정하는 원리로, 물체가 기준으로부터 얼마나 떨어져 있는지 측정할 수가 있는데요.

예를 들어 알아볼까요? 라이더가 빛을 쏘았을 때, 그 빛이 닿는 점에 어떤 물체가 있다고 하겠습니다. 그 물체가 멀리 있을수록 되돌아 오는 빛의 시간이 오래 걸릴 것이고 가까이 있을 수록 빛은 빠르게 돌아올 것입니다. 이 시간을 측정하여, 과학 시간에 배웠던 '거리 = 속도×시간' 공식에 값을 대입하여 거리를 알 수 있는 것입니다. 이런 방식을 적용해, 라이더를 자동차의 앞쪽에 장착한다면, 앞 차와의 간격을 측정할 수 있을 것입니다.

▲ 라이더는 레이저를 보내서 돌아오는 시간으로 거리를 측정합니다.

만약에 라이더를 자동차의 천장에 올려 두고 빠르게 회전하면서 측정한다면 어떨까요? '앞쪽→조금 왼쪽→조금 왼쪽→조금 왼쪽…→제자리'와 같이 한 바퀴를 돌면서 말이죠. 이렇게 회전하면서 거리들을 측정한다면 자동차 주변의 모든 물체들과의 거리를 측정할 수 있겠죠?

또한 한 번에 빛을 한 번만 나가는 것이 아니라 한 번에 여러 개가 나가면 또 어떨까요? 가령, 빛을 쏘는 구멍이 세로로 여러 개 있는 것이죠. 그리고 회전을 하게 되면 한 점을 기준으로 거리를 측정하는 것이 아니라 한 번에 여러 점을 측정할 수 있습니다. 그렇게 되면 다음 그림과 같은 입체화된 정보를 얻을 수 있습니다.

▲ LIDAR로 스캔한 그림 　　　　　　　　(출처: https://goo.gl/2PszvK)

　　라이더를 사용하면 카메라로 보는 것처럼 선명한 모습을 얻을 수는 없습니다. 하나의 점을 그리기 위해 하나의 빛을 사용해야 하지만, 카메라는 수많은 픽셀을 가지고 있으며 각자 빛을 받아 들일 수가 있습니다. 그래서 선명한 모습에서 차이가 나는 것입니다.

　　그렇지만 라이더로 만들어진 입체 정보는 자동차 주변의 공간을 파악할 수 있으므로 어떤 물체가 다가오는지, 그리고 길의 형태는 어떻게 생겼는지 알 수 있습니다. 이 정보를 바탕으로 자동차가 나아갈 방향이나 차선 변경 등을 안전하게 할 수 있는 것입니다.

　　여기서 의문점이 하나 생길 수 있습니다. '라이더가 있으면 주변의 차들을 파악할 수 있는데, 카메라가 필요할까?' 하는 것이죠. 가능한 경우도 있습니다. 운전은 사람이 하고 라이더가 주변 상황을 인식해 도움을 주는 경우입니다. 이럴 때는 상황 판단을 사람이 하는 것이므로 도움이 될 것입니다.

그렇지만 라이더만으로는 무인 자동차가 되기는 힘듭니다. 신호등도 파악해야 하고 차선도 볼 줄 알아야 하며 교통 표지판도 봐야 하기 때문입니다. 반대로, 카메라만으로도 무인 자동차가 되기도 힘듭니다. 카메라는 앞을 볼 수는 있지만 거리 판단의 잘못이나 인식의 오류가 발생할 수가 있죠. 예를 들어, 완전히 하얀색의 자동차가 완전히 하얀 도로를 지나 간다면 카메라는 도로와 자동차를 구분할 수 없거나 실수를 할 수 있습니다. 또 다른 예로 저녁 시간대에 반대편에서 오는 자동차가 헤드라이트를 높이 비춘다면 운전자는 이를 가려 가면서 도로 상황을 살펴야 합니다.

그런데 카메라는 고정된 위치에 있고 이를 회피할 방법이 없죠. 이러한 이유들 때문에 라이더와 카메라를 같이 사용하여 서로의 장단점을 보완하고 더욱 안전한 무인 자동차가 되려는 것입니다.

무인 자동차라면 이 기능은 기본 : 차량 간격 인식

무인 자동차가 되기 위해 사용되는 센서로는 카메라와 라이더 외에도 레이더, 초음파 센서 등도 필요합니다. 라이더와 비슷한 원리로 전파 및 음파를 보내고 되돌아 오는 시간을 측정하여 거리를 계산하는 용도입니다.

라이더는 멀리 있는 물체와의 거리를 측정하고 공간을 스캔하는 데에 유리하지만 스캔 속도가 느리고 정밀하지 못하다는 단점이 있습니다. 이를 보완하기 위해 사용되는 것이 레이더와 초음파 센서입니다.

레이더RADAR는 'RAdio Detection And Ranging'의 약자입니다. 라이더와 다른 점은 주요기능은 똑같지만, 'Radio(전파)'를 사용한다는 점입니다. 마찬가지로 초음파 센서도 거리를 측정하는데 사용되고 '음파'를 사용한다는 점이 다릅니다.

지금까지 알아본 센서들만 있으면 인간이 운전하는 것과 마찬가지로 주변 상황을 파악할 수 있습니다. 아니죠, 오히려 인간보다 더 뛰어나게 주변상황을 파악할 수 있습니다.

한 번에 한 곳만 바라볼 수 있는 인간과는 다르게 동시다발적으로 처리하기 때문입니다. 이렇게 뛰어난 성능으로 주변상황을 파악할 수 있으니 스스로 운전도 한다면 무인 자동차가 되는 것입니다.

자동차를 움직이는 일은 그리 어렵지 않다고 앞 절에서 말씀 드렸습니다. ECU와 통신하거나 직접적으로 핸들, 가속 페달 그리고 브레이크와 같이 운전에 필요한 장치들을 자동으로 조작하면 되기 때문입니다. 그렇기 때문에 무인 자동차는 '운전하는 기술'보다 '상황 파악을 잘 하는 일'이 중요합니다. 그래야만 무인 자동차의 가장 중요한 목적이라고 할 수 있는 사고를 방지할 수 있기 때문입니다. 이런 이유로, 무인 자동차 내지는 자율 주행 자동차를 만드는 업체들이 수많은 테스트와 상황들을 경험하기 위해 오랜 시간 동안 주행하며 테스트를 진행합니다.

무인 자동차와 자율 주행 자동차 시대는 먼 미래의 이야기인 줄 알았는데 어느새 가까이 다가온 듯합니다. 무인 자동차 시대는 아직까지 멀어 보이지만 자율 주행 자동차 시대는 어느새 곁에 와 있습니다. 이러한 시대가 생각보다 빨리 오게 된 이유는, IT 기업들이 소프트웨어의 힘을 이용해 무인 자동차와 자율 주행 자동차에 도전했기 때문입니다.

소프트웨어에 뛰어난 능력을 보이는 업체들이 자동차 본체와 같은 하드웨어를 만들기는 쉽지가 않습니다. 소프트웨어만 해도 개발하고 테스트 해야 할 일들이 많기 때문인데요.

그래서 최근에는 그런 하드웨어를 전문으로 하는 업체들이 생겨나고 있습니다. 물론, 스마트 카를 만들기 이전부터 비슷한 개념으로 분업화 된 곳들도 있습니다. 그렇지만 지금과는 조금은 다른 형태였는데요. 이 부분에 관한 이야기를 다음 절에서 이어 보겠습니다.

자동차도 플랫폼 시대

막강해진 소프트웨어의 파워, 표준화된 하드웨어가 필요해

앞선 내용에서 기존의 자동차 제조업체들이 신생 업체들에게 위협을 당하고 있다는 말씀을 드렸습니다. IT 기업들이 자동차를 만들려고 하기 때문이라고 했죠. 그 이유로 많은 장치들이 전자 제어화되어 가고 소프트웨어의 힘이 커지고 있기 때문이라고 말씀 드렸습니다.

4차 산업혁명이 다가오면서 가장 큰 힘이 필요한 곳은 소프트웨어입니다. 소프트웨어의 비중이 크지 않았을 시기에는 하드웨어를 잘 만들어야만, 원하는 기능을 만들어 낼 수 있었는데요. 이제는 하드웨어에 의해서 생기는 기능적인 한계를 소프트웨어의 힘으로 능가하고 있습니다.

이렇게 소프트웨어의 힘이 커져가면서 생겨난 현상이 한가지 있습니다. 소프트웨어의 힘이 커져가면서 하드웨어와는 분리가 된 자체의 산업화로 이어진다는 것입니다. 예전에는 하드웨어에 필요한 코드로 여겨졌던 소프트웨어가 이제는 하드웨어와 분리된 자체의 산업이 된 것이죠.

그 결과로, 소프트웨어를 전문적으로 개발하는 회사 및 인력들이 늘어나게 되었고 막강해진 소프트웨어 파워는 표준화된 하드웨어를 만들도록 이끌어 냈습니다.

그 예로, **아두이노**[22]Arduino 나 **라즈베리파이**[23]Raspberry Pi 등과 같은 프로젝트가 생겨났습니다. 그들은 표준화된 하드웨어에서 다양한 형태로 동작시킬 수 있는 환경을 조성했습니다. 그래서 아두이노, 라즈베리파이, **비글본 블랙**[24] 등 다양한 오픈소스 하드웨어가 나타나게 되었습니다. 그 결과로, 오픈소스 소프트웨어와 오픈소스 하드웨어를 이용하여 많은 취미가나 학생들 그리고 일반인들까지 소프트웨어를 만들고 표준화된 하드웨어에 연결하여 나름대로의 기능들을 만들어 냅니다. 이렇게 표준화된 하드웨어와 소프트웨어 환경을 플랫폼이라고 부릅니다.

플랫폼Platform이란 표준화된 하드웨어와 소프트웨어 모두에 적용되는 말이며 미리 정의된 표준규격에 따라 만들어진 것입니다. 그래서 누구나 그 표준규격에 따라 소프트웨어와 하드웨어를 만든다면 다른 누군가가 만들어 놓은 기능을 그대로 가져다 쓸 수 있죠. 플랫폼을 이해하기 전에 표준이란 무엇인지부터 알 필요가 있습니다.

---

22 아두이노: 기기를 제어하기 위한 제어용 기판입니다. 오픈소스로 서비스하며 센서나 부품 등의 장치를 연결할 수 있는 구조이며, 다양한 부품을 연결하면 로봇 등을 작동시킬 수 있습니다.

23 라즈베리파이: 영국의 라즈베리파이 재단에서 컴퓨터를 사용한 과학 교육의 증진을 위해서 만든 싱글 보드 컴퓨터로, 마이크로컴퓨터의 종류 중 하나입니다.

24 비글본 블랙(BeagleBone Black): 라즈베리 파이와 비슷한 배경에서 생겨난 오픈소스 하드웨어 플랫폼입니다.

스마트TV를 예로 들면, 인터넷에 연결되고 유튜브도 TV로 볼 수 있으며 스마트폰에 있는 사진도 TV로 바로 볼 수 있는 기능들을 대부분의 스마트TV는 가지고 있습니다. 그런데 일반 TV를 사용하는 가정에서도 그러한 기능을 이용하고 싶은데 스마트TV의 기능들을 이용하려면 TV를 새로 구매하는 방법밖에 없었죠.

그러나 요즘에는 **크롬캐스트**[25]나 **애플 TV**[26]와 같은 장치를 이용하면 일반 TV도 스마트 TV의 기능들을 모두 사용할 수 있습니다. 이렇게 가능한 이유는 **HDMI**[27]라는 포트가 TV에 있기 때문입니다.

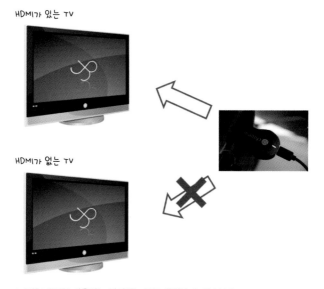

▲ 표준 HDMI를 사용하는 장치에는 모두 연결될 수 있습니다.

---

25 크롬캐스트(Chromecast): TV의 HDMI 단자에 연결하는 자그마한 동글이로 구글에서 만들었습니다. 스마트폰에서 보던 영상, 사진, 음악 등의 콘텐츠를 TV에서 손쉽게 볼 수 있도록 해주는 장치입니다.

26 애플 TV: 2007년에 처음 발표한 애플의 셋톱박스입니다.

27 HDMI(High Definition Multimedia Interface): 고화질의 멀티미디어를 위한 인터페이스입니다.

HDMI라는 표준 포트를 사용하고 연결이 가능한(크롬캐스트나 애플 TV와 같은) 장치들만 있으면 스마트 TV와 같은 기능을 하는 것입니다. 이건 TV라는 플랫폼에 HDMI 표준 포트가 있기 때문에 크롬캐스트나 애플 TV를 연결할 수 있는 것인데요.

반대로, 크롬캐스트나 애플 TV는 HDMI 표준 포트가 있는 모든 장치에 연결될 수도 있습니다. 그게 다 표준이라는 것이 있고 그 표준을 따르는 장치들이 있기 때문에 가능한 것입니다.

그렇다면 소프트웨어가 표준을 따른다는 말은 어떤 의미일까요?

소프트웨어라고 마우스를 클릭하거나 앱을 실행할 때 나타나는 제품만 생각할 수 있습니다. 그러나 이런 소프트웨어들도 다른 소프트웨어와 연결고리를 가지고 실행되는 것입니다. 마치 TV에 패널이 있고 케이스가 있으며 스피커 및 HDMI 포트들이 연결된 것처럼 말이죠.

그래서 소프트웨어에서 표준을 뜻하는 것은 TV에 HDMI 포트가 있는 것처럼, 소프트웨어 속에 있는 소프트웨어들의 연결고리가 똑같은 형태를 가지고 있는 것이라 말합니다. 그래서 하드웨어가 달라도 똑같은 소프트웨어를 사용할 수 있도록 해주는데요.

예를 들어, 삼성에서 만든 스마트폰과 LG에서 만드는 스마트폰은 하드웨어가 다릅니다.

그렇지만 둘 다 안드로이드라는 표준 소프트웨어를 쓰고 있기 때문에 같은 앱을 각각의 다른 스마트폰에서 구동할 수 있습니다. 그러나 애플의 iOS용 앱과 안드로이드용 앱은 서로 호환이 되지 않습니다. 애플과 안드로이드가 같은 하드웨어를 사용한다고 가정해도 말이죠. 그 이유가 iOS와 안드로이드는 다른 표준소프트웨어 즉, 다른 소프트웨어 플랫폼을 지향하기 때문입니다.

표준화된 하드웨어도 마찬가지입니다. 대표적으로 라즈베리파이나 아두이노 같은 것이 있는데요. 표준화되어 있으니 기능 확장 및 다른 장치와의 연결이 쉽습니다. 모양이 완전히 다른 하드웨어가 있어도 표준을 따른다면 같은 외부 장치를 사용할 수 있게 되어 있습니다.

지금까지 표준화된 소프트웨어와 표준화된 하드웨어를 이야기하면서 '쉽게 연결된다', '쉽게 기능이 확장'된다고 말씀드리는데요. 그래서 플랫폼은 표준화시킨 결과물을 말하는 것이고 '제품을 쉽게 구현할 수 있게 돕는 것'정도로 말합니다.

즉, 소프트웨어 플랫폼은 소프트웨어 제품을, 하드웨어 플랫폼은 하드웨어 제품을 쉽게 만들 수 있도록 하는 것입니다.

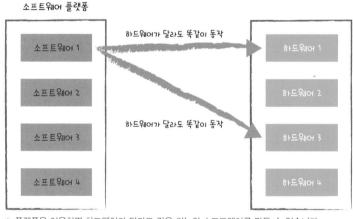

▲ 플랫폼을 이용하면 하드웨어가 달라도 같은 기능의 소프트웨어를 만들 수 있습니다.

이렇게 플랫폼화 되어 가는 현상은 자동차 업계도 있습니다. 자동차에도 소프트웨어가 필요하고 하드웨어도 필요하다고 했었는데요. 그 중에서도 자동차 하드웨어는 달리는 것이 주된 목적이기 때문에 동력과 관련된 부분이 가장 중요하죠.

동력과 관련된 엔진은 개발도 어렵고 많은 기술을 요구하는 부분이어서 일반 기업들이 자동차 산업에 쉽게 뛰어 들지 못하는 이유라고도 말씀드렸습니다. 그런데, 요즘은 많은 기업들이 자동차 산업에 참여하려고 합니다.

그 이유를 전기 자동차와 관련된 배터리 기술들이 급속도로 발전하고 있기 때문으로 볼 수 있는데요. 휴대폰과 같은 모바일 기기가 많이 생겨나게 되었고 가벼우면서도 오래 쓸 수 있도록 배터리 기술이 발전하게 되었죠. 그래서 배터리는 다양한 형태와 대용량의 배터리도 만들고 있으며 대량 생산을 하고 있어서 지속적으로 가격이 저렴해지고 있습니다.

전기 자동차는 기존의 엔진과 다른 구조를 가지고 있습니다. 기존의 자동차 생산업체들은 자체 기술로 개발한 엔진을 사용하기 때문에 다른 기업들이 자동차를 만들기가 쉽지 않았습니다.

그런데 전기 자동차는 동력으로 전기를 사용하는 모터가 탑재됩니다. 그 모터가 가솔린 엔진을 대신하고 있으며 가솔린 연료를 대신하여 배터리들을 자동차에 탑재하고 있죠.

전기 모터를 사용한다는 이유 때문에 다른 업체들도 전기 자동차 산업에 도전한다고 말씀드렸는데요. 그 이유는, 전기 모터는 그 구조가 단순하고 오래 전부터 써왔던 기술이기에 전기 모터를 생산하는 업체들을 찾는 게 어렵지 않기 때문입니다.

전기 자동차를 만들려는 업체들은 자체적으로(가솔린이나 디젤 같은) 연료 엔진을 개발해 온 기존의 자동차 업체들과 다르게, 여러 업체들로부터 전기 모터를 구입할 수 있기 때문에 자동차를 만드는 일이 조금 더 쉬워졌습니다.

전기 모터는 모터 전문 업체에서, 배터리는 배터리 전문 업체에서 구입하여 자동차의 동력을 구성하고 자동차의 디자인만 할 수도 있습니다. 이렇게 많은 업체들이 전문 분야를 나눠서 하나의 자동차를 완성할 수 있게 되면서 많은 기업들이 참여 할 수 있는 것입니다.

라즈베리파이나 아두이노 같은 하드웨어 플랫폼도, 하드웨어이든 소프트웨어이든 표준화해서 제품을 쉽게 제작할 수 있도록 돕고 있습니다. 마찬가지로 전기 자동차도 플랫폼이 있습니다. 모터와 배터리 같은 동력을 플랫폼화시키고 그 위에 자동차 디자인을 업체마다 원하는 형태로 사용할 수 있도록 하는 것입니다.

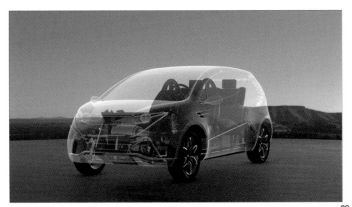

▲ Open Source Vehicle, OSVehicle　　　(사진 출처: https://www.osvehicle.com/)[28]

---

28 https://goo.gl/g2NCm1

모두가 만들어가는 스마트 카의 미래

자동차는 도로 위를 달리는 것이 가장 큰 목적이고, 부수적으로 차량 안의 시트나 편의 시설을 갖춘 기계로 볼 수 있는데요. 그래서 달릴 수 있는 동력에 관련된 플랫폼만 잘 만들어져 있다면 그 위에 얹을 시트와 편의 기능을 선정하고 디자인하여 새로운 자동차로 만들어 내는 것입니다.

그렇게 되면 각 회사들은 전문 분야에 더 투자하여 더 좋은 성능과 저렴한 가격에 공급할 수 있게 되며 다양한 업체가 시장에 참여할 수 있게 됩니다. 그 결과로, 우리와 같은 소비자들은 더 멋지고 더 좋은 서비스를 받을 수 있습니다.

그리고 소프트웨어를 전문으로 하는 기업들도 이런 플랫폼을 이용하면 자동차를 만들 수 있습니다. 그러면 소프트웨어에 조금 더 투자하여 자체 기술을 구축하게 되며 그런 기술로 시장에서 승부를 하려고 하죠.

반대로, 하드웨어 제작을 전문으로 하는 회사는 자율 주행이나 무인 자동차 같은 소프트웨어와 접목하여 더 잘 나가고 안전한 자동차를 만들 수도 있습니다. 그러면 최종적으로 소비자들은 더 좋은 자동차를 타게 되겠죠.

그리고 플랫폼이 많이 만들어질수록 환영해야 할 부분은, 많은 업체들이 참여를 할 수 있다는 것입니다. 아두이노나 라즈베리파이 프로젝트가 취미로 활동하는 사람들이나 제품을 위해 만들었던 많은 사람들의 참여를 이끌었죠? 마찬가지로, 작은 기업들에게 자동차를 위한 하드웨어나 소프트웨어에 대해 많은 기회가 열리게 될 것입니다. 물론, 최종적으로는 자동차의 안전성에 대한 검증이 남아 있지만 말이죠.

구글이나 애플은 **안드로이드 오토**Android Auto[29], **애플 카플레이**Apple CarPlay[30]라는 소프트웨어 플랫폼들을 배포하고 있습니다. 이들은 스마트폰용 소프트웨어인 안드로이드나 iOS를 만들어 많은 개발자들에게 기회를 준 것처럼, 자동차에 필요한 앱이나 서비스들을 위해 많은 사람들에게 기회를 주려고 합니다.

앞으로 어떤 회사들이 어떤 플랫폼을 가지고 어떤 기능의 자동차를 만들어 낼지는 모릅니다. 하지만, 다양한 업체들이 참여하고 있고 자율주행 기능이나 무인 자동차가 되려는 기술들이 공개되고 있습니다. 이렇게 지속적으로 기술이 발전하여 멀지 않은 미래에는 교통사고가 없이 안전한 자동차를 기대해 봅니다.

---

29 구글에서 배포 중인 자동차용 시스템
30 애플에서 배포 중인 자동차용 시스템

이것이 알고 싶다

Q. 자동차가 시간이 지날수록 똑똑해져서 '스마트 카'인 것 같은데요. 사람마다 똑똑하다는 점을 바라보는 시각이 다른 것 같은데 자동차도 '스마트 카'의 기준이 따로 있나요?

A. 본문에서 스마트 카의 정의를 말씀드린 적이 있습니다. 안전을 최우선으로 하고 교통의 흐름까지 파악할 수 있는 자동차인데요. 사실, '스마트 카'이니까 어떠한 기능이 있어야 하고 자동차가 무엇을 해야만 하는지에 대한 기준은 없습니다.

'스마트폰'도 마찬가지입니다. 똑똑하다고 스마트폰이라고 부르는 전화기는 여러 가지 기능이 있고 우리에게 재미와 편리함 등을 제공하고 있습니다. 그렇지만 어디에도 '있어야만 하는 기능이 무엇이고 화면크기가 얼마 이상이어야 한다'라는 기준은 없습니다. 우리가 '스마트폰'이라고 부르는 폰도 그냥 손으로 들고 다닐 수 있는 전화기일 뿐입니다. 그렇지만 대부분의 '스마트폰'이라고 부르는 전화기들은 와이파이(WiFi)가 된다거나 인터넷을 사용할 수 있으며 메일도 주고 받을 수 있고 SNS도 할 수 있죠. 그래서 기본적으로 '스마트폰'이라고 부를 때는 '와이파이 ,인터넷 사용 가능, 재미와 SNS를 할 수 있는 앱'들이 있어야만 '스마트'하다고 생각합니다. 마찬가지로, '스마트 카'에 속하려면(미래에는 그냥 '자동차'라고 부를 것 같지만) 운전자의 탑승 여부와 상관없이 운전할 수 있고 교통흐름을 파악할 수 있는 자동차 정도가 되지 않을까 생각합니다. 그래야만 그 자동차의 주인이 안전함과 편안함을 제공 받을 수 있기 때문이고 교통흐름을 파악하여 제 시간에 목적지에 도착할 수 있기 때문입니다.

Q. '스마트 카' 시대가 되면 많은 사람들이 운전을 할 필요가 없다고 합니다. 모든 사람들이 운전을 할 필요가 없는 시대가 되는 건가요? 그러면 운전면허증도 필요가 없나요?

A. 자동차를 운전하는 사람들을 크게 분류해보면 이렇지 않을까 생각합니다. '일을 위해 운전하는 사람', '편리함을 위해 운전하는 사람', '재미를 위해 운전하는 사람' 등 입니다. '일을 위해 운전하는 사람'으로는 택시 기사님, 트럭 기사님, 택배 기사님 등이 있을텐데요. 이 분들의 공통점은 누군가를 위해 서비스를 제공한다는 것입니다 택시 기사님은 손님이 원하는 목적지에 데려다 주는 일이 목적이고 트럭 기사님과 택배 기사님은 누군가의 물건을 가져다 주는 서비스를 제공하십니다. 그리고 그런 서비스들은 인간이 살아가기 위해 없어서는 안 되는 서비스들이죠. 그런데, '스마트 카'시대가 되면 가장 먼저 대체될 것으로 보이는 분들이 이 분들이기도 합니다. 일반인들은 중간 과정에는 관여하지 않고 자신이 원하는 서비스만 제공받기를 원하기 때문에 '스마트 카'들로 대체되더라도 아무런 문제가 없기 때문입니다. 그리고 마트를 가거나 볼 일을 보는 등의 '편리함을 위해 운전하는 사람들'도 '스마트 카'시대에는 운전을 하기를 원하지 않을 것입니다. 그렇다면, 마지막으로 '운전을 즐기는 사람들'은 어떨까요? 이 분들은 당연히 직접 운전하기를 원하겠죠? 그런데, 당장의 일은 아니지만 '스마트 카'의 보급률이 높아지고 사고가 줄어들기 시작하면 언젠가는 사람이 도로위에서 운전할 수 없는 시대가 올 수도 있습니다. 그렇다면 운전을 즐기는 사람들은 법적으로 정해진 구역에서만 운전을 해야겠죠? 그렇게 되면 현재의 경마장과 같은 지정된 장소에서만 즐길 수 있는 레저활동이 될 수도 있겠네요. 그렇게 보면, 먼 미래에는 운전면허증이 취미활동을 위한 면허증이 될 수도 있을 것입니다.

Q. 얼마 전에 '자동 주차 기능'을 사용하여 주차하던 중에 사고가 발생했다고 뉴스에서 봤습니다. 주차를 어려워하는 사람들에게 좋은 기능인데 사고가 날까봐 무서운데 믿고 써도 될까요? 그리고 이런 경우에 자동차가 사고를 낸 것이기 때문에 운전자가 책임지지 않아도 되겠죠?

A. 운전자에게 제공하는 서비스 중에 '자동 주차'기능도 상당히 편리한 서비스입니다. 그렇지만 가끔 사고 소식도 접하게 됩니다. 아직까지는 '자동 주차'를 완벽히 믿을 수가 없을 것으로 보이는데요. 그 이유로 사람의 생활공간에는 무수한 변수들이 있기 때문이죠.

먼저, '자동 주차' 기능은 어떻게 동작하는 것일까 생각해 봐야 합니다. 인간 운전자의 경우도 마찬가지이지만 주변을 계속 살피고 벽과의 거리 옆의 차량과의 거리 등을 계속 파악하고 있어야 합니다. 자동 주차 기능이 있는 자동차도 마찬가지로 그런 일이 필요한데 주변을 살피는 일은 센서로부터 파악을 할 수밖에 없습니다. 일반적인 상황에서는 그런 센서들이 정확히 동작합니다. 그렇기 때문에 대부분의 '자동 주차'기능이 성공적으로 동작하는 것이죠. 그렇지만, 항상 변수가 있다는 것이 문제입니다. 벽과 자동차의 거리를 파악하는데 센서가 동작하지 않는 재질로 벽이 만들어져 있다거나 바닥에 센서가 감지할 수 없는 높이의 턱이 있다면 사고가 발생할 가능성이 높은 거죠.

자동 주차 기능이 잘 동작하기 위해서는 2가지 방법이 있을 것 같습니다. 첫 번째로, 모든 변수에 맞게 센서를 만들어 낸다. 사실, 이것은 어렵다고 봅니다. 앞서도 말씀드렸지만, 사람들이 생활하는 공간에서는 수많은 변수가 있기 때문에 모든 변수에 대해서 대처하기가 쉽지 않을 것이기 때문입니다.

두 번째로, '자동 주차' 기능이 완벽하게 동작할 수 있도록 주차장을 개선하는 것입니다. 이러한 일들은 충분히 생길 수 있습니다. 자동 주차를 위한 센서를 표준화시키고 그 표준화에 맞게 주차장을 만드는 것인데요. 그런 표준에 맞추지 못한 주차장은 '자동 주차 불가능 구역' 그리고 표준에 맞춘 주차장은 '자동 주차 가능 구역'을 만들면 될 것입니다. 그렇게 되면 자동 주차의 신뢰성이 많이 높아지지 않을까 생각합니다. 마지막으로 궁금해하시는 사고의 운전자 과실 여부인데요. 이 부분은 법적으로 자동차가 사고를 내었다고 해도 운전자의 과실로 따지게 된다고 합니다. 자동 주차 기능이 있는 자동차들은 그 기능을 '보조 기능'으로 소개하고 있기 때문인데요. 운전자를 보조하는 것이기 때문에 운전자가 항상 주시하고 있어야 한다는 것입니다. 그래서 운전자에게 책임이 있다고 합니다.

네 번째 이야기

4차 산업 혁명의 핵심,
소프트웨어란 무엇인가

소프트웨어는 제4차 산업에 있어서 핵심 기술이라고 할 수 있습니다. 앞서 다루었던 인공지능이나 자율 주행 자동차에서 누차 강조한 기술이기도 합니다. 소프트웨어는 하드웨어의 성능을 극복하여 새로운 기능을 추가하기도 하고 다른 장치들과 연계하여 새로운 서비스를 만들어 내기도 합니다. 이렇게 막강한 힘을 가진 소프트웨어를 만들어 보고 싶지만 어려운 것이라고 생각하는 분들이 많습니다. 그래서 그 이유를 곰곰이 생각해본 일이 있는데요. 나름대로 내린 결론은, 소프트웨어는 사람들이 생활해 온 방법으로는 이해하기가 어렵기 때문입니다. 가령, 영어를 배울 때 "Hello"라고 했을 때 상대방도 "Hello"라고 답한다면 "이게 인사를 위한 영어구나"라는 식으로 경험을 통해 배우는 경우가 많기 때문입니다. 소프트웨어는 PC 또는 전자기기와 소통하는 수단입니다. 그리고 소프트웨어를 만들기 위해서는 프로그래밍 언어를 알아야 하죠. 여기서부터 어렵게 느껴집니다. 영어나 중국어 같은 새로운 언어를 배우는 일도 어려운데 컴퓨터가 사용하는 프로그래밍 언어라니요. 일단은 어려워 보입니다.

소프트웨어는 프로그래밍 언어라고 부르는 언어들로 만들어집니다. 언어라고 이야기를 하지만 실제로는 '명령어'들이라고 봐야 합니다. PC는 명령어가 없으면 동작하지 않거든요. 그렇기 때문에 컴퓨터에게 무언가 일을 시키려면 필요한 언어를 공부해야 하는 것이고, 그 명령어가 잘 전달되었는지 확인해야 하는데 이 모든 것이 PC 안에서만 이루어집니다. 그러다 보니 눈으로 보이는 것은 별로 없고 PC에서 프로그램을 만들어야 하고 PC가 알아서 처리하고 결과를 보기만 합니다. 그래서 프로그래밍 언어도 알아야 하고 PC를 사용하는 방법도 알아야 하며 명령어를 전달할 방법도 알아야 합니다. 이렇게 많은 것들을 PC를 위해, PC에 의한, PC로만 느껴야 하기 때문에 어려워 하는 것이라 생각합니다.

이제는 소프트웨어는 필수 기술이 되었습니다. 컴퓨터 공학을 전공한 사람만이 아니라 필요할 때 계산기를 두드리듯이 필요할 때 소프트웨어를 다룰 필요가 있는 시대입니다. 이 책에서는 소프트웨어는 무엇이고 어떻게 만들 수 있으며 여러분들은 어떻게 활용할 수 있는지 이야기해 보려 합니다. 이번 이야기를 보신 후에 소프트웨어에 흥미가 느껴진다면 그 때부터 프로그래밍 언어를 배우라고 말씀드리고 싶네요.

우리는 왜 소프트웨어를 알아야 할까?

도대체 소프트웨어가 뭐지?

"소프트웨어가 중요하다", "소프트웨어가 미래의 핵심이다"라는 말은 언론에서 항상 해오던 말입니다. 그렇지만 요즘처럼 피부로 느껴질 정도는 아니었던 것 같습니다.

이 책에서 소프트웨어는 각 장마다 등장했는데요. 인공지능도 소프트웨어로 만들어지는 것이고 로봇도 소프트웨어에 의해 움직이고 걸을 수 있는 것이며 자동차 또한 소프트웨어가 중요했습니다.

이렇게 많이 등장하는 소프트웨어이고 많은 사람들이 관심을 가지는 것인데 소프트웨어가 무엇이냐고 물어보면, 답하기를 곤란해 하는 분들이 많습니다.

컴퓨터 공학이나 소프트웨어를 전공하지 않은 분들은 대부분 잘 모르겠다고 합니다. 조금 들어 본 적이 있는 분들은 '코드로 만들어진 결과물' 정도로 말씀을 하시더라구요.

앞으로 누군가가 소프트웨어가 무엇이냐고 물어본다면 이렇게 대답하면 좋을 것 같습니다.

▲ 소프트웨어라는 마법 도구를 이용하여 컴퓨터를 조정할 수 있습니다.

소프트웨어는 인간이 컴퓨터를 다루기 위해 필요한 도구라고 말이죠. 대신, 여기에서 말하는 컴퓨터에는 여러 가지가 있을 수 있는데요. 흔히, 가정에서 사용하는 노트북이나 데스크톱 같은 PC뿐만 아니라 **CPU**[01]와 마이크로프로세서 등의 프로세서가 사용되는 모든 장치를 포함하는 말입니다. 즉, 프로세서가 들어 있는 모든 하드웨어가 컴퓨터에 포함됩니다. 단지, 눈으로 보기

---

01 CPU: CPU는 'Central Processing Unit'의 약자이며 마이크로 프로세서(Micro Processor)는 MPU(Micro Processing Unit)라는 이름을 가지기도 합니다. 이들은 컴퓨터나 전자장치에서 프로그램을 실행하는 부품이기 때문에 이들이 없으면 어떠한 프로그램도 실행될 수 없습니다. 자세한 내용은 이후에 알아보겠습니다.

힘든 전자장치의 경우 컴퓨터라고 부르지 않는 것뿐입니다.

그리고 '컴퓨터를 다루기 위한 도구'라는 것은 컴퓨터를 조작하기 위한 방법을 말합니다. 인터넷 쇼핑을 하고 싶다면 컴퓨터에 연결된 인터넷을 이용해야 하며 익스플로러나 크롬 같은 브라우저를 사용해야 합니다. 이 브라우저가 마이크로소프트와 구글 등에서 만든 소프트웨어로서 인터넷 사용을 위한 도구인 것입니다.

코딩 교육이 뜬다

지금까지 우리는 인터넷을 아무런 문제없이 잘 쓰고 있습니다. 자료가 필요하면 인터넷을 뒤져서 찾아내고 공부하고 있습니다. 이렇게 좋은 회사들이 만든 소프트웨어를 잘 쓰고 있는데 왜 소프트웨어를 만드는 코딩을 알아야 한다고 말하는 걸까요?

코딩coding이란, 정확히 말하면 컴퓨터 프로그래밍의 다른 말입니다. 프로그래밍 언어로 컴퓨터프로그램을 만드는 일이죠. 소프트웨어를 만들 수 있는 코딩을 배우는 일은 전세계적으로 부는 바람[02]입니다. 영국을 시작으로 하여 북유럽 국가, 미국 그리고 아시아로 번졌습니다. 우리나라도 2018년부터 소프트웨어 관련 교육이 의무화[03] 돼죠.

각 국가에서 소프트웨어에 관련된 교육을 시작해야 한다고 생각한 이유는, 세상의 모든 일이 소프트웨어 중심 사회로 변했다고 판단했기 때문일 것입니다. 학교 교육이란 것이 사회에 나왔을 때

---

02 http://edzine.kedi.re.kr/2015/summer/article/world_02.jsp[한국교육개발원]

03 http://www.ytn.co.kr/_ln/0105_201505221006353004

필요한 것들을 배우는 곳입니다. 그렇기 때문에 수학도 배우고 그림도 배우고 다른 사람과 협동하는 방법도 배워 왔는데, 소프트웨어 관련 산업이 빠르게 발전하면서 사회에서 큰 부분을 차지하게 되었죠.

그에 따라, 더 이상 늦어서는 안 될 소프트웨어 관련 교육에 대해서 '행동'해야 한다고 생각한 것입니다. 그렇다고 모든 나라가 소프트웨어를 만드는 방법인 코딩을 가르치는 것은 아닙니다. 단지, 소프트웨어라는 것이 어떤 구조로 만들어졌으며 어떻게 만들어지는지를 이해하는 것이 목적입니다. 다른 나라들이 한다고 우리도 해야 하나 싶겠지만, 꼭 그래야 한다는 말도 아닙니다. 그렇지만 소프트웨어가 우리 생활에 많은 영향을 끼치고 있기 때문에 우리나라도 2018년부터 교육을 의무화하는 것입니다. 그래서 이런 시대의 흐름에 맞춰 자신이 필요할 때 소프트웨어를 만들어서 쓰자는 의미로 이번 장을 준비했습니다.

소프트웨어, 직접 만들어 보는 건 어떨까?

DIY Do It Yourself라는 말을 들어 보셨을 겁니다. '스스로 필요한 것을 만들자'는 뜻이고 취미로 만드는 것부터 생활에 필요한 물품들을 포함하고 있습니다.

가구점에 가면 의자를 팝니다. 정말 비싸지만 편안한 의자부터 간이 의자까지 다양한 제품이 있습니다. 이 제품들은 누군가에 의해 만들어진 것들이고 우리는 그만큼의 제작 비용을 지불하고 사용하는 것입니다. 그런데, DIY를 하는 사람들은 의자를 만들 나무를 직접 구매하여 자기 몸에 꼭 맞도록 만드는 사람들도 있습니다. 이렇게 직접 의자를 만들 수 있는 이유는, 누군가가 나무를 잘 잘라서 팔고 있고 의자를 만들 못과 망치 등을 팔고 있기 때문입니다. 즉, 자신이 의지만 있다면 만들 수 있다는 것입니다. 소프트웨어도 마찬가지라고 말씀 드리고 싶습니다.

의자를 만들고 싶다고 나무를 키우고 잘라서 의자용 판자를 만드는 일은 하지 않듯이, 소프트웨어도 모든 것을 혼자서 다 할 수는 없습니다. 누군가가 의자용 나무를 잘라서 팔고 망치와 못과 같은 도구를 팔듯이, 소프트웨어를 만들기 위한 도구들이 많기 때문에 이들을 잘 이용하기만 하면 됩니다.

자동차에 관한 이야기를 할 때에도 플랫폼이라는 것이 있다고 했습니다. '무언가를 만들 때 조금 더 쉽게 만들 수 있도록 돕는 것'이라고 말씀드렸죠? 소프트웨어에도 플랫폼이 있어서 쉽게 만들 수 있도록 해 줍니다. 그렇지만 처음부터 이런 플랫폼을 사용한다면 소프트웨어의 본 모습은 못 보게 될 가능성이 큽니다. 그래서 저는 소프트웨어를 이해하기 위해 아래와 같은 단계로 준비해 봤습니다.

- 왜 소프트웨어는 빠르게 발전할 수 있었나?
- 왜 컴퓨터는 디지털을 사용해야 하는가?
- 디지털과 프로그램 언어는 무슨 관련이 있는 것일까?
- 프로그램 언어를 이해해보자
- 완벽한 소프트웨어를 만들기 어려운 이유는 무엇일까?

소프트웨어라는 것은 앞서도 말씀을 드렸지만 컴퓨터를 다루기 위한 도구입니다. 그렇기 때문에 우리가 다루려는 컴퓨터부터 알 필요가 있겠죠? 물론, 하드웨어를 다 설명해가면서 이해하면 좋겠지만 꼭 그럴 필요도 없습니다. 소프트웨어만 해도 공부하고 다뤄야 할 것이 너무 많기 때문입니다. 그리고 프로그래밍 언어가 무엇인지, 어떻게 컴퓨터와 소통을 할 수 있는지 그리고 어떻게 활용할 것인지를 생각해야 하죠.

이런 단계들을 거치고 난 뒤에 내가 무엇을 만들지 어떤 것이 필요한지 가늠할 수 있을 겁니다. 그리고 필요한 프로그래밍 언어를 더 공부하고 나면 여러분은 소프트웨어를 만들 수 있는 것입니다.

소프트웨어의 발전

소프트웨어는 왜 빠르게 발전했을까?

소프트웨어에는 장점이 많습니다. 스마트폰이나 PC와 같은 장치를 쉽게 사용할 수 있도록 해주고, 게임과 같은 소프트웨어는 재미를 주며, 인공지능은 우리의 삶에 한 차원 높은 도움을 주려고 합니다. 소프트웨어가 없다면, 스마트폰이 만들어 졌을까요? 아직까지도 무전기만한 전화기를 들고 다녔거나 인터넷을 사용할 수도 없었을 것입니다. 카카오톡이나 SNS 그리고 SMS를 보내는 일 등은 더욱 없었겠죠. 이런 일들을 가능하게 하는 소프트웨어도 처음부터 능력이 좋았던 것은 아닙니다.

스마트폰과 같은 전자 장치에 들어가 있는 소프트웨어가 아니라, 보통의 PC나 스마트폰에서 동작하는 소프트웨어들은 우리가 눈으로 보고 확인할 수 있는 용도로 많이 만들어 집니다. PC용 소프트웨어들도 키보드로 입력하거나 마우스를 클릭하여 인터넷 기사를 읽고 쇼핑을 할 수 있도록 하죠.

그래서 소프트웨어와 관련되어, 소프트웨어를 사용자에게 세련되게, 보다 더 편리하게 사용할 수 있도록 디자인하는 직업도 있습니다. 아무래도 사용자들이 눈에서 보이지 않는 부분보다는 눈에 보이는 그래픽을 더 좋아하기 때문일 것입니다. 이런 디자이너 분들의 감각에 따라서 소프트웨어는 화려하게 변신합니다.

예를 들어, 아이폰의 경우 iOS가 버전이 바뀔 때마다 내부 디자인이 조금씩 바뀝니다. 하드웨어인 스마트폰은 그대로인데 소프트웨어와 디자인이 바뀐다는 이유만으로 새로운 휴대폰이 된 듯한 느낌을 받죠. 옛날 버전의 iOS와 비교해 본다면 얼마나 멋지게 변했는지 알 수 있습니다.

안드로이드 폰도 마찬가지로 버전이 업그레이드 될 때마다 새로운 디자인이 나오기도 하고, '테마'라고 부르는 앱을 다운로드하면 또 다른 느낌을 받을 수 있습니다. 이렇게 그림이나 조작하는 방법만 바꿔도 새로운 폰을 사용하는 것과 같은 느낌을 받을 수 있습니다.

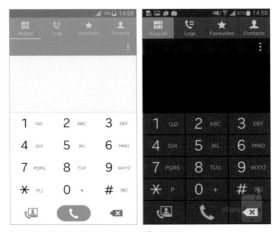

▲ 테마만 달라져도 확 달라지는 느낌을 줍니다.

이때 사용자가 스마트폰을 조작하는 방법을 UIUser Interface라고 부릅니다. 아이콘을 누르는 것과 같이 이미지를 사용하여 조작할 수 있다면 GUIGraphic User Interface라고 부르기도 합니다. 그리고 사용자에게 쉽다는 느낌과 직관적인 조작을 할 수 있도록 제공하는 등의 경험을 UXUser Experience라고 부르죠.

UI나 UX 등은 어떻게 하면 사용자에게 좋은 소프트웨어로 보일까를 생각하는 방법의 일부입니다. 그렇게 해야만 사용자가 그 소프트웨어를 선택해 줄 것이기 때문입니다. 그래서 예전에는 없었던 'UI 디자이너'나 'UX 디자이너'와 같은 직업들도 생겨나게 된 것입니다.

이렇듯 소프트웨어는 코딩을 통해서 만드는 일뿐만 아니라 감각적으로 그림을 그리기도 해야 하고 편하게 사용하는 방법을 연구하기도 해야 합니다. 즉, 필요한 일들이 많아지고 있는 것인데요. 그에 반해서 하드웨어는 한 번 만들어진 이후에는 변경되는 일이 많지가 않습니다. 특별한 문제가 생겨서 '리콜'을 하지 않는 이상 말이죠.

그렇기 때문에 소프트웨어는 시간이 지날수록 그 중요성이 커져가고 있고 하드웨어에 비해 성장이 활발할 것이라 예상하고 있습니다. 그러한 비교를 최근에 많은 이슈가 되고 있는 VR(가상현실) 시장을 통해서 확인할 수 있습니다.

▲ VR 시장에서 하드웨어와 소프트웨어의 비중[04]

　　요즘같이 창업을 많이 하는 시대는 없었을 것 같습니다. 창업 열풍은 전세계적인 열풍으로 볼 수 있습니다. 그 중에는 페이스북, 인스타그램, 우버와 같은 기업들이 성공을 했죠.

　　이 사업들은 아이디어를 가지고 검증하는 데까지 돈이 많이 들지 않았습니다. 그 이유는, 소프트웨어 개발 회사들이었기 때문인데요. 소프트웨어는 하드웨어와는 다르게 PC만 있으면 됩니다. 만들어서 테스트하고 실물을 볼 수 있기 때문입니다. 그리고 아이디어 검증을 한 뒤에 투자자들을 찾아 다니며 자금을 모으고 그 돈으로 마케팅과 서버 유지 비용 등에 사용하는 것입니다.

　　요즘은 이들처럼 소프트웨어를 만들어 사업화하려는 사람이 많아지면서 자연스레 경쟁이 생기게 되었습니다. 그러다 보니 각 회

---

04 https://goo.gl/VJowtN

사들은 더 좋은 서비스를 만들려 하게 되었고 소프트웨어가 그만큼 계속해서 발전을 해온 것입니다.

플랫폼, 개발자들의 부담을 줄이다

그런데, 소프트웨어라고 하면 대부분의 사람들은 겉으로 드러난 모습만 상상합니다. 스마트폰에서 실행하는 앱처럼 예쁘고 사용하기 편하고 쉬워야 하는 것입니다. 물론, 이것들도 상당히 중요한 부분입니다. 그렇지만 소프트웨어라고 꼭 보이는 것이 전부는 아닙니다. 다음 절에서 상세히 다뤄지겠지만(마이크로프로세서를 포함하는) 컴퓨터가 있으면 소프트웨어가 꼭 필요합니다.

단지, 모니터와 같은 화면이 있으면 무언가를 그래픽이나 문자로 보여줄 수 있는 것이며, 모니터와 같은 영상 장치가 없다고 해서 소프트웨어가 없는 것이 아닙니다.

예를 들어, 자동차에도 많은 컴퓨터[05]가 있다고 했습니다. 그 컴퓨터 들에 모니터가 달려 있지는 않죠? '모터 ECU'도 그렇고 '핸들 ECU'도 그렇습니다. 그런데도 이들은 스스로 운전자가 핸들을 쉽게 조작할 수 있도록 동작해야 하기 때문에 운전자의 의도를 파악하는 소프트웨어가 필요합니다.

스마트폰, TV, 라디오 등 대부분의 전자 제품들에도 컴퓨터가 들어 있고 모두들 소프트웨어가 필요하죠. PC용 소프트웨어나 스마트폰용 앱 등은 말할 것도 없죠. 이렇게 많은 곳에서 소프트웨어를 필요로 하는데 시간이 갈수록 그러한 기기들은 더욱 많아집니

---

05 스마트카를 다룰 때 ECU 안에 마이크로프로세서(컴퓨터)가 있다고 설명했습니다.

다. 그렇기 때문에 전세계적으로 소프트웨어 교육 열풍이 부는 것도 이해할 수가 있습니다.

그런데 소프트웨어는 한 가지 치명적인 단점이 있습니다. 바로, 컴퓨터에 있는 프로세서들 즉, CPU나 마이크로프로세서를 동작시키는 용도로 만들어지기 때문에 생기는 것인데요. 프로세서가 달라지면 소프트웨어가 달라진다는 점입니다. 즉, 프로세서가 달라져서 소프트웨어를 바꿔야 한다면 같은 기능이라도 많은 부분을 바꿔야 합니다. 이러한 어려운 점을 해결해 주기 위해서 많은 회사들이 플랫폼이라는 것을 만들고 있습니다.

자동차의 플랫폼을 이야기하면서 잠깐 말씀드린 것과 같은 의미의 플랫폼입니다. 예를 들어, 안드로이드와 iOS는 다른 소프트웨어 플랫폼으로 볼 수 있습니다. 플랫폼이 다르다는 말은 서로 같은 앱을 사용하지 못하고 각자의 플랫폼을 위한 앱을 사용해야 한다는 것입니다.

어떤 앱들은 안드로이드에도 있고 iOS에도 있는 경우가 있죠? 이들은 각각의 플랫폼에서 동작할 수 있도록 각자 만들어진 것이며 같은 모양과 동작하는 것이지 완벽히 같은 소프트웨어는 아닙니다.

이런 플랫폼들이 있으면 소프트웨어를 개발하는 사람들 입장에서는 쉬워지며, 또한 프로세서가 바뀌면 소프트웨어도 바뀌어야 한다고도 설명했습니다.

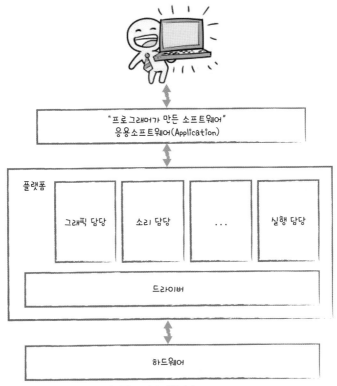

"프로그래머가 만든 소프트웨어"
응용소프트웨어(Application)

플랫폼

그래픽 담당   소리 담당   ...   실행 담당

드라이버

하드웨어

▲ 플랫폼을 사용하면 개발에 대한 부담이 덜합니다.

보통의 개발자들은 그림과 같이 '응용 소프트웨어Application'라고 부르는 부분을 만듭니다. 줄여서 '앱App'이라고도 부르죠. 그리고 하드웨어를 제어하고 통신하며 화면에 표시해 주는 일들은 플랫폼들이 처리해 주는 구조입니다.

예를 들어, 응용 소프트웨어를 만드는 일은 자동차를 만들 때 엔진부터 바퀴까지 모두를 만드는 것이 아니라, 좋은 운전석만을 만들기 위해 연구하는 것과 같습니다. 운전자에게 조금 더 편하고 안락한 시트를 제공하기 위해 다른 일들은 신경쓰지 않는 것입니다. 즉, 자동차용 플랫폼을 이용하여 엔진과 바퀴까지는 다른 회사의 것을 이용하고 푹신푹신한 시트를 장착하거나 세련된 대시보드를 디자인하여 판매하는 것과 같습니다.

마찬가지로 소프트웨어를 개발하는 사람도 모든 것을 만들 필요가 없는 것입니다. 플랫폼을 이용하면, 프로세서를 제어하고 통신하며 화면을 터치하는 일 등은 플랫폼에서 처리해 주는 것입니다.

최근에는 프로세서의 종류도 다양해지고 성능과 기능들을 달리하여 출시되는 것들이 많습니다. 이들을 다 제어하기는 갈수록 힘들어지겠죠. 그래서 새로운 플랫폼들도 계속해서 함께 등장하고 있습니다.

이번 절에서는 하드웨어 산업에 비해 소프트웨어 산업이 계속 발전할 수 밖에 없었던 이유를 간단히 알아보았습니다. 그래서 소프트웨어는 시간이 지날수록 더 많이 생겨날 것이고 그에 따라 소프트웨어를 만들 사람들이 더욱 필요해질 것인지 언급했는데요. 그렇기 때문에 소프트웨어 교육을 각 나라에서 의무화시킨다는 것도 말씀드렸습니다. 그렇다고 여러분들이 소프트웨어를 꼭 만들 필요도 없습니다. 소프트웨어의 힘이 커져 간다는 것이지 세상의 모든 것이 소프트웨어인 것은 아니기 때문입니다.

단지, 소프트웨어를 이해할 수 있고 필요에 따라서 조금 만들 수 있다면 여러분에게 많은 도움을 줄 수 있는 것이기에 소프트웨어를 알아야 한다고 말씀 드리는 것뿐입니다.

소프트웨어를 제어하는 프로세서 이야기

프로세서와 소프트웨어의 관계

PC나 전자제품 및 자동차에 CPU나 마이크로프로세서와 같은 프로세서들이 들어 있고, 이 프로세서들을 제어하는 것이 소프트웨어라고 설명했습니다. 그래서 소프트웨어를 이해하기 위해서는 프로세서와 소프트웨어 간의 관계를 먼저 이해할 필요가 있습니다.

프로세서는 보통, 칩 또는 IC Integrated Circuit라고 부르는 형태를 하고 있습니다.

▲ PC에서 많이 사용하는 프로세서

IC Integrated Circuit라는 것은 전자회로Circuit를 아주 작게 만들어 한 곳에 모았기Integrated 때문에 붙여진 이름입니다. 이 책에서 전자회로circuit가 무엇인지 자세히 설명하기엔 주제를 벗어난 일이지만 프로세서를 이해하기 위해 조금 설명하겠습니다.

전자회로는 전자들을 제어하기 위해 여러 부품들을 배치해 놓은 것입니다. 전자는 에너지를 가지고 있는데 많이 모일수록 큰 힘을 냅니다. 전자들은 **금속과 같은 물체**[06]를 따라서 이동도 할 수 있고요. 이동하면 눈에 보이지 않는 전자파들도 만들어 내기도 합니다.

이 전자들의 에너지를 빛으로 바꿔주는 부품을 LED Light Emitting Diode, 빛을 발산하는 다이오드라고 부르며 한쪽 방향으로만 전자를 보내는 부품은 다이오드, 전자의 흐름을 조절하는 부품들을 저항, 커패시터, 인덕터라고 부르는데요. 이런 부품들을 서로 엮어서 우리가 원하는 기능을 만들 수 있습니다.

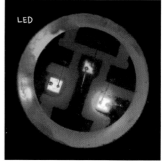

▲ 전자 부품들

06 도체: 전자가 흐를 수 있는 물체들로 대표적으로 금속이 있습니다.

예를 들어, 배터리를 연결하면 LED에 불이 들어오는 회로를 만든다고 하면 아래와 같이 연결하면 되는데요.

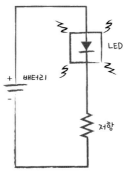

▲ LED에 배터리가 연결되면 빛을 내는 회로입니다. 왼쪽은 배터리의 (+)와 (−)가 있으며 오른쪽에는 LED와 저항이 연결된 모습입니다. 배터리에 선이 연결되면 LED에는 불이 들어 옵니다.

배터리는 전자들이 들어 있는 에너지원입니다. 저항은 전자들의 흐름을 조절하는 역할을 하고요. LED는 전자가 지나가는 양에 따라 빛을 내는 부품이죠.

배터리에는 많은 전자가 들어 있기 때문에 너무 많은 전자를 LED에 보내게 되면 빛이 너무 밝아져 LED가 고장이 납니다. 그렇기 때문에 저항을 붙여서 전자의 양을 조절할 필요가 있는 것입니다.

[표 1] 각 부품의 이름과 기능들

부품	설명
배터리	전자들이 모여 있는 저장소
저항	전자의 양을 조절하는 부품
LED	전자의 양에 따라 빛을 내는 부품

그림처럼 부품들을 서로 연결하는 작업을 '회로circuit를 꾸민다'고 말합니다. 이렇게 전자부품들을 써서 꾸며진 회로를 '전자회로electric circuit'라고 부르고 줄여서 '회로circuit'라고 부릅니다.

방금 만든 회로는 배터리를 연결하면 무조건 LED에 불이 들어 오게 되어 있습니다. 이 회로의 LED와 배터리 사이에 스위치를 추가하면 우리가 원할 때 껐다가 켤 수도 있는데요. 스위치가 ON 되면 회로가 연결되는 것이어서 전자가 스위치를 따라서 LED를 지나게 될 것입니다. 그 결과로 LED는 빛을 낼 것이고 스위치가 OFF되면 LED에 전자가 흐르지 않으므로 빛이 꺼지는 것입니다.

이렇게 스위치로 ON/OFF되는 회로를 디지털 회로로 비유할 수 있습니다.

디지털 회로는 '빛이 켜진다'와 같이 ON되는 상황을 '1'로 비유하고 '빛이 꺼진다'와 같이 OFF되는 상황을 '0'로 비유하는데요. 그래서 디지털 신호라고 하면 '1' 또는 '0'으로 비유하여 말하는 경우가 많습니다. 즉, 디지털은 'ON' 또는 'OFF'와 같이 '1' 또는 '0'만 있습니다.

디지털을 말씀드렸는데 그와 함께 아날로그도 알 필요가 있습니다. 전자회로에서 아날로그 회로는 '연속적인 신호다' 내지는 '디지털 회로를 제외한 나머지 부분이다'라고 얘기를 많이 합니다.

그렇지만 본질적으로는 둘 다 같은 전자회로입니다. 그래서 기본적으로는 모든 것이 아날로그 회로라고 볼 수 있죠. 단지, 회로가 커져가고 스위치와 같은 부품들을 많이 사용하면서 '1'과 '0'으로만 회로를 설명할 수 있기 때문에 디지털 회로라고 부르는 것입니다.

정리하면, 디지털 회로는 스위치와 같은 부품들이 많이 사용되어 '1' 또는 '0'으로 설명이 가능한 회로이구요. 아날로그 회로는 디지털을 포함하는 모든 전자회로라고 보면 되겠습니다.

전자회로에 대한 이야기는 여기까지만 하고, 본론으로 돌아가서 IC_{Integrated Circuit}는 이러한 전자회로를 아주 작게 만들어서 모아 놓은 것입니다. 그래서 IC 안에는 디지털 회로와 아날로그 회로가 모두 있는데요.

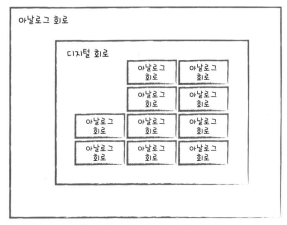

▲ 디지털 회로는 많은 아날로그 회로가 만들어 낸 것입니다.

보통은, 이런 IC 안에는 디지털 회로들이 외부와 연결되도록 만들어져 있어서 '1' 또는 '0'이라고 부르는 신호들을 발생시킬 수 있습니다. 실제로, '1'이라는 신호는 3.3V 전압이거나 5V 전압과 같이 아날로그 전압 값이죠.

그렇다면 디지털 회로는 외부로 '1' 또는 '0'이라는 신호를 보내기 위해서는 누군가가 내부의 스위치와 같은 부품들을 누르든지

(ON) 또는 떼든지(OFF) 해야 할 것입니다. 그래야만 '1'이라는 신호(전압 발생)가 발생하여 IC에 연결된 LED에 불을 오게 하거나 특정한 동작을 하게 될 테니까요. 여기서 필요한 것이 바로, '소프트웨어'입니다.

소프트웨어에 의해서 동작하는 IC를 프로세서Processor라고 부릅니다. 프로세서에는 CPU, MPU, MCU 등 불리는 이름도 다양한데요. 모두들 목적에 맞게 만들어져 이름이 다를 뿐 소프트웨어에 의해 동작하는 것은 마찬가지입니다. 추가로 한 가지를 더 알아야 하는데요.

프로세서들은 메모리가 필요하다는 것입니다. 메모리는 PC에서 사용하는 하드디스크나 USB 메모리와 같은 저장장치를 뜻하는 것인데요. 소프트웨어도 데이터와 명령어들을 저장하고 있기 때문에 메모리가 있어야 합니다.

프로세서는 앞서 설명한 것처럼 디지털 회로가 꾸며져 있는 IC입니다. 회로만 꾸며져 있지 동작을 어떻게 해야 하고 LED는 언제 켜야 하는지 모릅니다.

그래서 언제 'LED를 켜라' 내지는 'LED를 꺼라' 등의 행동을 프로세서에게 알려줘야 하는데요. 이 행동들을 순서대로 적어 놓은 것이 바로 소프트웨어입니다. 그렇다면 순서대로 적힌 행동들(명령어들)을 프로세서는 어딘가는 보관해 둬야 하겠죠?

이 행동들이 적힌 내용들을 '코드Code [07]'라고 부른다면, 코드들을 프로세서에 연결된 메모리나 프로세서 내부에 있는 메모리에

---

07 프로그램을 만드는 일을 코딩이라고 부르는 이유입니다.

저장해 두어야 합니다. 그래야만 배터리가 연결될 때마다 프로세서가 알아서 미리 적어둔 내용에 따라서 행동할 테니까요.

정리하자면, 프로세서는 코드를 실행할 수 있는 디지털 회로입니다. 그리고 실행해야 할 명령어들 즉, 코드들의 묶음을 '소프트웨어'라고 부릅니다.

▲ 컴퓨터는 적혀 있는대로만 행동합니다.

지금까지 말씀드린 내용은 프로세서를 하드웨어 입장에서 바라본 것이었고요. 프로세서는 왜 소프트웨어가 필요한지도 말씀드렸습니다.

정리하면, 프로세서는 어떻게 동작해야 하는지 모르는 디지털 회로이며, 그래서 필요한 것이 소프트웨어라고 설명했습니다. 그렇기 때문에 소프트웨어와 프로세서는 항상 같이 움직여야 하는 것입니다.

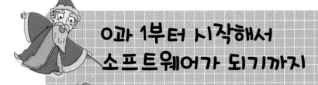

0과 1부터 시작해서
소프트웨어가 되기까지

프로세서의 스위치로 알아보는 코드의 정체

프로세서는 디지털 회로가 들어 있는 IC라고 했습니다. 메모리에 들어 있는 명령어들인 코드를 실행할 수도 있다고 했습니다. 그런데 명령어가 어떻게 생겼고, 어떻게 실행이 되는 건지 말씀드리지 못했는데요. 이번 절에서 그 부분을 알아보려고 합니다. 대신, 너무 깊은 부분을 말씀드리기엔 본 책의 주제와 벗어나는 것이어서 소프트웨어에 대한 이해를 위주로 설명하겠습니다.

명령어에 관해 알아보기 전에 디지털 회로를 다시 정리해봅니다. 디지털 회로는 스위치를 ON/OFF하는 것처럼 '1'또는 '0'을 할 수 있다고 했습니다. 이 부분이 중요했는데, 디지털 회로이기 때문에 동작하기 위해서는 누군가가 스위치를 눌러줘야 한다는 것입니다.

예를 들어, IC 내부에 스위치가 4개 있고 몇 개의 스위치가 ON이 되는가에 따라 IC 외부에 연결된 LED가 선택된다고 하겠습니다. LED가 선택된다는 말은 ON이 되어 빛이 발생한다는 뜻입니다.

[표 2] 스위치와 선택된 LED

1번 스위치	2번 스위치	3번 스위치	4번 스위치	선택된 LED
누름(1)	뗌(0)	뗌 (0)	뗌 (0)	1번째 LED
누름(1)	누름(1)	뗌 (0)	뗌 (0)	2번째 LED
누름(1)	누름(1)	누름(1)	뗌 (0)	3번째 LED
누름(1)	누름(1)	누름(1)	누름(1)	4번째 LED

이런 회로를 만들었으면 누군가가 스위치를 눌러줘야 할 것입니다. 이때 스위치를 누르면 ON, 떼면 OFF라고 할 때, 우리는 '1' 또는 '0'이라고 표기한다고 하였습니다. 스위치가 4개이므로 손가락 4개를 사용하여 '1' 또는 '0'을 만들 수 있겠군요.

그래서 1번 LED에 불이 오게 하고 싶다면, 손가락 하나만 '1'을 만들면 됩니다. 4번 LED에 불이 오게 하고 싶다면, 손가락 4개 모두를 '1'로 만들면 되겠죠. 즉, 스위치 4개를 모두 누르고 있으면 됩니다.

그런데 스위치가 100개, LED가 100개로 늘어 난다면 어떨까요? 손가락이 100개가 안 되니까 다른 수단이 필요할 것입니다. 그래서 돌을 100개를 준비합니다. 그리고 이 돌들을 스위치에 올리면 ON이 되니까 '1'로 생각하고, 내려 놓으면 스위치가 꺼지므로 '0'으로 하면 될 것입니다.

마찬가지로, 프로세서 안에는 무수히 많은 스위치가 있습니다. 이 스위치가 어떻게 ON/OFF가 되느냐에 따라 할 수 있는 행동들이 달라지는데요. 가령, 이 스위치들에 따라 외부에 연결된 LED를 켜는 것이 아니라, IC 내부에서 '더하기'를 할 수도 있고 '빼기'를 할 수도 있습니다.

그렇다면 프로세서는 스위치들을 ON/OFF시키기 위해서는 무엇을 해야 할까요? 그 방법은 메모리를 이용하는 것입니다. 메모리는 내부에 무수히 많은 '1'과 '0'을 저장할 수 있습니다. 이 '1'과 '0'들을 기억할 수 있다고 해서 다른 이름으로 기억장치라고 부르는 것이죠. 그리고 '1'과 '0'을 여러 개를 묶어서 뜻을 부여한다면, '데이터(Data)'라고 부르는 것입니다.

즉, '데이터'는 여러 개의 '1'과 '0'이 묶여서 'A'라는 글자를 뜻하기도 하고 '우리'라는 단어를 뜻하기도 합니다.

이렇게 일정한 값을 모아서 '코드'라고 부르고 그 코드 값에 따라서 프로세서가 해야 할 행동을 정의해 놓을 수 있습니다.

[표 3] 메모리 안의 데이터 값

메모리 위치	코드	의미
1	01011011	1번 LED 켜기
2	11011001	2번 LED 켜기
3	01010010	빼기
4	11101101	곱하기
5	11010100	더하기
...	...	...

1번째 코드부터 하나씩 실행해 나가야 한다

▲ 프로세서는 정해진 순서대로 코드를 실행합니다.

클록으로 알아보는 프로세서의 명령 실행 순서

그렇다면 우리는 프로세서에 연결된 LED들을 제어하기 위해서 내부의 스위치를 손가락으로 누르거나 돌을 올려 놓을 필요 없이 메모리에 데이터 값만 넣어두면 되겠죠?

이 값에 따라서 스위치가 제어되고 프로세서는 그 값을 순서대로 읽어 가면서 행동하기 때문입니다. 요약해 보면 아래와 같습니다.

- 프로세서는 디지털 회로이다
- 디지털 회로는 '1'과 '0'이 필요하다
- 메모리는 무수히 많은 '1'과 '0'을 저장할 수 있다
- 메모리에 원하는 데이터 값을 넣어두면 프로세서는 순서대로 읽어가며 실행한다

이전 내용에서 메모리에 데이터를 넣어두면 프로세서가 순서대로 메모리에 들어 있는 데이터를 읽어가며 실행한다고 하였습니다. 그 결과로 스위치가 눌러진다고 했습니다. 그렇다면 조금 복잡하게, '1초마다 LED들의 순서를 바꿔가면서 누르고 싶다'면 어떻게 해야 할까요? 1초마다 데이터를 매번 메모리에 데이터를 넣어줘야 할까요?

만약에 100개의 LED가 연결되어 있고 1초마다 순서대로 켜고 싶다면 1초 마다 100번이나 데이터를 바꿔 줘야 할 것입니다. 그렇게 한다면 스스로 동작하는 프로그램이 아니라, 사용자에 의해 스위치가 눌러지는 기계일 뿐이죠. 즉, 컴퓨터가 아닌 것입니다.

그런데 실제로는 프로세서를 매 1초마다 LED를 켜거나 원하는 때에 원하는 기능을 할 수가 있습니다. 어떻게 이런 일이 가능한 것일까요? 그리고 아래와 같은 의문들은 또 어떻게 해결할 수 있을까요?

- 프로세서는 어떻게 시간을 알 수가 있는 것인가?
- 1초가 아니라 10초마다 LED를 켜고 싶다면 어떻게 해야 할까?

우리는 스마트폰의 시계를 보거나 손목시계를 통해서 현재의 시간을 알 수가 있습니다. 1초마다 바늘이 움직이고 60초가 되면 1분이 된다는 것을 알고 있죠.

그런데, 시계가 없고 스마트폰이 없다면 '1초가 지났다' 내지는 '1분이 지났다'를 어떻게 알 수 있을까요? 시계 없이 1초마다 책상의 램프를 껐다가 켜야 한다면 감각적으로 할 수밖에 없습니다. 이런 경우에는 당연히 시간이 정확할 수 없겠죠.

이런 일은 프로세서도 마찬가지입니다. 그래서 매번 시간을 알려주는 보조장치를 사용하는데요. 그래야만 정확한 시간을 알 수도 있고, 그 보조장치가 언제 다음 명령어를 실행해야 하는지도 알려주기 때문입니다.

여기서 말하는 보조 장치가 바로 클록Clock입니다. PC의 성능을 이야기할 때, 'CPU의 클록이 얼마'라는 말을 많이 쓰죠? 여기서 사용하는 클록과 같은 의미인데요.

'클록'은 단순히 일정한 시간마다 '1'과 '0'을 반복하는 장치입니다. 가령, 클록이 1Hz(헤르츠)짜리라면, 1초마다 반복된다는 뜻인데요. 즉, 1Hz짜리 클록은 1초마다 '0'이었다가 '1'이 되고 다시 '0'이었다가 '1'이 되는 행동을 반복하는 것입니다.

그렇다면 보통 이야기하는 3GHz(기가헤르츠)의 CPU는 0.00000000033초마다 '0'과 '1'을 반복하는 클록을 사용합니다. 정말로 빠르게 '0'과 '1'을 반복하는 클록을 사용하는 것입니다.

▲ 클록이 '0'에서 '1'이 될 때마다 새로운 명령어를 실행합니다.

그렇다면, 클록과 프로세서는 어떤 연관이 있기에 시간을 알 수 있으며, 어떤 기준으로 다음 명령어를 실행하는 것일까요? 하나의 예를 들어 보겠습니다.

친구 A에게 스마트폰과 시계를 주지 않고 1초마다 램프를 껐다가 켜라고 해봅니다. 그렇다면 친구 A는 정확히 해낼 수 없을 것입니다. 그래서 그 친구 A 옆에 또 다른 친구 B를 앉히고 시계를 보고 있으라 합니다. 그리고 친구 B에게 시계가 1초를 지날 때마다 친구 A에게 어깨를 '툭'치라고 하겠습니다.

그렇다면 친구 A는 시계를 보지 않아도 친구 B가 어깨를 칠 때마다 1초라는 것을 알 수가 있습니다. 게다가 10초마다 램프를 껐다가 켜고 싶으면 친구 B가 10번 어깨를 쳤을 때 램프를 조작하면 되겠죠.

프로세서도 이 친구들과 마찬가지로 행동하게 됩니다. 클록이 '0'이었다가 '1'이 되면 명령어를 하나 실행하고 다시 '0'으로 갔다가 '1'이 되는 순간 그 다음 명령어를 실행하는 것입니다.

즉, 첫 번째 LED를 켜기 위해 만든 명령어가 있다면 두 번째 LED를 켜는 명령어가 자동으로 다음 클록이 발생할 때 나타나게 할 수 있다는 것입니다. 그래서 순서대로 LED가 켜지는 명령어를 메모리에 넣어두면 클록이 발생될 때마다 자동으로 LED가 켜지는 순서가 바뀌게 할 수 있다는 것입니다.

만약에 이 프로세서가 클록이 1Hz(1초마다 반복)짜리를 사용한다면, 1초마다 LED가 순서대로 켜진다는 것입니다. 그래서 10초마다 LED를 켜고 싶다면 2가지 방법을 사용할 수 있는데요. 이와 같은 방법입니다.

- 클록을 0.1Hz 를 사용한다
- 프로세서가 매 1초마다 숫자를 세고 10이 되었을 때 LED 를 켠다

클록에 관한 이야기가 조금 길어 졌네요. 그런데, 나중에 프로그램이 어떻게 순서대로 실행될 수 있는지 설명해 주는 중요한 부분이기에 조금 길게 설명을 드렸습니다.

프로그램 언어로 프로세스에게 명령을 전달한다

다시 '코드'에 관한 이야기로 넘어가 보겠습니다. 이전 내용 중에 프로세서에게 'LED를 켜라'고 명령하기 위해서는 하나의 '코드'가 필요하다고 했습니다. '10010101'과 같이 생겼다고 말씀드렸구요.

그렇다면 프로그래머들이 만드는 코드들은 모두 '10010101'과 같이 생겨야 할 것입니다. 그런데 실제로 프로그래머가 작성하는 코드들은 이렇게 생기지 않았습니다. 다음을 살펴볼까요?

```
void main(int arg)
{
    int a, b;

    a = b + 1;
}
```

이 코드가 무슨 뜻인지 이해하지는 못하더라도 분명히 '1'과 '0'으로 만들어진 것은 아닙니다. 그렇다면 프로세서가 이런 코드를 알아 들을 수 있을까요?

프로세서는 디지털 회로이기 때문에 '1'과 '0'만 알아 들을 수 있다고 했습니다. 그런데, 프로그래머는 '1'과 '0'으로 코드를 만들기가 어렵습니다. 무수히 많은 동작을 '1'과 '0'으로 만들라고 한다면 엄청나게 어려워지고 실수도 많아질 것입니다. 그래서 프로그래머는 어떤 도구로부터 도움을 받아야 합니다.

소프트웨어를 만드는 언어를 '프로그램 언어_{Program Language}'라고 부릅니다. 언어라고 부르는 이유는 누군가가 알아 들을 수 있기 때문이겠죠?

프로세서가 알아 듣는 '1'과 '0'의 조합도 언어입니다. 대신 프로그램 언어라고 부르지 않고 '기계 언어_{Machine Language}', 줄여서 '기계어'라고 부릅니다.

그렇다면 프로그램을 만드는 사람이 사용하는 '프로그램 언어'와 프로세서가 알아 들을 수 있는 '기계어'는 분명히 다른 언어이기 때문에 통역이 필요합니다. 이렇게 통역해주는 도구가 따로 있는데요. 이 도구를 '컴파일러_{Compiler}'라고 부릅니다.

즉, 컴파일러의 역할은 '프로그램 언어'를 '기계 언어'로 바꿔주는 역할을 합니다. 그래서 프로그래머가 만든 소프트웨어를 프로세서에서 동작시키기 위해서는 컴파일러가 무조건 필요합니다.

통역사인 '컴파일러'도 종류가 많고 각자 능력이 다릅니다. 컴파일러의 능력만 좋다면 소프트웨어를 쉽게 만들 수도 있겠죠? 맞습니다. 컴파일러를 공부하면 여러분도 소프트웨어를 만들 수 있습니다.

컴파일러라는 소프트웨어를 보통은 툴_{Tool}이라고도 부르는데요. 우리가 가구를 만들 때 사용하는 '도구_{Tool}'처럼 기계어로 바꾸기 위한 '도구'입니다. 컴파일러도 무수히 많은 업체에서 만들어 주고 있는데요. 회사마다의 차이점은 '프로그램 언어를 얼마나 똑똑하게 기계어로 만들어 주느냐'와 '얼마나 쉽게 만들 수 있게 하느냐'의 차이입니다.

그래서 잘 만들어진 컴파일러를 사용하면 소프트웨어를 개발하는 일이 조금 쉬워질 수 있고요. 나쁜 컴파일러를 사용하면 그만큼 질 나쁜 기계어가 나올 수도 있습니다. 그렇기 때문에 잘 알려진 컴파일러를 유료로 구매하여 사용하는 경우가 많은 것입니다.

프로그램 언어가 명령을 수행하는 방법

프로그램 언어는 어떻게 구성되어 있을까?

이전까지는 하드웨어에 관련된 이야기를 많이 했습니다. 디지털 회로가 무엇이고 왜 디지털은 '1'과 '0'을 사용하는지도 스위치에 비유해서 말씀드렸습니다. 그러한 설명을 한 이유가 지금부터 이어질 소프트웨어에 관한 이야기를 하기 위해서였습니다.

소프트웨어를 만들 수 있는 컴파일러는 무수히 많다고 했습니다. 전문적으로 컴파일러를 만드는 회사가 있고 오픈소스 프로젝트로 진행되는 컴파일러들도 있습니다.

컴파일러도 오래 전부터 만들어져 왔고 사용되어 오면서 발전을 거듭해 왔습니다. 조금 더 사용자가 쉽게 만들 수 있도록 하고 성능이 좋아지도록 발전했는데요. 그러면서 조금 더 쉽게 소프트웨어를 만들 수 있도록 프로그램 언어도 함께 개발되고 변형되었습니다.

그래서 지금은 많은 프로그램 언어가 있죠.

[표 4] 프로그램 언어의 비교

프로그램 언어	특징
C/C++	어렵지만 하드웨어를 제어하기에 적합한 언어
JAVA	가상머신을 사용하여 다방면에서 사용 가능
Python	속도는 느리지만 사용법이 쉬우며 지원되는 기능이 많은 언어
C#	PC용 소프트웨어를 만들기에 적합한 언어
PHP	웹 서비스를 위해서 많이 사용되는 언어

각 프로그램 언어마다 특징이 다르고 성능이 다릅니다. 그래서 소프트웨어를 만드는 프로그래머가 잘 따지고 비교해서 필요에 따라서 선택해 사용하면 됩니다. 그렇지만 보통은 여러 프로그램 언어를 다루지 않고 자신에게 잘 맞고 성능이 괜찮은 언어를 골라서 주로 사용하는 경우가 많습니다.

이 책에서 프로그램 언어를 말씀 드리려는 것은 아닙니다. 대신, 모든 프로그램 언어를 배울 때 필요한 기초를 알려 드리려고 하는데요. 이 기초들만 알고 있어도 프로그램 언어를 여러분의 것으로 만드는 데 도움이 되지 않을까 생각하기 때문입니다.

프로그램 언어는 몇 개의 명령어만 사용해서 나열해도 거대한 프로그램이 될 수도 있습니다. 일단, 명령어들을 나열해 볼께요.

[표 5] 프로그램 언어의 구성

종류	명령어 내용
1	메모리에서 데이터 읽어오기
2	메모리에 데이터 쓰기
3	데이터를 데이터와 더하기
4	데이터를 데이터와 빼기

종류	명령어 내용
5	데이터를 데이터와 곱하기
6	데이터를 데이터와 나누기
7	데이터를 데이터와 비교하기
8	명령어 실행 위치 바꾸기

프로그램 언어는 이것들만으로도 충분히 만들 수 있습니다. 특별한 소프트웨어를 제외하면 이 내용이 전부라도 해도 됩니다. 왜냐하면, 프로세서가 할 수 있는 것이 이것들뿐이거든요. 소프트웨어라는 것이 프로세서를 제어하기 위해 만들어진 것이므로 당연히 이것들 만으로도 만들 수 있겠죠? '종류 1'과 '종류 7', '종류 8' 연산으로 프로그램 명령어 구성에 관해 살펴보겠습니다.

메모리에서 데이터를 읽어 오는 명령 처리 방식

'종류 1'은 프로세서가 명령어를 처리하기 위해서 명령어를 메모리에서 읽어 오는 것입니다. 앞에서, 프로세서는 클록이 발생할 때마다 명령어를 실행할 수 있다고 했습니다.

대부분의 명령어들은 '더하기', '빼기', '곱하기', '나누기' 등의 사칙연산을 위한 것입니다. 이때, 연산을 하려면 최소한 2개의 데이터가 필요한데요.

가령, '더하기'는 '1 과 2를 더하라'라는 식으로 1과 2라는 2개의 데이터가 필요합니다. 그리고 명심해야 할 것은, 프로세서는 클록이 발생할 때마다 명령어를 하나씩 실행한다는 점입니다.

다음 명령어를 살펴볼까요?

명령 : 1과 2를 더한 결과에 3을 곱하라

이 명령어에는 사칙연산 2개가 적용되었습니다. '더하기'와 '곱하기'입니다. 그런데 프로세서는 '더하기'나 '곱하기' 등 한 번에 하나의 명령어만 처리할 수 있다고 말씀드렸습니다.

그러므로 위 명령어는 다음과 같은 두 개의 명령어로 분리되어야 합니다.

❶ 1과 2를 더하라
❷ 그 결과에 3을 곱하라

여기서 문제가 발생할 수 있습니다. '1과 2를 더하라'는 명령어는 1과 2라는 뚜렷한 값이 있기 때문에 프로세서는 더하기만 하면 됩니다. 그런데 '그 결과에 3을 곱하라'는 명령어는 '그 결과'라는 값이 문제가 됩니다. 프로세서는 그 값이 무엇인지 모르기 때문입니다.

앞에서 먼저 실행된 명령어 '1과 2를 더하라'라는 명령어가 실행되고 나서 그 결과 값을 가지고 다시 3을 곱해야 하는데 그 결과가 어딘가는 저장되어 있어야 하기 때문이죠.

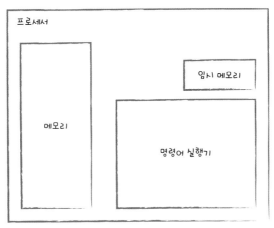
▲ 프로세서 안의 임시 메모리

그래서 프로세서들은 프로그램 코드를 저장하는 메모리 외에도 임시로 데이터를 저장할 수 있는 메모리를 또 가지고 있습니다. 이 메모리를 이용하면 '1과 2를 더한 결과에 3을 곱해라'라는 복잡한 명령어를 실행할 수 있는데요.

그 방법은 '1과 2를 더하라'에서 발생된 결과 값을 임시 메모리에 저장한 후 '그 메모리에 저장된 값과 3을 곱하라'라는 식으로 실행하는 것입니다.

그래서 필요한 명령어가 '메모리에서 데이터 읽기'와 '메모리에 데이터 쓰기'입니다.

[표 5]에서 살펴본 명령어들 중 '종류 1~6번'까지는 지금까지의 내용으로 이해가 될 것이라 생각합니다.

데이터와 데이터를 비교하는 명령어 처리 방식

그렇다면 이번엔 '종류7'에 대해서 알아볼 차례입니다.

'종류 7'은 데이터를 데이터와 비교하는 명령어입니다. 이 명령어는 상당히 많이 쓰이는 명령어 인데요. '조건 명령어' 라고도 이야기합니다. 보통, 내가 원하는 조건에 해당할 때를 찾고 싶은 경우에 쓰이는 데요. 그렇기 때문에 조건 명령어라고 부릅니다.

예를 들어, 다음과 같은 명령을 내린다고 가정해봅니다.

명령 : 1과 2를 더하고 그 결과가 10 보다 작으면 10을 더하고 아니면 5를 더하라

이 명령도 사칙연산을 할 때와 마찬가지로 다음과 같이 명령어가 나눠집니다.

❶ 1과 2를 더하라
❷ 그 결과가 10보다 큰가? 작은가?
❸ 결과 값이 크면 10을 더하라
❹ 결과 값이 작으면 5를 더하라

내가 찾고 싶은 조건은 중간 결과 값이 '10보다 큰가?'입니다. 만약에 이 조건에 해당하면, 그러니까 1과 2를 더한 값이 '10보다 크면' 10을 더할 것이고 아니면 5를 더한다는 것입니다. 이러한 조건에 따라 행동하는 명령어를 조건 명령어라고 부릅니다.

소프트웨어를 만들다 보면 사칙연산만 하는 것이 아니라 조건이 될 때마다 계산을 바꾸기도 하고 다른 명령어를 실행하기도 합

니다. 그렇기 때문에 조건 명령어는 많이 실행되는 명령어 중에 한 가지입니다.

명령어의 실행 위치를 바꾸는 연산

마지막으로, 명령어들 중에 '종류 8'은 명령어의 실행 위치를 바꾸는 것입니다.

프로세서는 정해진 명령어를 처음부터 읽어가면서 순서대로 실행된다고 설명했습니다. 그렇기 때문에 프로그램 언어를 순서대로 나열해야 하죠. 그런데 소프트웨어를 만들다 보면, 똑같은 명령어를 다시 실행해야 하는 경우가 많습니다.

프로세서에게 시킬 명령어가 짧으면 상관없지만 만 개, 10만 개가 되면 코딩하는 일이 쉽지는 않겠죠? 그래서 필요한 것이 같은 명령어를 다시 실행하는 것입니다.

예를 들어, '1과 2를 더하여 그 결과에 1을 더하라. 그리고 1을 더한 결과가 10 이상이면 프로그램을 종료하고 그 결과가 10보다 작으면 그 결과에 다시 1을 더하라. 그 결과가 10 이상이면 프로그램을 종료하고…', 이 명령어를 프로그램이 종료될 때까지 실행되는 명령어를 만드는 경우입니다.

방금의 예시처럼 '1을 더하고 10과 비교하고 다시 1을 더하고 10을 비교하고…' 이런 식으로 명령어를 만들 수도 있습니다. 그런데 명령어가 너무 길어지죠?

그래서 사용할 수 있는 방법이 명령어의 실행 위치를 바꾸는 것입니다.

예시의 명령어를 길게 쓰면 아래와 같습니다.

[표 6] 실행 위치를 바꾸지 않는 경우

명령어 순서	명령어
1번째 명령어	1과 2를 더하라
2번째 명령어	그 결과 값에 1을 더하라
3번째 명령어	만약에 결과 값이 10 이상이면 프로그램을 종료하라
4번째 명령어	결과 값이 10이 아니라면 1을 더하라
5번째 명령어	만약에 결과 값이 10 이상이면 프로그램을 종료하라
6번째 명령어	결과 값이 10이 아니라면 1을 더하라
7번째 명령어	만약에 결과 값이 10 이상이면 프로그램을 종료하라
…	…

그런데 이렇게 길게 늘어지는 명령어를 실행 위치만 바꿀 수 있다면 아래와 같은 명령어 리스트로 만들 수 있는데요.

[표 7] 실행 위치를 바꿀 수 있는 경우

명령어 순서	명령어
1번째 명령어	1과 2를 더하라
2번째 명령어	그 결과에 1을 더하라
3번째 명령어	만약에 더한 결과 값이 10이상이면 프로그램을 종료하라
4번째 명령어	아니라면 2번째 명령어부터 다시 실행하라

프로그램이 훨씬 더 간단해지고 짧아서 쉬워 보입니다. 그러면 프로그램을 만드는 프로그래머도 문제가 발생했을 때 찾아보기 쉽고 이해하기가 쉬워집니다. 그래서 많이 사용되는 명령어 중에 하나입니다.

지금까지 [표 5]의 명령어 종류들을 모두 살펴 봤습니다. 실제로는 이보다 복잡하고 더 좋은 명령어들도 많지만 가장 기본적인 명령어들만 추려 놓은 것인데요. 이 명령어들만 알고 있으면 나중에 프로그램 언어를 공부하실 때 많은 도움이 될 것입니다.

지금까지의 내용을 요약해 보겠습니다.

- 프로세서는 디지털 회로이다
- 프로세서는 '기계언어'만 이해할 수 있다
- 프로그래머가 기계언어로 명령하기는 어렵다
- 그래서 프로그래머는 '프로그램 언어'를 사용한다
- 컴파일러라는 도구가 있다
- 컴파일러는 프로그램 언어를 기계언어로 바꿔주는 역할을 한다

우리는 컴파일러라는 좋은 도구가 있기 때문에 기계 언어에 대해서 크게 신경을 쓰지 않아도 됩니다. 물론, 컴파일러 사용법을 익혔다는 전제에 말이죠.

그러나 프로그램 언어를 사용하여 소프트웨어를 만들려면, 해당하는 언어의 컴파일러 사용법을 익혀 둘 필요가 있습니다. 프로그램 언어를 어떻게 '기계언어'로 변환하는지 그 방법을 익혀야 하고 그렇게 해야만 올바르게 동작할 테니 말이죠.

프로세서를 동작시키기 위한 기본 명령어는 지금까지 설명한 것이 전부입니다. 이러한 기본 명령어들만 있으면 프로세서가 동작하지만 아직 부족한 것이 있습니다. 거기에는 아래와 같은 것들이 있습니다.

- 컴파일러는 가장 먼저 실행할 명령어를 어떻게 구분하는가?

- 메모리에서 데이터를 읽거나 쓰는 방법은?

- 기본적으로 알아야 할 기호들

다음 절에서 각 항목에 대해 자세히 알아보겠습니다.

프로그램 언어를 이해할 때 알아야 할 내용들

가장 먼저 실행할 명령어를 구분하는 컴파일러의 방법

프로그램 언어를 사용하여 명령어를 만들다 보면 명령어가 엄청 길어질 수밖에 없습니다. 단순히 '1+1'을 하려고 프로그램을 만들지는 않기 때문이죠. 그런데 프로그램이 길어지면 읽기도 힘들어지고 실수를 하기도 쉽습니다. 그래서 사용하는 방법은 프로그램 코드를 나누어 두는 방법입니다.

예를 들어, 책이 여러 권 있고 그 안에 명령어들을 적어 둘 수 있다고 하겠습니다. 그리고 필요할 때마다 열어서 읽는 것입니다. 그 책들의 이름은 '더하기 하는 책', '빼기 하는 책', '곱하기 하는 책'이 있다고 가정해보죠. 이 책을 꺼내서 빈 칸에 데이터를 적어 주면 적혀 있는 내용대로 실행해 주는 것입니다.

이런 식으로 모든 프로그램을 책처럼 만들어 두면 필요할 때마다 꺼내 쓸 수 있으므로 편할 것입니다. 그런데 한 가지 문제가 있습니다. 컴파일러는 이런 책들 중에서 어떤 책부터 명령을 실행해야 할 지 모른다는 것입니다.

프로세서는 명령어가 적힌 프로그램을 처음부터 순서대로 실행한다고 했습니다. 그리고 컴파일러는 인간 프로그래머가 작성한 프로그램 언어를 기계어로 바꿔 주는 역할을 하죠. 그런데 인간인 프로그래머는 프로그램 언어를 모두 책 속에다가 나누어서 만든 것입니다.

그래서 컴파일러가 처음으로 시작할 명령어들을 알기 위해서 컴파일러가 지정해 준 이름을 사용하여 책을 만들어 둘 필요가 있습니다.

대표적인 프로그램 언어인 C언어로 예를 들어 살펴볼까요? C언어에서는 'main'이라는 이름을 사용하도록 되어 있습니다. 그러면 C언어를 사용하는 프로그래머는 'main'이라는 이름의 책을 프로그램 맨 앞에 무조건 한 권 만들어야 합니다. 이 책이 무조건 처음에 실행될 것이기 때문입니다.

메모리에서 데이터를 읽거나 쓰는 방법은?

프로그램 언어를 이해하려면 '메모리에 데이터를 쓰거나 읽는 방법'에 관한 것도 알아야 합니다.

프로세서는 메모리에서 명령어와 데이터를 읽어 와서 처리한다고 했습니다. 때로는 데이터를 메모리에 쓰기도 해야 하구요. 그래서 프로그램 언어로 메모리에 데이터를 쓰거나 읽는 방법을 표현할 줄 알아야 하는데요. 그 모습은 다음과 같습니다.

```
A = 1 + 2
```

▲ 메모리에 데이터를 쓰는 표현

메모리는 용량이 큰 편입니다. 그래서 수많은 데이터와 명령어를 쓰거나 읽을 수 있다고 했죠. 그렇기 때문에 프로세서는 어느 곳에 있는 데이터를 쓰거나 읽을지 정해야만 합니다.

그래서 데이터를 쓰거나 읽기 위한 메모리의 위치를 이름으로 표현할 수 있습니다. 앞의 그림에서 'A'가 바로 메모리의 이름입니다. 그래서 'A=1+2'를 해석하면, 'A'라는 메모리 위치에 '1+2'한 결과를 쓰라는 것입니다.

만약에 명령어를 'A=10+9'와 같이 바꾸면, A라는 메모리 위치에는 '10+9'의 결과가 저장될 수 있죠? 이렇게 숫자는 변할 수 있지만 메모리의 이름은 변하지 않아도 됩니다.

그래서 '값이 변할 수 있다'라는 뜻의 '변수'라는 용어를 붙여서 부르는데요. 그래서 A를 'A라는 메모리 위치'라고 부르지 않고 '변수 A'라고 부르고 'B'라는 메모리 위치를 쓴다면 '변수 B'라고 부릅니다.

여기에서 메모리에서 데이터를 쓰거나 읽기 위한 규칙을 한 가지 알아야 합니다. 메모리의 이름을 A, B, C…와 같이 정했다면 그 변수에 데이터를 쓰려는 것인지 읽으려는 것인지 구분하기 위해 '=' 기호를 사용해야 합니다.

[표 8] '=' 기호 사용법

쓸 메모리 위치	기호	읽을 메모리 위치
A	=	B

앞처럼 데이터를 쓸 메모리 위치는 '=' 기호를 기준으로 '왼쪽' 편에 그리고 데이터를 읽을 메모리 위치는 '오른쪽' 편에 쓰는 것입니다.

그래서 'A=1+2'는 '1+2'의 결과를 A라는 위치에 저장하라는 뜻이고, 'B=A'라는 뜻은 변수 A(A라고 이름을 정한 메모리 위치)에서 데이터를 읽어서 B라는 변수(B라고 이름을 정한 메모리 위치)에 저장하라는 뜻입니다.

기본적으로 알아야 할 기호들

프로그램 언어를 이해하기 위한 기초적인 내용들로 몇 가지 기호들을 알아 두어야 합니다.

[표 9] 프로그램 언어에 필요한 기호들

기호	뜻
+, −, *, /	사칙연산 기호들
;, ( )	명령어들의 구분
{ }	명령어 그룹의 구분
==, ||, &&, ⟩, ⟨	조건을 위한 기호들

사칙연산은 더하기와 빼기는 같지만 곱셈의 경우 알파벳 'x'와 혼돈이 있기 때문에 별모양 '*'을 사용합니다. 그리고 나눗셈은 한 줄로 글자를 써야 하는 특성이 있어서 사선 '/'을 사용합니다.

그 다음으로 많이 사용하는 기호가 세미콜론 ';'과 괄호 '(,)'입니다.

이 기호는 명령어들을 구분하기 위함이라고 되어 있는데요. 명령어들을 쓰다 보면 길어지는 경우가 생깁니다. A=1000+20 +3000−1990∗9300+201910+399/10293와 같이 말이죠.

그런데 사칙연산에서는 곱셈과 나눗셈이 덧셈과 뺄셈보다 우선하여, 가끔 생각지도 못한 결과를 만들어 내기도 합니다. 그래서 필요한 것이 우선적으로 계산해야 할 부분을 괄호를 사용하여 구분하는 것입니다.

A=1000+20+(3000−1990)∗9300+(201910+399)/10293과 같이 말이죠. 이 방법은 학교에서 수학시간에 배운 것과 같습니다.

또한 괄호는 '조건 명령어'를 사용하는 경우 조건 내용을 나타낼 때 사용할 수도 있는데요. 아래와 같이 나타낼 수 있습니다.

`if (A > 100) A = A + 1;`	만약에 A가 100보다 크면

프로그램 언어를 배우지 않았어도 위의 내용은 대충 해석할 수 있을 것 같은데요. 'if'의 뜻은 '만약'으로 해석할 수 있으므로 괄호 안의 내용을 포함하면 위와 같이 해석합니다.

또 다른 기호 중에 세미콜론은 명령어를 구분하기 위한 것인데요. 명령어를 구분한다는 말은 아래와 같은 경우에 해당합니다.

```
A = 1 + 2
B = A * 3
```

등호 기호 '='는 메모리에 데이터를 쓸 때 사용 가능하다고 했습니다. 그래서 A라는 메모리 위치에 '1+2'의 결과를 저장하고 B라는 메모리 위치에 'A*3'의 결과를 저장하라는 뜻으로 해석할 수 있죠.

그런데 이 코드를 컴파일러가 해석하여 기계어로 변경할 때 문제가 발생합니다. 컴파일러는 '=' 기호의 오른쪽에 적혀 있는 명령어들을 모두 실행하고 나서 그 결과를 왼쪽에 적혀 있는 메모리 위치에 저장하려고 합니다. 그래서 오른쪽에 나타나 있는 명령어들을 불러 오는데 '1+2'만 불러 오는 것이 아니라 그 다음 줄의 'B=A*3'도 명령어가 계속 되는 것으로 생각합니다.

왜냐하면, 명령어가 한 줄에 끝나지 않고 길어질 수도 있기 때문에 다음 줄에 쓰여 있는 코드도 같은 명령어로 생각하기 때문이죠.

그래서 컴파일러는 또 '='라는 기호가 나오다 보니 어느 메모리 위치에 써야 하는지, 그리고 변수 A가 2번 나오는데 어떤 것부터 사용해야 하는지 결정을 못하게 됩니다. 그럴 때 코드에 ';'을 추가해 주면 모든 것이 깔끔히 해결되는데요. 다음과 같이 세미콜론 ';'은 애매하던 코드를 두 개의 명령어 줄로 확실하게 구분 지을 때 사용됩니다.

```
A = 1 + 2;
B = A * 3;
```

앞서, 명령어의 중복을 피하기 위해 책과 같이 명령어들을 모아서 사용할 수 있다고 말씀드렸습니다. 그렇게 작업을 나누게 되면 중복되는 코드를 만들지 않아도 되고 코드를 읽기도 쉬워 진다고 했구요.

보통의 프로그램 코드들은 한두 줄로 끝나는 것이 아니기 때문에, 이처럼 책으로 만들어야 하는데 컴파일러에게 어디서부터가 책의 내용이고 책의 이름은 무엇인지 알려 줄 필요가 있습니다. 그래서 사용하는 기호가 '{,}' 인데요.

예를 들어, '더하기'를 하는 명령어들을 하나로 묶는다면 아래와 같이 쓸 수 있습니다.

```
책이름:더하기책
{
    A = 1;
    B = 2;
    C = A + B;
}
```

원하는 명령들을 묶음으로 모아 둔 함수

이렇게 코드를 만들고 컴파일러를 실행시키면, 컴파일러는 "여기에 '더하기책'이라는 이름의 책이 있구나"하고 생각합니다. 그래서 다음부터는 '더하기책'만 불러오면 그 안의 명령어들을 실행할 수 있습니다.

이렇게 한 권의 책처럼 묶어 둔 것을 프로그램 언어에서는 함수Function라고 부릅니다. 그래서 '더하기책'과 같은 개념을 프로그램 언어에서는 '더하기 함수'라고 부릅니다.

그렇다면 이렇게 만들어진 함수를 불러오는 방법은 어떻게 될까요? 그 방법은 함수의 이름과 함께 괄호'(,)'를 사용하는 것입니다.

위에서 만든 '더하기 함수'를 이용한다면 '더하기책( )' 이런 식으로 말이죠. 그런데 괄호 없이 '더하기책'이렇게만 해도 충분할 듯하나, 괄호를 붙이는 데는 두 가지 이유가 있습니다.

한 가지는 변수와 함수를 구분하기 위함입니다.

변수는 메모리의 위치이며, 어느 특정위치에 데이터를 저장하거나 읽어 오는 목적으로 변수라는 것을 사용한다고 했죠. 그런데 변수와 함수 모두 똑같은 이름을 사용할 수 있습니다. 변수의 이름이 'A'일 수도 있고 함수의 이름이 'A'일 수도 있죠. 그러면 컴파일러는 두 가지의 경우에 대해서 혼란을 겪게 됩니다. 'A'라는 메모리에서 데이터를 읽어와야 하는 것인지. 아니면 'A'라는 함수를 실행해야 하는 것인지 말이죠. 그래서 컴파일러가 함수와 변수를 구분할 수 있도록 '(,)'를 사용하여 '이것은 함수다'라고 알려 줄 수 있습니다. 그리고 한 가지 이유가 더 있습니다.

함수를 만들어서 사용하면 중복되는 코드를 다시 만들 필요없이 함수만 불러도 명령어가 실행된다고 했습니다. 그런데 문제가 한가지가 있는데 비슷한 명령어이긴 하지만 데이터 값이 다르다면 어떻게 해야 할까요?

예를 들어, 앞선 '더하기책'에서 A라는 변수에 '1'을 저장하고 B라는 변수에 '2'를 저장했습니다. 그리고 A와 B의 값을 서로 더하여 C라는 변수에 저장하도록 했죠. 만약에 A라는 변수에 3을 저장하고 싶다면 어떻게 해야 할까요? 그러면 '더하기책_2'를 만들어야 할까요? 아니면, '더하기책'의 내용을 바꿔야 할까요? 한번 바꿔 버리면 또 다른 값으로 하고 싶을 때는 다시 어떻게 해야 할까요?

실제로 프로그램을 만들다 보면, 함수 안의 값을 바꾸는 경우가 상당히 많이 발생합니다. 그래서 그런 문제를 해결하기 위해 함수를 사용할 때 아래와 같이 사용할 수도 있습니다.

```
책이름 : 더하기책(데이터1, 데이터2)
{
    A = 데이터1;
    B = 데이터2;
    C = A + B;
}
```

이전의 '더하기책'과 달라진 점은 책이름을 괄호와 함께 사용했다는 것입니다. 괄호 안에는 '데이터1'과 '데이터2'가 있죠. 그리고 그 둘은 콤마(,)로 구분되어 있습니다.

그리고 함수 안의 명령어들('A=데이터1;')을 보면 왼쪽 편에는 변수의 이름이 있지만 오른쪽 편에는 더하기책 이름을 지정할 때 사용된 '데이터1'이 있습니다. 그리고 변수 B도 마찬가지로 '데이터2'가 있고요.

'데이터 1'과 '데이터2'도 모두 값이 변할 수 있는 변수인데요. 등호 기호 '='의 오른쪽에는 메모리에서 불러 올 때 사용하므로, '데이터1'이라는 메모리에서 데이터를 읽어오는 것이라고 생각할 수 있겠죠? 그래서 'A=데이터1'을 해석하면 A라는 메모리 위치에 '데이터1'의 메모리 위치에서 값을 읽어 저장하라는 뜻이 됩니다. 그래서 '더하기책'이라는 함수를 사용할 때 아래와 같이 사용할 수 있습니다.

```
더하기책(1,2);
더하기책(3,4);
```

제일 처음에 '더하기책' 함수를 불러 올 때는 1과 2를 사용하였습니다. 그러면 더하기 상자는 명령어를 실행할 때 1과 2를 덧셈에 사용할 것입니다.

그리고 두 번째에 '더하기책' 함수를 불러 올 때는 3과 4를 사용하였습니다. 이는 마찬가지로 3과 4를 덧셈에 사용할 것입니다. 그래서 변수와 함수를 구분하기도 하고 어떤 값을 전달하기 위해 괄호 '(,)'를 사용하는 것입니다.

이번 절에서 프로그램 언어를 이해하기 위한 가장 기초적인 지식을 정리해 봤습니다. 모든 프로그램 언어는 프로세서를 다루기 위한 것이므로 이런 기본들을 지켜갈 수 밖에 없습니다.

만약에 여러분 중에서 이번 절을 읽고 소프트웨어를 만드는 일에 흥미를 느끼신다면 특정한 프로그램 언어를 선정하여 공부하실 거라 생각하는데요. 이번 내용들이 그 프로그램 언어를 이해하는데 많은 도움이 될 수 있기를 바랍니다.

아직도 소프트웨어가 무엇이고 감이 잘 오지 않는다면, 파이썬 Python이라는 언어를 공부해보길 권합니다. 이 언어는 쉬우면서도 무료인데다가 인터넷에서 아주 쉽게 공부할 수 있는 자료들을 찾을 수 있기 때문인데요. 소프트웨어를 전문적으로 하려면 보통 많은 부분을 공부해야 하지만, 일상적인 생활에서 취미로 만들어 보거나 다루어 보려는 목적이라면 충분히 해 볼 수 있는 프로그램 언어입니다.

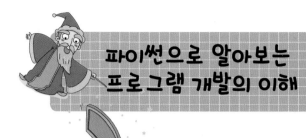

파이썬으로 알아보는
프로그램 개발의 이해

소프트웨어가 만들어지는 과정

이전 절까지 프로그램 언어를 이해하는데 필요한 기초를 말씀
드렸습니다. 실제의 프로그램 코드를 보기보다는 그 기초를 먼저
이해하는게 중요하다고 생각했기 때문에 최대한 코드를 사용하지
않았는데요. 그래야만 어떤 언어를 배우시더라도 이해가 쉬울 것
이라 생각했습니다.

여기에서는 마지막에 언급한 파이썬이라는 프로그램 언어로 간
단히 코딩을 경험해 보려고 합니다. 그러기 위해서 소프트웨어가
만들어지는 과정을 한번 정리해 볼게요. 이런 과정으로 개발하는
구나 정도로 생각해 보세요.

▲ 프로그램을 만들기까지의 과정: 코드를 작성해서 → 컴파일러를 통하면 → 기계
어로 만들어져서 → 컴퓨터가 명령대로 실행됩니다.

'코드 작성 → 컴파일 → 프로그램 실행'의 3단계의 과정을 파이썬 언어로 실습해보겠습니다. 실제로 파이썬은 '컴파일러'라기보다 '인터프리터'라고 부릅니다. 그렇지만 언어를 해석하고 실행하는 측면에서 컴파일러와 같은 과정을 거치기 때문에 혼동을 피하기 위해 '컴파일러'라고 부르겠습니다.

파이썬에 관심이 많고 직접 코딩해보고 싶다면 파이썬 홈페이지(https://www.python.org/)를 통해서 설치해보시구요. 필요한 자료는 인터넷 상에서 쉽게 찾아 보실 수 있으니 참고하세요.

① 코딩 : 선택한 프로그램 언어로 코드 작성하기

먼저 프로그래머가 프로그램 언어를 사용하여 코드를 만들어야 합니다.

이 코드는 어디에 작성해야 할까요? 워드나 엑셀과 같은 오피스 프로그램을 사용해야 할까요? 아니면 손으로 써서 스캐너로 스캔해야 할까요?

답은 간단합니다. 컴파일러가 원하는 형태로 만들어야 합니다. 왜냐하면 프로그램 언어를 사용하여 작성하는 것은 프로그래머의 몫이지만 컴파일러가 그 코드들을 읽을 수 없으면 소용없기 때문입니다. 그래서 대부분의 컴파일러들은 코드를 작성할 수 있는 공간을 제공합니다.

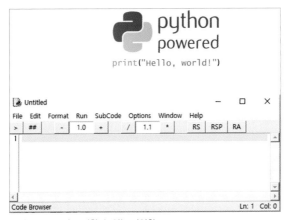

▲ 파이썬 로고와 코딩할 수 있는 작업창

그러면 프로그래머는 위 그림과 같은 공간에 프로그램 언어를 사용하여 코드를 작성하면 됩니다.

본격적으로 덧셈하는 프로그램을 만들어 볼게요. 예제로 '1+2'를 해보겠습니다.

[코드 입력하기] 파이썬을 실행하고 다음과 같은 코드를 작업창에 입력합니다.

```
A = 1+2;    ❶
print(A);   ❷
```

[코드 이해하기] 이 코드를 설명하면 아래와 같습니다.

❶ '1+2'를 계산하여 A라는 변수에 저장한다.

❷ print라는 이름의 함수를 실행하고 변수A의 값을 전달한다

❶은 A라는 이름을 가진 메모리 위치에 '1+2'를 계산하여 저장하는 것입니다.

❷는 'print'라는 이름을 가진 함수를 사용하는 것인데요. 기억을 되짚어 보자면, 함수라는 것은 '어떠한 명령어들의 묶음'이라고 했습니다. 그래서 'print'라는 함수에는 어떠한 명령어들이 들어 있을 텐데요. 그 명령어들은 괄호'(,)'안에 든 값을 화면에 '보여주라'는 내용입니다. 그래서 '화면에 인쇄하다$_{print}$'라는 이름을 가진 함수입니다.

그렇다면 print라는 함수를 사용하면 다른 내용도 출력할 수가 있겠죠?

```
print("1 더하기 2의 결과");
```

예를 들어, 위와 같은 코드를 만들면 결과는 "1 더하기 2의 결과 3"라는 글자들이 화면에 나타납니다. 그런데 괄호 안에 따옴표 (" ")가 2개가 들어 있죠?

그 이유는 변수와 구분하기 위한 것인데요. print라는 함수의 괄호 안에는 변수가 올 수도 있고 글자가 올 수도 있으며 그냥 숫자가 올 수도 있습니다. 그런데 'print(1더하기2의결과)'라고 쓰지 않고 따옴표를 사용한 이유는 '1더하기 2의 결과'라는 글자가 변수의 이름일 수도 있기 때문입니다.

그래서 변수의 이름과 글자 그대로의 내용을 구분하기 위하여 따옴표(" , ")를 사용하는 것입니다. 이와 관련된 내용은 다른 프로그램 언어에서도 마찬가지로 사용되는 방법입니다.

② 컴파일 : 프로그램 언어를 기계어로 번역하기

이제 코딩한 명령어가 제대로 작성된 건지 실행해봐야 합니다. 이 방법도 간단합니다. 대부분은 그냥 키보드 버튼 하나만 누르면 되거나 메뉴에서 'Run' 또는 'Build'를 선택하면 됩니다.

코딩할 수 있는 작업창은 컴파일러가 제공하지만 특수한 공간은 아닙니다. 마이크로소프트 윈도우Windows제품에는 '메모장'이라는 기본 프로그램이 있습니다. 이 메모장과 똑같은 역할을 하는데요.

단지, 코드를 작성할 때 좀 더 눈에 띄기 쉽도록 색깔도 입혀주고 띄어쓰기도 자동으로 해주는 기능을 가지고 있는 것일 뿐, 키보드로 프로그램 언어를 작성하는 것은 같습니다.

어찌됐든 이런 메모장과 같은 공간에 프로그램 언어를 사용해서 코드를 작성하면 프로그램을 실행할 준비는 다 되었습니다. 이제 컴파일러에게 이 코드를 해석해서 실행하기만 하면 됩니다.

코드가 완성되었다면, 컴파일러는 프로그래머가 작성한 코드를 기계어로 변환해야 합니다. 이때, 컴파일러가 코드를 읽다가 결정하기 힘든 코드나 잘 알아 듣지 못하는 코드가 있다면 친절하게도 알려줍니다.

예를 들어, 세미콜론 ';' 없이 '=' 기호가 2번 나온다면 뭔가 잘못된 것이라고 말씀드렸습니다. 이럴 때 '000번째 줄의 코드가 에러입니다'라고 알려주죠. 그러면 프로그래머는 거기에 해당하는 000번째 줄의 코드를 확인하고 수정하면 됩니다.

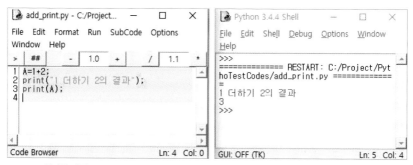

▲ 컴파일 과정

왼쪽의 창은 프로그램 코드를 적는 창입니다. 그냥 글자를 타이핑할 수 있는 노트와 같이 생겼습니다. 실제로도 그렇습니다. 이렇게 작성한 코드는 오른쪽에 있는 컴파일러가 해석하는데요. 해석된 결과가 '1더하기 2의 결과 3'와 같이 나온 화면입니다.

프로그램 코드에서 'A=1+2;' 대신에 'A=10*200+10/102+31.234+121;'으로 바꾸면 그에 맞는 결과 값을 보여줄 것입니다. 이렇게 여러분이 계산하고 싶은 내용으로 코드를 바꾸시면 여러분이 원하는 프로그램이 되는 것입니다.

그리고 요즘에는 코딩을 직접 키보드로 하는 것도 가능하지만 그래픽을 사용하여 클릭 몇 번에 코드가 자동으로 만들어지기도 하는데요. 컴파일러 회사끼리 경쟁도 많아지고 조금 더 프로그래머에게 쉽게 코딩할 수 있도록 만들고 있기 때문입니다.

어찌됐든 컴파일러는 프로그램 언어를 컴퓨터가 이해할 수 있도록 변환하는 역할이 주된 역할입니다.

③ 실행 : 완성된 프로그램 결과 확인하기

그 다음으로 완성된 프로그램을 실행하는 일입니다. 완성된 프로그램은 컴퓨터가 알아 들을 수 있는 명령어들이므로 실행되는 결과를 확인할 수 있습니다.

예를 들어, 화면에 그림을 그리는 코드를 만드셨다면 화면에 그림을 그릴 것이고 더하기 하는 코드를 만들었다면 그 결과를 화면에 보일 것입니다.

심화 코딩 : 조건문으로 코딩하기

'코드 작성 → 컴파일 → 프로그램 실행'의 과정을 간단한 프로그램으로 알아보았습니다. 프로그램 언어에 대해서 이렇게 마무리해버리면 조금 심심하죠? 그래서 한 가지만 더 해보려고 하는데요. 앞서 기초에서 다뤘던 조건문과 함께 말이죠.

```
import ctypes;

A=1+3;

if ( A == 3):
    ctypes.windll.user32.MessageBoxW(0, "결과는 3", "결과창", 1);
else:
    ctypes.windll.user32.MessageBoxW(0, "결과는 다름", "결과창", 1);
```

이제는 조금 코드가 길어졌고 'import ctypes'라는 것도 등장했고 뭔가 복잡한 코드가 된 것 같습니다.

코드부터 설명 드리자면, 변수 A에 어떤 계산('1+3')의 결과를 저장하고 만약에 그 결과가 3이면 "결과는 3"이라는 메시지를 보여줍니다. 만약에 결과가 3이 아니라면 "결과는 다름"이라는 메시지를 보여줍니다.

좀 더 상세히 설명하면, 첫 줄에 있는 'import ctypes'는 나중에 말씀드리고 조건 명령어 'if'부터 알아볼게요.

'if'는 우리가 영어에서 사용하는 '만약에'와 같은 의미입니다. 그리고 괄호가 등장하죠? 그 괄호 안에는 조건 명령어의 '조건'에 해당하는 내용을 적는 것입니다.

그 안의 '=='는 지금까지 설명하지는 않았던 것인데요. 뜻은 '왼쪽과 오른쪽이 같은 경우'를 말합니다. 즉, 'A의 값이 3인 경우'와 같은 의미입니다. 이런 기호는 프로그램 언어를 배울 때 다시 한번 보게 될 것입니다.

그리고 '조건 명령어'의 마지막에 콜론(:)이 있는데요. 콜론의 의미는 '여기까지가 조건문의 조건에 해당하는 것이다'라는 의미입니다. 명령어를 마무리하는 세미콜론(;)과는 다르게 생겼는데요. 그 이유는 그 다음 줄이 조건에 해당하기 때문입니다.

```
if (A == 3):
  ctypes.windll.user32.MessageBoxW(0, "결과는 3", "결과창", 1);
```

▲ 조건문과 조건에 해당되는 명령어

그래서 위의 내용을 해석하면 '만약에 변수 A의 값이 3이면, ctypes.windll….. 을 실행하라'가 됩니다. 조건이 일치할 때 실행되는 명령어 'ctypes.windll….'은 잠시 후에 설명을 드리겠습니다.

조건문은 '조건에 해당되는 경우'와 '그렇지 않은 경우'로 나눌 수 있습니다. 그래서 코드에 보면, else가 등장합니다. else 뒤에는 콜론(:)도 있으므로 if와 마찬가지로 어떤 조건으로 생각할 수 있는데요. if와 한 쌍으로 사용되며, if의 조건에 해당되지 않는 경우에 실행하고 싶은 명령어들을 알려주는 것입니다. 그러므로 다시 한번 코드를 정리하면 이렇습니다.

[표 10] 조건문에 따라 실행될 코드

변수 A가 3인 경우	ctypes.windll…(0, "결과는 3", "결과창", 1);
변수 A가 3이 아닌 경우	ctypes.windll…(0, "결과는 다름", "결과창", 1);

조건문에 대한 설명을 마무리하고, 'ctypes.windll……..'에 해당하는 코드를 설명하겠습니다.

이 설명을 마지막으로 미룬 이유는 새로운 개념이 필요하기 때문입니다. 'ctypes.windll…..'을 보시면 함수처럼 생기긴 했는데 함수의 이름이 상당히 깁니다. 우선, 결론부터 말씀드리면 이것은 함수가 맞습니다. 그리고 함수니까 안에 괄호 안의 내용을 함수 명령어가 실행할 것이고요.

먼저, 이 함수가 하는 역할부터 알아보면,다음과 같이 생긴 메시지 창을 띄워주는 것입니다.

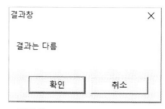

▲ 결과 창

메시지 창의 내용에는 '결과는 다름'이라고 적혀 있고 창의 제목은 '결과창'이라고 적혀 있습니다.

코드를 보시면 대충 감이 잡히겠지만, 함수를 실행할 때 적은 내용이 그대로 메시지 창에 나타나도록 하는 것입니다. 그 안의 내용을 여러분이 원하는 대로 바꿀 수도 있는 것이고요.

코드의 첫 번째 줄, 'A=1+3;' 대신에 'A=1+2;'로 바꾸신다면 메시지 창에는 '결과는 3'이라고 나올 것입니다. 조건문에서 해당되는 조건을 찾았기 때문입니다.

지금까지의 내용으로 함수만 실행하면 메시지 창이 뜬다는 것은 이해하실 것 같습니다. 그런데 왜 함수마다 이름도 다르고 괄호 안의 내용도 달라지는 걸까요?

그 이유는 함수는 다른 누군가가 만들어 놓은 것이기 때문입니다. 그래서 그대로 따라야 하는데요. 그 함수를 만든 사람이 나름대로의 생각과 여러 용도로 만들었을 수 있기 때문입니다.

사실, '결과는 3'이라는 메시지창을 띄우기 위해서는 많은 작업이 필요합니다. 그런데 우리는 'ctypes.windll….'이라는 함수만 실행하면 메시지 창을 간단히 띄울 수가 있죠? 이렇게 누군가가 만들어 놓은 함수만 잘 사용해도 우리는 작업을 쉽게 할 수 있습니다.

이런 함수들은 인터넷 상에 한두 개가 아닙니다. 무수히 많은 함수들이 있고 우리는 이 함수들을 사용하기 위해서는 어떻게 사용하는지 공부도 필요하죠. 그렇다면 그 함수만 공부하고 그 함수의 이름만 적으면 실행할 수 있을까요? 물론, 아닙니다. 누군가가 만들어 놓은 함수도 누군가가 만들어 놓은 프로그램 코드이고 누군가는 다른 기능을 하는 함수인데도 같은 이름을 사용할 수도 있습니다. 그리고 누군가가 만든 함수들은 한두 개가 아니라 여러 개의 묶음일 수도 있습니다.

그래서 프로그램 코드를 시작할 때 '나는 누구 누구의 함수들을 사용할 것이다'하고 알려줘야 하는데요. 그 기능을 하는 코드가 'import'라는 것입니다.

이런 이유로 코드의 제일 첫 줄에 'import ctypes;'라고 적은 것인데요. 이 코드의 의미는 '난 ctypes라는 함수들의 묶음을 사용하겠다'라고 파이썬에 알려주는 것입니다.

좀 더 프로그래머처럼 말하자면, 'ctypes 라이브러리를 사용하겠다'라고 말합니다. 여기서 말하는 '라이브러리Library'란 '함수들의 묶음'을 나타냅니다. 라이브러리를 '도서관library'에 많은 책들(함수)이 있듯이 '특정한 도서관을 이용하겠다'라는 뜻으로 생각해도 좋습니다.

이번 절의 목표도 프로그램을 이해하는 것이 목적이므로 어려운 부분을 깊게 설명하지는 않겠습니다. 단지, 프로그램 언어를 직접 확인하고 조금 더 쉽게 이해하도록 그 과정을 살피는 것이 목적이었는데요. 코드를 어떻게 만들고 어떤 과정을 거쳐서 프로그램이 완성되는지 이해가 되셨다면 이제 남은 것은 여러분이 직접 프로그램 언어를 익히는 것입니다.

완전하지 못한 소프트웨어

무엇에든, 누구에게든 허점은 있다

소프트웨어는 똑같은 하드웨어라도 다른 모습으로 변경할 수 있다고 했습니다. 스마트폰 같은 경우 소프트웨어 업데이트를 통해서 UI를 바꾸고 컬러도 바꿔 새로운 모습을 보여 주고 있는 것처럼 말이죠. 그런데 이런 업데이트는 색깔을 바꾸거나 모습을 바꾸는 일 외에도 버그를 해결하기 위해 업데이트되는 경우도 많습니다.

버그Bug는 의도되지 않은 형태로 동작하는 것을 말하는데요. 가령, '스마트폰으로 인터넷을 하고 났더니 터치가 안되더라'와 같이 원인이 있는 것들입니다. 그나마 소프트웨어로 인해 생긴 버그는 원인이 하드웨어인 것과는 다르게 업데이트를 통해서 해결이 가능합니다.

대부분의 사람들은 일을 하면서 한번 이상은 실수를 합니다. 물을 나르다가 물을 엎지를 때가 있고 물건을 두고 집을 나서는 경우도 있습니다. 이런 실수들은 '인간이기 때문에 그럴 수 있다'라고 이해하고 넘어 가는 경우가 많습니다.

소프트웨어를 만드는 일도 인간이 하고 있습니다. 개발자들이 열심히 회의하고 생각하여 만든 결과물입니다. 그런데 여기서도 인간이기 때문에 실수를 범할 수 있습니다.

아주 큰 프로젝트일 경우 여러 개발자들이 만드는 것이어서 더욱 그럴 가능성이 높아지죠. 그래서 소프트웨어는 버그를 항상 가지고 있으나 겉으로 드러나지 않을 뿐이라고 말합니다.

이런 버그는 의도적인 것이 아니라서 큰 문제를 만들어 내기도 합니다. 가령, 보안과 관련해서 문제가 일어나기 쉽습니다.

스마트폰의 잠금장치는 그 스마트폰의 주인 이외에는 사용할 수 없도록 하는 것입니다. 그런데 여기에 버그가 있다면 그 버그로 인해 다른 사람이 스마트폰을 사용할 수가 있을 것입니다.

여러분들은 '해커HACKER'라고 많이 들어 보셨을텐데요. 영화에서도 자주 등장하고 뉴스에서도 가끔 나오고 있습니다. 이들이 대표적으로 버그를 활용하여 나름대로의 목적을 이루려는 사람들인데요.

악의적으로 버그들을 사용하여 사회적으로 문제를 만드는 해커도 있고 그런 버그를 찾아 문제를 해결하도록 돕는 해커들도 있습니다. 그래서 이들을 구분하기 위하여 '크래커(악의적으로 이용하는 사람들)'와 '화이트 해커(문제를 찾아 해결하는 사람들)'로 나누어서 부르기도 합니다.

해커가 소프트웨어를 공격하는 방식

소프트웨어 버그에는 어떤 형태가 있는 것인지 궁금해집니다. 해커들은 어떻게 이를 이용해서 해킹을 한다는 걸까요? 그것을 이야기하려면 소프트웨어가 어떻게 동작하는지 상세히 알아볼 필요가 있습니다.

앞에서 프로그램 언어의 기초에 관해 이야기할 때 함수에 관해서 설명했습니다. 여러 개의 명령어들을 하나로 묶어 두고 필요할 때마다 함수를 불러 쓴다고 했었죠.

하나의 소프트웨어 안에는 무수히 많은 함수가 사용되고 소프트웨어를 '여러 개의 함수들을 실행하는 묶음'으로 볼 수도 있습니다. 실제로는 하나의 소프트웨어가 하나의 함수[08]에서 시작되는 것이기도 하구요.

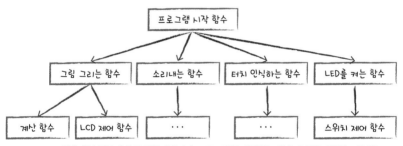

▲ 프로그램은 함수들의 호출로 이루어집니다. 프로그램을 시작하는 함수가 실행되면서 모든 함수가 호출되고 각 기능들이 동작합니다.

함수는 필요한 기능만을 모아둔 명령어들의 묶음이라고 했습니다. 그래서 필요할 때 불러서 명령어를 실행하고 다 쓰고 나면 다

---

08 C언어의 main과 같은 함수가 있다고 말씀드렸습니다.

시 함수를 부르기 이전의 위치로 돌아와야 하죠. 그래야만 그 다음 명령어에서 다른 함수도 불러서 사용할 수 있기 때문입니다.

그런데 여기서 버그가 생길 수 있습니다. 함수들을 불러서 사용하고 나면 원래의 위치로 돌아와야 하는데, 그때 사용하는 방법은 메모리에 저장해둔 '원래의 위치'라는 값을 사용해야만 합니다.

만약에 그 '원래의 위치'라는 값이 달라지면 어떻게 될까요? 함수를 실행하고 나서 원래의 위치로 돌아와야 하는데 그 값이 잘못되었으므로 잘못된 위치에서부터 실행되겠죠? 예를 들어 보겠습니다. 프로그램의 명령어 순서가 아래와 같다고 가정해 봅니다.

메인 프로그램의 명령어 순서	더하기 함수	곱하기 함수
1. 화면에 그림을 그린다 2. 더하기 함수를 실행한다 3. 결과를 표시한다 4. 곱하기 함수를 실행한다 5. 결과를 표시한다 6. 프로그램을 종료한다	1. 변수 A를 1로 정한다 2. 변수 B를 2로 정한다 3. 변수 A와 변수 B를 더한다	1. 변수 C를 1로 정한다 2. 변수 D를 2로 정한다 3. 변수 C와 변수 D를 곱한다

프로그램을 실행한다는 것은 특정 함수를 실행한다는 것과 같습니다. 그리고 순서대로 명령어를 실행해 나가죠. 그래서 '1. 화면에 그림을 그린다'부터 실행되면서 6번까지 실행될 텐데요.

첫 번째 명령어에서 '화면에 그림을 그린다'를 가장 먼저 실행합니다. 그리고 두 번째 명령어에서 '더하기 함수'를 실행하면 프로그램의 명령어 순서가 잠시 멈춘 상태가 되는데요. 그리고 실행 순서는 '더하기 함수'의 1번으로 옮겨지게 됩니다. 그리고 '더하기 함수'의 3번까지 실행이 끝나면 다시 메인 프로그램의 3번부터 시작하게 됩니다.

메인 프로그램(1 번째 명령어 → 2번째) → 더하기 함수<1번째 → 2번째 →
3번째> → 메인 프로그램(3번째 → 4번째) → 곱하기 함수<1번째 → 2번째
→ 3번째> → 메인 프로그램(5번째 → 6번째)

두 번째 명령어에서 '더하기 함수'를 실행하면 메인 프로그램이 실행되던 위치를 잠시 멈추고 '더하기 함수'의 1번부터 실행하게 됩니다. 여기서 멈출 수 밖에 없는 이유는, 프로세서는 한 번에 하나의 명령어만 실행할 수 있기 때문[09]입니다.

그리고 '더하기 함수'의 3번까지 실행이 끝나고 나면 다시 메인 프로그램의 3번부터 시작하게 됩니다.

그런데 프로세서는 함수의 실행을 끝내고 메인 프로그램이 실행되던 위치(3번)로 돌아 오려면 누군가는 그 위치를 기억하고 있어야 합니다. 즉, 프로세서 내부의 어딘가에서 그 위치 값을 저장해 두고 있을 것입니다.

프로세서는 계산을 하는 디지털 회로이기 때문에 데이터는 메모리와 같은 장치에 저장해 두고 필요할 때 꺼내서 사용해야 하는 것이기 때문입니다.

여기서 해커들이 허점을 노릴 수 있습니다. 그것은 메인 프로그램이 실행되던 위치의 값을 바꾸는 방법입니다. 예를 들어, 해커는 아래와 같이 자신이 실행하고 싶은 명령어들(139번~141번)을 심어 둡니다. 그리고 돌아올 위치 값을 자신의 명령어가 있는 곳으로 바꾸는 것입니다.

---

09 듀얼코어 이상은 프로세서의 수만큼 동시에 실행이 가능합니다.

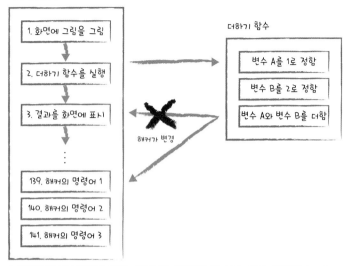

메인 프로그램

1. 화면에 그림을 그림

2. 더하기 함수를 실행

3. 결과를 화면에 표시

⋮

139. 해커의 명령어 1

140. 해커의 명령어 2

141. 해커의 명령어 3

해커가 변경

더하기 함수

변수 A를 1로 정함

변수 B를 2로 정함

변수 A와 변수 B를 더함

▲ 해커가 코드를 변경하여 원하는 명령어를 실행시킵니다. 프로그램이 실행되면 1 → 2 → … 이렇게 순서대로 실행되어야 하나, 더하기 함수 실행 후 메인 프로그램의 '3번'으로 가지않고 해커의 명령어가 들어 있는 '139번'으로 갑니다.

이렇게 변경하면 정상적이던 프로그램이 해커가 원하는 명령어들을 실행하게 될 것입니다. 그때부터는 프로그램을 해커의 마음대로 제어할 수 있게 되는 것이죠. 이런 방식이 가장 기초적인 방식이자 많이 사용하는 방식입니다.

흔히들 말하는 불법 소프트웨어도 이런 식으로 만들어지는 것이죠. 그래서 불법 소프트웨어들 중에는 바이러스가 심어져 있는 경우가 많습니다. 불법으로 소프트웨어를 사용할 수 있게 만들어 주는 대신에, 의도적으로 해커들의 명령어들을 심어 두는 것입니다.

발전하는 속도만큼 정보를 지키려는 노력도 빨라져야 할 때

앞서도 말씀드렸지만, 해커가 모두 나쁜 것은 아닙니다. '해커'와 '크래커'로 구분하는 기준이 다른 사람에게 피해를 주려는 목적인지 아니면 버그를 찾아서 수정하려는 목적인지가 다르다고 했습니다.

그리고 인간이 만드는 소프트웨어이기 때문에 버그는 항상 있을 수 있다고 말씀드렸죠? 그렇기 때문에 항상 위험 요소를 가지고 있는 것이고 크래커가 아닌 해커가 많아져야 하는 이유이기도 합니다.

그래서 소프트웨어 회사들은 자신의 소프트웨어의 문제점을 찾아 달라는 의미에서 '해킹대회'를 개최하고 있습니다.

대표적으로, '데프콘'이라는 대회가 있고 구글에서 진행하는 'PWNIUM', 페이스북에서 진행하는 '해커컵' 등이 있습니다. 진행하는 형식은 해킹대회인 만큼 버그를 찾아서 해커 마음대로 시스템을 제어하는 팀이 승리하는 방식입니다.

이런 해킹대회를 주최하는 이유가 자신들이 만든 소프트웨어의 버그를 찾기 위한 것이라고 했습니다. 그리고 그런 버그는 크래커들에 의해서 큰 피해를 만들 수도 있습니다. 그렇기 때문에 큰 피해를 막아준 해커들에게 고마움의 표시로 주최측에서 상금을 걸고 대회를 여는 것입니다.

소프트웨어가 완벽하기는 쉽지 않습니다. 그렇다고 좋은 소프트웨어를 만들기 위한 노력이 없는 것도 아닙니다. 인간이기 때문에 생기는 문제들을 학문적으로 내지는 이런 문제들도 소프트웨어적으로 해결하기 위해 노력하고 있습니다.

그래서 미래에는 여러 가지 방법으로 버그가 발생되지 않을 것이라 생각되는데요. 그 방법 중에는 인공지능에 의한 검증이 있을 수도 있습니다. 그렇다면 인공지능은 완벽한 소프트웨어 일까요? 그것도 장담하지 못할 것 같네요.

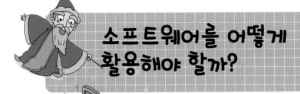

소프트웨어를 어떻게 활용해야 할까?

소프트웨어를 만드는 일은 다른 제품들을 만드는 것에 비해 투자 비용이 적게 든다고 했습니다. 그러다 보니 많은 기업들이 소프트웨어 제품을 만들게 되었고 정말 다양하고 좋은 기능의 소프트웨어들이 생겨났습니다. 그런데도 우리는 불평을 하는 경우가 생깁니다. 게다가 돈이 들기도 하죠.

예를 들어, 요즘에 뉴스를 보면 인공지능에 관한 이야기가 정말 많이 나옵니다. 그래서 궁금하기는 한데 실제로 본 적은 없고 '바둑 대결에서 중국의 바둑기사 커제가 인공지능에게 졌다더라.' 식으로 남의 얘기처럼 듣게 됩니다.

분명히 뉴스에서는 인공지능과 같은 소프트웨어들이 인류를 위협한다고도 말하고 누군가는 인류에게 많은 도움을 줄 것이라고 말하는데 도대체 본 적이 없으니 궁금할 뿐입니다.

이런 경우가 있습니다. 우리 나라의 기업에서 새로운 TV를 만들어서 발표를 했습니다. 그런데 이 TV가 다른 TV들에 비해 상당히 선명하고 소리도 좋다고 소문이 났습니다. 그러면 우리는 이 TV를 사기 전에 대형마트나 가전제품 전문 판매점에서 구경해 볼 수 있습니다. "정말 화질이 좋구나", 내지는 "소리가 정말 좋네" 하고 스스로 확인한 뒤 결론을 낼 수 있습니다.

그런데 인공지능 소프트웨어는 대부분이 의료나 보험 및 법과 관련된 것들이 많고, 게다가 우리가 쉽게 사용해 볼 수 있는 것이 아닙니다. 그러니 얼마나 대단한 힘을 가진 것인지 확인이 힘든 것입니다. 그렇다고 우리의 궁금증을 해결할 수가 없느냐? 그런, 아닙니다.

여러분이 직접 만들어 보면 됩니다. 물론, 쉽지는 않겠죠. '아직 프로그램 언어도 모르는 상태인데 어떻게 그럴 수가 있겠느냐?' 할 것입니다. 그렇지만 여러분은 변수가 무엇이고 함수가 무엇인지 이해를 할 수 있는 상태이기 때문에 의지만 있다면 프로그램 언어를 공부하는 것이 어렵지 않을 것입니다.

앞에서 '라이브러리Library'에 관한 이야기를 한 적이 있습니다. 코드를 만들 때, 여러 함수를 사용하게 되는데 군이 직접 만들지 않더라도 다른 개발자들이 만든 함수들을 사용할 수가 있다고 했습니다. 그리고 그런 함수들의 묶음을 라이브러리Library라고 불렀구요.

그렇다면 여러분이 인공지능을 만들어 보려면 인공지능에 관련된 라이브러리를 찾아 보는 건 어떨까요? 물론, 인공지능에 관련된 라이브러리가 이미 존재하고 있습니다. 그것도 구글이 만들어 놓은 라이브러리이고 무료[10]이기까지 합니다.

---

10 라이브러리 중에는 유료로 판매되는 것도 많습니다.

▲ 구글에서 공개한 텐서플로

구글은 텐서플로라고 부르는 라이브러리들을 공개했습니다. 정확히는, 텐서플로TensorFLow는 구글 제품에서 사용되는 머신러닝(기계학습)을 위한 오픈소스 라이브러리입니다. 정확히 말하면 인공지능용 라이브러리라기보다는 머신러닝용으로 봐야 합니다.

그렇지만 인공지능이라는 것이 데이터들을 처리하고 스스로 배우는Learning 과정을 통한 결과를 찾아 내는 것이므로 텐서플로를 이용하면 인공지능 프로그램을 만들 수 있는 것입니다.

함수들도 보면 다양한 형태를 가진 함수들이 있다고 했습니다. 그리고 이 함수를 잘 사용하려면 문서도 잘 읽어 봐야할 것입니다. 그래서 텐서플로를 잘 사용하려면 관련된 문서를 만들어야 하는데요. 그 문서들은 영어로 만들어진 것이 기본이고 한글화를 위해 많은 사람들이 노력하고 있습니다.

인공지능 외에 다른 소프트웨어에 관심이 있다면 어떻게 해야 할까요? 가장 쉬운 방법은 오픈소스 소프트웨어 프로젝트Opensource Software Project를 검색해 보는 것입니다. 오픈소스는 프로그램 코드를 공개했다는 의미입니다. 그러니 오픈소스 소프트웨어는 소프트웨어의 코드를 공개했다는 의미와 같습니다. 그 말은 여러분이 그 코드들을 받아와서 직접 수정하거나 컴파일할 수 있다는 것입니다.

여러분이 웹사이트를 만들고 싶다면 '웹사이트 오픈소스'이런 식으로 검색해 볼 수 있습니다. 그러면 많은 프로젝트가 나타나는데 그 중에서 자신의 입맛에 맞는 프로젝트를 선택하면 됩니다. 물론, 프로그램 언어를 이해할 수 있다는 전제에서 말이죠.

인터넷 상에는 정말 많은 오픈소스 프로젝트가 있고 잘 만들어진 라이브러리들이 많습니다. 이 라이브러리들만 잘 활용해도 힘을 크게 들이지 않고 소프트웨어를 만들 수 있는데요.

프로그램 언어를 공부하는 것도 중요하고 소프트웨어를 잘 만드는 일도 중요합니다. 그래서 다른 사람을 믿지 못하고 스스로 모든 것을 만들려는 사람들도 있는데요. 물론, 좋은 뜻이고 장점이 많을 것입니다. 그렇지만 모든 것을 만들어서 사용하는 일은 미련한 일로 보입니다. 많은 기업들이 라이브러리를 제공하고 있고 충분히 검증된 라이브러리도 많기 때문입니다. 그러니 우리는 라이브러리를 잘 활용하기만 해도 좋은 소프트웨어를 만들 수 있습니다. 그렇게 많은 라이브러리를 사용해보고 자신의 코드를 구현해본다면 여러분도 훌륭한 프로그래머가 되는 것입니다.

앞으로 세상은 소프트웨어를 중심으로 산업이 바뀔 것이라고 말합니다. 미래의 일이 아니라 이미 소프트웨어에 의해서 많은 일들이 바뀌어 가고 있습니다. 모든 사람이 소프트웨어 엔지니어가 될 필요는 없지만 소프트웨어를 이해하고 있다면 변해가는 사회에 발맞춰 갈 수 있을 것이라 생각합니다.

Q&A

이것이 알고 싶다

Q. 2018년부터 소프트웨어 교육이 정규 교육과정으로 들어온다고 하셨는데요, 교육부에서 내세우는 목표가 '컴퓨터적 사고'를 통해 문제를 해결하는 인재를 길러내는 교육이라고 하더군요. 그런데 '컴퓨터'인 사고가 구체적으로 무엇인가요?

A. 인간은 생각을 통해 경험이나 지식을 바탕으로 어떠한 문제를 해결하려고 합니다. 운동을 하다가 다리를 다쳤다면 병원에 가서 치료를 받습니다. 아프니까 병원을 가야한다고 결론을 내린 것이죠. 여기서 '인간적 사고'는 '다리가 아프다'라는 문제에 대해서 분석없이 '병원에 가야한다'라는 결론을 내리는 경우가 많습니다. 이런 결론을 가지고 '병원에 어떻게 가지?', '구급차를 불러야 하나?', '누구에게 도움을 청해야 하나?'라는 식으로 병원까지 가기 위한 과정을 만들어 갑니다. 이처럼 '인간적 사고'는 순서가 뒤바뀌는 경우가 많습니다. 반면에, '컴퓨터적 사고'로 생각해보면 이렇습니다. '다리가 아프다' → '병원에 가야 할 정도로 아픈가?' → '만약에 그렇다면 구급차를 불러야 하나?' → '아니면 도움을 청해야 하나?'와 같이 앞 뒤의 관계가 모두 이어지면서 순차적으로 생각을 하는 것입니다. 컴퓨터는 프로그램을 동작시키는 것이 목적인 전자장치입니다. 그리고 프로그램은 순차적으로 나열된 명령어들의 집합으로 표현할 수 있죠. 그렇기 때문에 '컴퓨터적 사고'라 함은 어떤 문제를 해결하기 위해 순차적으로 나열하고 발생할 수 있는 사건들에 대해서 대처 방안을 마련하는 것입니다. 이런 '컴퓨터적 사고'는 프로그램 언어를 이해할 수 있다면 자연스레 배우게 되는 것이지만 처음으로 프로그램을 접하는 학생들에게는 쉬운 일이 아닐 것입니다. 그렇기 때문에 그런 학생들에게 차트를 만들어서 보거나 소프트웨어 도구들을 이용해서 '컴퓨터적 사고'를 기르려고 하는 것입니다. 이런 사고를 가진다면 프로그램 언어를 포함하는 소프트웨어를 이해하는데 도움이 될 것으로 기대하는 것입니다.

Q. 해커와 크래커, 모두 부정적인 의미로서의 컴퓨터 전문가로 느껴지는데요? 실제 사용하는 의미로서 둘의 정확한 차이는 무엇인가요? 그리고 왜 이들은 사라지지 않는 걸까요?

A. 해커는 시스템의 문제점을 찾아 시스템을 원하는 대로 제어할 수 있는 권한을 가지려는 사람들입니다. 그래서 그 권한으로 자료를 지우거나 변경하는 등의 일을 하는데요. 해커 중에는 획득한 권한으로 시스템을 파괴하려는 자와 시스템의 문제점을 해결하려는 사람으로 구분할 수 있습니다. 전자를 크래커라고 부르고 후자를 화이트 해커라고 부르죠. 그렇기 때문에 크래커는 해커 중에 악의적인 목적을 가진 사람들을 뜻하는 것입니다. 소프트웨어에 대한 지식없이 크래커용 소프트웨어를 사용하는 사람들이 있습니다. 이 사람들은 컴퓨터 전문가로 보기는 어렵습니다. 단지 우리가 앱을 쓰거나 PC용 소프트웨어를 쓰는 것처럼 사용법만 알 뿐입니다. 반면에 시스템을 파악하고 문제점을 찾아내는 진짜 해커들은 실력이 뛰어난 사람들이 많죠. 컴퓨터가 생겨난 역사도 오래되었고 소프트웨어들도 큰 발전을 이루었다고 합니다. 그런데 왜 아직도 해킹으로 인해 피해를 입었다는 사람들이 많은 걸까요? 그 이유는 시스템에 사용되는 소프트웨어들을 인간이 만들었기 때문입니다. 그 시스템에 사용되는 소프트웨어를 만든 프로그래머가 문제가 있다는 뜻이 아닙니다. 프로그래머들은 누구나 문제가 발생하지 않도록 주의해서 소프트웨어를 만듭니다. 그런데도 문제가 발생하는 이유는 생각지도 못했던 부분에서 문제가 발생하는 것이고 그 부분을 해커들이 찾아내는 것입니다. 그렇다면 인간이 소프트웨어를 만드는 세상에서는 어떻게 해야 할까요? 이 부분을 해결하기 위해 여러 전문가들이 각 언어마다 '코딩표준'이라는 것을 만들었습니다. 이런 코딩표준을 따른다면 문제점을 최소화 시키고 다른 사람들이 문제를 쉽게 발견할 수 있도록 해줍니다. 그렇지만 오래 전에 만들어 졌거나 코딩표준을 지키지 않아서 문제가 생기는 소프트웨어라면 화이트 해커의 손길만을 기다릴 수밖에 없는데요. 그래서 이전 장 '인공지능'에 관련된 이야기를 할 때 인공지능 화이트 해커에 관한 이야기가 나오는 것입니다. 이젠 컴퓨터 전문가의 능력만을 바라보는 것이 아니라 '인공지능'이 도와줄 것이라 기대하는 것입니다.

Q. 어떻게 하면 좋은 프로그래머가 될 수 있나요?

A. 이번 장을 통해서 소프트웨어가 무엇이고 어떻게 만들어 질 수 있는지 대략적으로 알아보았습니다. 말 그대로 대략적으로 이해를 하기 위한 내용들이었는데요. 프로그래머들은 한 가지의 언어만 쓰지는 않습니다. 용도에 따라서 여러 프로그램 언어를 사용하는데요. 만약에 여러분이 프로그램을 제대로 배워보고 싶다면, 자신이 관심을 가진 분야(앱이나 PC용 프로그램)를 정하고 거기에 필요한 언어를 배울 필요가 있습니다. 이번 장의 내용을 이해하는데 큰 어려움이 없었다면 프로그램 언어를 이해하는 일도 어렵지는 않을 것입니다.

그리고 가장 중요한 것은 많이 만들어 보는 것입니다. 영어나 중국어와 같은 인간의 언어도 마찬가지입니다. 많이 사용할수록 익숙해지고 잊어버리지 않습니다. 프로그램 언어도 마찬가지입니다. 컴퓨터와 프로그래머가 서로 소통을 위해 사용하는 언어이기 때문에 익숙해 지려면 많이 사용하는 방법 밖에는 없습니다. 그렇기 때문에 많이 만들어보고 여러 기능의 소프트웨어를 만들어 볼 필요가 있습니다.

그렇다면 소프트웨어를 많이 만들어 본다고 좋은 프로그래머가 될 수 있을까요? 그건 아닙니다. 좋은 프로그래머를 딱히 정의할 수는 없지만, 저는 누군가가 나의 프로그램 코드를 봤을 때 '정리가 잘 되었다'내지는 '읽고 이해하기가 쉽다'라고 말을 할 정도로 코드를 만드는 프로그래머가 좋은 프로그래머라고 생각합니다. 그러기 위해서는 소프트웨어를 많이 만들어 보고 프로그램 언어에 익숙해졌을 때 다른 사람들의 프로그램 코드를 볼 필요가 있습니다. 우리는 좋은 소설책을 읽으면 단어 하나하나에 감탄하는 경우가 있습니다. 프로그램 코드도 마찬가지인데요. 특히나 유명한 프로그래머들의 코드를 살펴본다면, 이렇게 '정리가 잘 되어 있다니'라고 감탄하실 겁니다. 그런 코드들을 많이 읽어 보면서 정리하는 방법이나 작성하는 방법을 따라해 본다면 여러분도 분명히 좋은 프로그래머가 될 수 있을 것입니다.

에필로그

집필을 처음 시작할 때는 이번 시리즈를 계획한 것은 아니었습니다. 웨어러블 디바이스를 만들 수 있도록 돕는 책을 만들어 보고 싶었습니다. 그러던 중 〈미래를 바꿀 IT 과학이야기〉 시리즈 1편을 읽고 도움이 되었으며, 2편을 기대한다는 메일을 '장세형'님이 보내주셨습니다. 그리고 학생들 중에서도 책을 읽고 IT 관련 일을 하고 싶어졌다는 메일을 자주 받았습니다.

그래서 무엇을 만드는 기술보다, 그러한 기술을 이해할 수 있게 돕는 책이 좋겠다는 생각으로 방향을 바꾸게 되었죠. 그래서 집필 중이던 책은 뒤로하고 주제를 바꿨는데, 그 주제를 정하는 일은 어렵지가 않았습니다. 바로, '4차 산업혁명'이었습니다.

그렇게 시작된 집필 중에 이세돌 바둑기사님과 인공지능의 대결을 본 뒤에 충격을 받게 되었습니다. '4 대 1'이라는 스코어의 문제가 아니라, 한국에는 제대로 된 인공지능 제품이 없다는 것이었습니다.

이미 미국에서 그리고 다른 나라에서 인공지능으로 된 제품들이 하나씩 나오고 있었는데 말이죠. 그 제품들 중에서 이세돌 바둑기사님과 대결했던 '알파고'가 있는 것뿐이었습니다(이 책을 집필할 때 즈음해서는 중국의 바둑기사 커제와 알파고의 대결도 있었는데, 결국은 알파고의 승리로 대국이 끝이 났지요).

'인간과 인공지능'이라는 대결이 있은 후에 한국에서는 인공지능을 개발하겠다고 난리가 났죠. 정부에서도 뒤늦게 지원하겠다고 나서게 되었습니다. '로봇'도 그랬고 '자율 주행 자동차'도 그랬습니다. 미래의 먹거리라는 표현은 많이 하고 있지만 언제나 뒤쳐져 보였습니다.

그래서 이번 책에서 '4차 산업혁명'에 관한 이야기들을 정리하고 4차 산업혁명의 꽃이라고 할 수 있는 '소프트웨어'의 중요성을 알려야겠다고 생각했습니다. 인공지능이 무엇인지 로봇이 무엇인지 그리고 자율 주행 자동차가 무엇인지 아는 것도 중요합니다. 그렇지만 그 모든 일들이 '소프트웨어'를 기반으로 이루어 진다는 것도 중요한 것이었습니다.

이번 시리즈를 읽고 여러분께 그러한 의도가 잘 전달되었기를 바라며, '소프트웨어'를 공부해 보겠다는 분들이 생긴다면 저는 충분히 만족스러울 것 같네요.

감사합니다.

Thanks To.
장세형, 오이지, 임성춘, 조서희 그리고 사랑하는 가족

찾아보기

4차 산업혁명을 이끌
IT 과학이야기

" <u>IT</u>가 세상을 바꾸며
<u>책</u>이 세상을 바꾸는 힘을 믿습니다. "